教育部人文社会科学规划基金项目：
“构建和谐社会与政府管理文明研究”(07JA810008)最终成果

构建和谐社会
与政府管理文明研究

张　顺　王怀兴/著

Goujian Hexie Shehui

YU ZHENGFU GUANLI WENMING YANJIU

东北师范大学出版社　长春

图书在版编目（CIP）数据

构建和谐社会与政府管理文明研究/张顺，王怀兴著.
—2版. —长春：东北师范大学出版社，2015.3
（2024.8重印）
ISBN 978-7-5681-0333-6

Ⅰ.①构… Ⅱ.①张… ②王… Ⅲ.①国家行政机关—行政管理—研究—中国 Ⅳ.①D630.1

中国版本图书馆CIP数据核字（2015）第269707号

□责任编辑：魏芳华　□封面设计：张　然
□责任校对：刘　芳　□责任印制：刘兆辉

东北师范大学出版社出版发行
长春净月经济开发区金宝街118号（邮政编码：130117）
网址：http：//www.nenup.com
东北师范大学出版社激光照排中心制版
河北省廊坊市永清县晔盛亚胶印有限公司
河北省廊坊市永清县燃气工业园榕花路3号（065600）
2015年3月第2版　2024年8月第4次印刷
幅面尺寸：148mm×210mm　32开本　印张：8.875　字数：240千

定价：48.00元

教育部人文社会科学规划基金项目
“构建和谐社会与政府管理文明研究”
（07JA810008）最终成果

总　序

东北师范大学外国语学院"外国语言文学理论与应用专题研究"系列丛书即将问世。大家让我为之作序，原因有二：首先，我对学院的建设与发展比较熟悉，其次，我是学科带头人之一。大家之信任，难以托辞，遵命不如从命，便作下文为序。

我于1979年步入东北师大学府，读完四年本科，接着三年硕士生，1986年获硕士学位毕业留校任教至今，其间的1999年毕业于北京外国语大学获博士学位。我的学术生涯和个人的成长，离不开外语学院这片土地的滋养，也离不开改革开放时代的环境，更离不开老师的呵护、同事们的理解和信任。

时间荏苒，光阴流逝。外语学院的发展壮大，从人才培养的角度看，大致经历了三个阶段。

本科教学为主的阶段：从1948年创建俄语专业到70年代末，这个阶段主要以本科教学为主，培养通用型外语师资。外语学院是俄语起家的，俄语专业曾是解放初期我国培养俄语人才的重要基地之一；英语专业创建于1960年，是东北区最早建立的英语专业之一；日语专业创办于1974年，后来居上，成为东北区培养日语人才的重要基地之一。这个阶段虽然经历了动荡的年代，但积累和锻炼了一批优秀的师资队伍，形成了为人师表、严谨求实的优良教学传统，为后来的专业建设与发展奠定了坚实的基础。

本科教学为主兼顾硕士人才培养的阶段：从80年代初到90年代末，主要是以本科教学为主兼顾硕士研究生培养。改革开放恢复全国统一招生考试后，1979年英俄专业开始招收硕士研究生，1981年英语专业获得首批硕士学位授予权，1984年俄语专业获硕士学位授予权，1990年日语专业获硕士学位授予权，1998年获外国语言学及应用语言学硕士学位授予权。这个阶段正是高等院校全面振兴的时期，经历了内部管理体制改革，1996年原外国语言文学系易名为外国语学院。针对当时专业建设和学科建设面临的形势和任务，学院提出了“一二一齐步走”的发展思路，即争取一个博士点、提高教学与科研两个水平、社会服务再上一个新台阶。今天看来这个发展思路是凑效的，我们不但在1998年日语专业获得博士学位授予权，而且2000年英语专业又获得博士学位授予权。回顾这个时期有三点值得总结：一是坚持了外语教学规律，注重基本功的训练和培养，注重外语素质和人文素质的培养，学生有发展的后劲；二是对学科建设有比较明确的认识，提出了学科建设应以专业建设为基础、以队伍建设为核心、以科学研究为支撑的指导思想；三是营造了一个轻松、向上、和谐的软环境，使学科专业发展有了保障。当今社会是以“成败”论英雄的，但我坚信“水到渠成”的道理。

本科、硕士、博士一体的人才培养阶段：从新世纪开始至今，我们进入了本、硕、博一体的高层次人才培养阶段，标志着专业建设和学科建设的跨越。这个阶段正直我国由计划经济向市场经济的转变时期，也是高等院校由精英式教育向大众化教育的转变时期，同时也是我国提出建设创新型国家和人力资源强国的时期。面临新的形势，为了适应社会对外语人才的多元需求，我们确立了师范教育与非师范教育并举的指导思想，于2001年英语专业率先创办电子商务专业方向，培养复合型外语人才。对于复合型外语人才，我们有着自身的理解，提出要培养“以外语为工具、以计算机信息技术为支撑、以商务管理知识为基础”的商务英语人才。按照这一人才培养目标，新专业坚持了课程设置与人才培养目标的统一，人才培养的规格与普通英语专业有着本质的区别：采用原版教材，用英语授课，实行内容嵌入式教学模式(content-based)。同时，我们建设了一支与之相适应的复合型师资队伍。10余年的教学实践证明，我们采用的复合型人才培养模式是十分有效的，毕业生普遍受到社会的欢迎。

在学科建设上，我们与时俱进在这个阶段提出了争取外国语言文学一级博士学位授予权的发展目标。今天这个目标终于实现了，大家经历了创业的艰辛和喜悦。这里有三点应该总结：一是学术梯队建设。大学办的好坏关键在于有没有大师，学科建设的好坏关键在于有没有学术梯队，这是众所周知的道理，但关键于如何建设。在市场经济和全球化背景下的今天，人才竞争异常激烈，特别是在经济不够发达的东北，学术梯队建设尤其艰难：把人请进来难，把人留得住更难，让人成长起来难上加难。我们采取的对策是，坚持“培养为主引进为辅”的原则，创造环境，让人才破土而出。对于学术梯队建设，我的体会是要有宽阔的胸怀、包容的姿态以及深切的人文关怀。二是学科方向的凝练和资源整合。人文学科的学术研究有其历史的传承性和时代的适应性，抛开历史所谓的创新是不现实的，不顾时代的发展坚守固有的阵地也是没有出路的，因此，要不断地凝练学科研究方向，整合研究资源，才能突出研究特色。这些年英日俄三个专业在一级学科的框架下都在这方面做了许多工作，研究方向趋于稳定且初显研究特色，同时在各自的研究领域产出了一批较有影响的学术成果。学术研究的生命力在于创新，简单地说就是要有自己的学术思想，现在称话语权，通俗地将就是要有看家本领，不能人云所云。三是学术氛围的营造。学术梯队建设也好，学术方向的凝练及学术成果的产出也好，都离不开良好的学术氛围。我们这些年一直在努力创造一种富有活力的学术氛围，各专业广泛开展与国内外学者的联系，聘请专家讲学，主办高规格的学术会议，参与国内外的学术活动。通过一系列的举措，学科带头人和学术梯队的学术视野开阔了，研究水平提升了，同时也扩大了自身学科的影响力。下一步，我们面临的是如何建设好一级学科的问题，也是如何提升人才培养质量和研究水平的问题。

以上简短的回顾无非是要说明，今天学院决定出版一套“外国语言文学理论与应用专题研究”系列丛书，已具有较好的专业建设和学科发展的基础，也希望这套丛书能够展现英日俄三个专业的学术成果，对于推动学科朝内涵方向发展和提升整体研究水平有着重要意义。

英语语言文学二级学科目前设有五个研究方向：语用学、功能语言学、应用语言学、英美文学、西方文论。各方向重视该领域的最新进展和前沿问题研究，相互关照又各具特色。语用学方向涉及语用学的哲学基础、会话含义理论、言语行为理论、关联理论研究，以及语用学与翻译、语用学与外语教学研究等，在研究中突出语用学哲学层面的理论思考及后格赖斯语用学研究。功能语言学方向涉及系统功能语言学理论研究、语法隐喻和语义范畴化研究，尤其重视英汉语篇对比分析及英汉语义认知对比研究。应用语言学方向坚持把英语课程、英语教学和英语教师专业发展作为主要研究领域，并在课题设计和实际研究中重视三者之间的内在关系，在理论与实践方面进行有效的相互借鉴、优化和整合，使英语课程、英语教学和英语教师专业发展研究形成三位一体，同时关照高等学校英语专业教育教学改革和教学模式的探索，近年来翻译研究和写作研究也成为重要的领域。英美文学方向坚持文学理论与文学批评、文学研究与文化研究相结合，重视英美诗歌、小说，以及英美少年文学研究，近年来关注生态文学思潮的研究。西方文论方向研究涉及西方文学和文学史、欧洲中世纪文化与文学、西方现当代文艺理论、英美文化与基督教关系等领域，西方文学及文学史论是该方向研究的重点，旨在建立具有中国特色西方文学史体系，从人文精神和艺术精神相统一的发展角度重新审视和解读西方经典文学现象。

日语语言文学二级学科设三个研究方向：日本文学、日语语学和日本文化。日本文学方向全面系统地研究日本文学，探索和总结日本文学发展的历史轨迹，并侧重研究中国文学和日本文学的关系，突出中日文学的比较研究，同时重视作家、作品研究，及文学理论和思想的解读，关注文艺思潮、文学流派的研究。日语语学方向涉及日语语法理论及其学派、日语史及古辞书等领域，侧重开展语法、语音、词汇、篇章层面的研究，从语言发展史、语言的社会功能等多角度研究日本语的特点和规律。日本文化方向研究注重分析中日不同的文化语境，采用文化人类学、比较文化学的研究方法、社会学的调查方法、文化哲学的分析与思辨，对中国人与日本人的深层文化心理模式、民族性格进行比较研究，同时分析考察中国人和日本人的文化史观。

俄语语言文学二级学科设有俄语语言学、俄罗斯文学、俄语教育三个研究方向。俄语语言学方向重视俄语语法和句法研究，并从功能语言学和语用学的理论视角研究俄语语言现象；俄罗斯文学方向注重俄罗斯文学史的研究，同时重视把文学与文化研究相结合；俄语教育方向把传统教育学同当代教育学理念相结合，吸收语言学和心理语言学的研究成果，研究课程、教材、教法问题。

从目前学科发展的现状来看，可以概括出现已初步形成的研究特色：一是基础研究与应用研究相结合：注重语言学、外国文学、外国文化和外语教育基础理论研究及对英日俄语言现象的本体研究，同时兼顾基础理论的应用研究，着眼解决外语教学、外语学习和基础外语教育中的实践和应用问题；二是文学研究与文化研究相结合：坚持英美文学、日本文学、俄罗斯文学的传统研究，同时开展文化视角下文学批评，把根植于文化中的文学研究从历史到断代、从人物到作品、从流派到思潮统领起来；三是传统领域研究与新兴学科研究相结合：保持传统领域如语法学、词汇学、翻译研究，文学中的诗歌与小说研究，外语教育教学等研究，同时突出新兴学科如语用学、认知语言学、话语分析的研究，特别注重研究方法的创新，开展语言对比或文学文化比较研究。

这套丛书包括的内容较广，涵盖了上述外国语言文学一级学科下的现代语言学研究、应用语言学研究、外语教育教学研究，以及英美文学、俄罗斯文学、日本文学研究、西方文论研究和英美文化、俄罗斯文化、日本文化研究，反映出三个二级学科下不同研究领域的学术成果。作者除了学科带头人外，还包括青年学术骨干，尤其是近几年获得博士学位毕业的中青年教师，既可以反映出博士生导师及其团队最新的研究成果，也可以展现青年学者的研究兴趣和领域。这套丛书又具有开放性的特点，计划 3 至 5 年内完成，大约推出 20 本专著出版。这看起来是一个庞大的计划，实际上现有的研究基础为我们实现计划创造了条件。

我衷心希望学院的同事们不懈努力共同完成这项十分有意义的工作，也希望外语界的同仁不吝赐教，同时借此丛书出版的机会感谢学界长期以来对东北师范大学专业建设和学科建设的大力支持。

我愿此套丛书作为向外语学院老一辈学者的献礼！

此套丛书的出版将得到东北师范大学哲学社会科学优秀创新团队建设项目基金的支持，在此代表外语学院致以鸣谢。

张绍杰

2011 年 3 月于东北师范大学

内 容 摘 要

本书旨在坚持以马克思主义为指导，立足于中国国情，以构建社会主义和谐社会为背景，从管理文明的视角审视中国政府管理改革与创新的价值取向和大趋势，努力回答中国政府管理改革与创新为什么要确立管理文明取向、什么是政府管理文明以及怎样建设政府管理文明等关键性问题，试图探讨构建社会主义和谐社会与政府管理文明同步发展之路。

本书遵循的逻辑理路是：构建社会主义和谐社会要求建设政府管理文明，政府管理文明建设需要在发掘相关理论资源的基础上界定政府管理文明内涵、把握政府管理文明探索历程和现实状况，进而探寻政府管理文明发展之路。据此安排的基本内容结构包括导论、正文六章和结语等组成部分。

导论部分主要阐明选题的目的、意义和研究思路，着重论证构建社会主义和谐社会进程中政府管理改革与创新为什么要确立管理文明取向。本书认为政府管理改革与创新的关键问题是政府价值取向问题，构建社会主义和谐社会进程中政府管理改革与创新的价值取向必须立足于中国国情和中华民族的主体立场，坚持以中国特色社会主义核心价值体系为本位、以服务于经济为中心、以建设管理文明为保障的有机统一体，加强其中的政府管理文明问题研究，应该是我们当前和今后相当长一段时期内的重要任务。因为加强政府管理文明建设，既是由中国政府本质属性和中心职能所决定的，又是中国特色社会主义现代化建设事业的全面发展和整个社会文明体系协调发展所要求的。坚持马克思主义的基本立场、观点和方法对此进行深入研究，对于构建社会主义和谐社会、推动政府发展均具有重要理论和实践意义。

第一章主要概述政府管理文明建设的相关理论资源，着重挖掘马克思主义理论体系中对于政府管理文明建设具有指导意义的思想观点和理论原则，梳理中国古代和当代西方关于政府管理思想体系中对于政府管理文明建设具有借鉴和启示意义的有益因素。

第二章主要阐明政府管理文明的内涵、特征及其结构要素，即系统论证什么是政府管理文明。本书认为政府管理文明是一个从文明视角审视和分析政府管理活动的范畴，是政府管理活动遵循客观规律和以人为本要求的前进式发展状态以及取得的进步成果。阶级性是其本质特征，同时也具有历史性、社会性、民族性等特点。其标志性结构要素表现为以人本性为核心的政府管理主体的先进性、政府管理理念的科学性、政府管理规范的合理性、政府管理行为的良善性和政府管理关系的和谐性等内在统一的几个方面。

第三章主要分析中国政府管理文明建设的环境动力场，着重分析构建社会主义和谐社会进程中政府管理文明建设的制约因素和推动力量。本书认为政府管理文明建设环境动力场就是指制约政府管理活动的环境系统中所内蕴的推动力量和影响力量的集合，主要是自然生态环境、社会经济环境、社会政治环境、社会文化环境、国际社会环境等因素的综合作用的集结，其内在地包含着源动、互动、合动等作用机理，即由动力源引发、各种动力因素互动、在符合客观规律的基础上形成合力的过程与属性。正确认识和把握这种作用机理，要求我们在政府管理文明建设的全过程中，既要重视分析动力源以及各个动力因素的作用，更要研究各种动力因素之间相互作用的机制、规律，从而调控和引导它们作用的方向与速率，尽可能地形成同向合力，使动力场发挥出最大的整体效果和协同功能，以便促进政府管理文明建设的良性运行和协调发展。构建社会主义和谐社会进程中政府管理文明建设所面临的环境动力场出现了一些新特点、新要求，主要表现在中国特色社会主义社会文明体系建设全面推进、社会主义市场经济体制渐趋完善、世界贸易组织运行机制全面展开、经济全球化趋势加强以及社会信息化和知识化时代的到来等方面，它们的基本要求是构建和谐社会进程中政府管理文明建设的基本根据。

第四章主要是概述走向文明的政府管理改革与创新的实践探索过程，着重论述构建社会主义和谐社会进程中政府管理文明建设的前提条件。本文认为自十一届三中全会以来，中国政府管理改革与创新是全方位的，涉及执政党和参政党、立法、行政和司法等所有国家机关，其基本逻辑线索主要表现为始终适应社会主义市场经济体制和政治体制改革与发展的需要，由中国共产党组织发动、以政府职能定位为关键点、以政府机构改革为切入点、以干部人事管理制度改革为突破口、并以高能优态服务型政府为载体的逐步推进策略。

第五章试图分析构建社会主义和谐社会进程中政府管理文明建设的现实基础和实际状况。认为在构建社会主义和谐社会进程中政府管理文明建设积累了丰富经验，取得了明显成果，表现为政府管理主体的先进性、政府管理理念的科学性、政府管理规范的合理性、政府管理行为的良善性和政府管理关系的和谐性等不断得以提升。但在政府管理主体资质、政府管理行为的制度化法律化程度、政府管理文明的价值基础及其社会化等方面仍存在一些亟待解决的问题

第六章主要探讨构建社会主义和谐社会进程中政府管理文明建设的基本途径。本文认为在构建社会主义和谐社会进程中政府管理文明建设的基本途径就是要在马克思列宁主义毛泽东思想和中国特色社会主义理论指导下，全面落实科学发展观，不断进行政府管理理念创新，始终保持政府管理理念的科学性和先进性，并以提升政府管理能力为核心，不断优化政府管理主体资质，同时不断健全和完善政府管理规范，提升政府管理行为的良善度，进而全面推进政府管理文明建设。

结语部分指出中国政府改革与创新已经走上了管理文明之路，在中国共产党领导下，中国政府管理文明建设必将不断向前推进，必将会为人类文明宝库的丰富和发展做出积极贡献。

目　录

导　论

在中国改革开放进一步深化和全面建设小康社会的新的历史时期，党的十六大报告把社会更加和谐作为一个重要目标明确提出来，2006年10月党的十六届六中全会通过了《中共中央关于构建社会主义和谐社会若干重大问题的决定》，作出了构建社会主义和谐社会的战略部署，开启了全面构建社会主义和谐社会的进程。构建社会主义和谐社会是一个复杂的系统工程，包含着十分丰富的内容与任务。其中，政府作为社会公共事务的管理者和组织者，积极培育和努力打造政府管理文明，具有至关重要的、甚至是决定性的意义。

一、立论的缘由

在构建社会主义和谐社会的背景下，审视和考察政府管理实践过程，为我们提出了一系列需要深入思考的问题：构建社会主义和谐社会进程中政府的地位与作用如何？构建社会主义和谐社会对于政府管理活动提出了哪些新的要求？如何按照构建社会主义和谐社会要求进一步深化政府管理创新？如何通过政府管理创新推动构建社会主义和谐社会进程？为达成这一目标，政府管理创新的内容、方向及其途径应该是什么？等等，所有这些问题的核心都涉及到一个更为关键的问题，这就是政府管理创新应该坚持什么样的价值取向问题，而这一问题虽然在有关理论上有所论及，但并没有得到专门的、系统的和充分的研究与论证。本文选择“构建社会主义和谐社会进程中政府管理文明研究”这一论题，主要目的就在于：在构建社会主义和谐社会背景下，探讨政府管理创新走向管理文明之道——政府管理文明建设的必然性及其实现途径。

（一）构建和谐社会进程中政府管理创新的关键性问题

对于政府管理创新的内涵，国内一些学者从不同角度作出了各自的界定，概括起来，主要有如下几种：其一是从政府管理方法和技术角度进行界定，如李丽认为：“政府创新是指政府组织适应变化，以一种先进的现代政府的管理方法对这种变化进行管理的行为。其核心是创建以信息技术为基础的、充分调动工作人员积极、快速适应变化的科学管理程序。”① 其二是从政府职能等多重角度进行界定，如冯静认为：“政府创新是指由于行政环境、行政任务等的变化引起的行政职能、行政方式、行政作风、政府政策法规、行政体制等方面的一系列新变化。”② 其三是从政府运行方法、模式角度进行界定，如刘靖华等认为：“政府创新就是探索政府体制运转的新方法、新模式以适应新环境的变化和新现实的挑战”；“就是通过探寻和建立较为合理的政府体制运转模式，从而确保社会资源能够得到最优化配置，确保国家资本更好地用于人民的生活当中。”③ 同时又指出，政府创新的内涵主要有四个层面：即理论层面的创新、政府与市场的关系层面的创新、技术层面的创新、体制层面的创新。④ 其四是从系统工程角度进行界定，认为政府创新是一个涉及政府管理各方面整体推进的系统工程，如李习彬等认为：政府创新体系“包

① 李丽：《社会转型面临的困境及对策》，《中共沈阳市委党校学报》2002年第5期，第28页。

② 冯静：《经济全球化对政府管理创新的要求及对策》，《中国行政管理》2002年第12期，第35页。

③ 刘靖华等：《政府创新》，中国社会科学出版社，2002年版，第1页。

④ 刘靖华等：《政府创新》，中国社会科学出版社．2002年版，第68页。

括社会假设基础、管理哲学、政治体制、行政体制、组织结构、运行机制及管理手段与方法”等七个层次。[①] 其五是从政府创新的对象与目的角度进行界定，如俞可平认为：“政府创新，就是公共权力机关为了提高行政效率和增进公共利益而进行的创造性改革，是一个持续不断地对政府公共部门进行改革和完善的过程”，并认为可“将政府创新分为政治改革、行政改革和公共服务三类。”[②] 等等。这些界定从不同层面对政府管理创新的内涵进行了概括和探索，为人们研究政府管理创新问题提供了有益的概念性分析框架，但笔者认为这些界定更多的是属于现象学的或实证性的各种表述，对于政府管理创新过程中的价值取向问题则体现得不够充分。其实无论任何形式或任何意义上的政府管理创新，都与政府价值观问题密切相关，都意味着对政府价值的重新审视和对政府价值秩序的重构，从这个角度来说，所谓政府管理创新就是政府价值秩序的重构并进而对政府制度、体制及其运行机制等进行新的设计和安排的过程。一般而言，政府管理创新有两种形式：一种是从旧政府制度和体制向新政府制度和体制的质变；一种是在同一政府制度框架内的自我完善、自我改造、自我发展的渐进的量变。而无论质变还是量变都是以政府价值取向为基础的。因此，分析政府管理创新问题，不可能回避其中的价值取向这一深层次的问题。

一般而言，政府管理创新的价值取向是人们（包括政府）以客观社会环境要求和自身利益需要为尺度，在对政府系统的结构、功能及其运行过程进行认识、评价和选择的基础上所确立的关于政府发展的基本目标与方向，是政府存在的价值及其发展道路与前途的综合概括与体现。政府管理创新的价值取向是涉及政府管理创新全过程各个环节的最关键性的核心问题。

---

① 李习彬，李亚：《政府管理创新与系统思维》，北京大学出版社 2002 年版，第 62 页。

② 俞可平：《论政府创新的若干基本问题》，《文史哲》2005 年第 4 期，第 138 页。

第一，政府管理创新的价值取向最集中地反映社会经济基础与政府系统的关系运动。按照历史唯物主义的基本观点，人类社会变化和发展的根本动因在于生产力和生产关系、经济基础和上层建筑的矛盾运动，政府作为政治上层建筑的重要组成部分，既在根本上受社会生产力和经济基础的决定与制约，又对社会生产力和经济基础发挥积极能动的反作用。在人类社会发展过程中，社会经济的运行与发展有其内在的规律性，在客观上决定和要求政府与之相适应并创造条件促进其发展，政府执行经济必然性的状况及其满足经济发展客观要求的程度，即是人们认识、判断和评价政府的根本标准，更是政府存在和创新发展价值的根本内容与体现。政府适应经济基础的状况及其对经济基础发挥能动作用的状况，不仅表现在政府活动和政府行为过程及其所造成的既定事实之中，而且更集中地表现在政府所确立的自身发展的价值取向之中。当然也应看到，即使在当代社会，由于社会经济基础的性质不同，它对政府的要求以及政府对其要求的满足程度也会根本不同，因而就会形成不同内容和性质的政府创新的价值取向。正是在政府创新的价值取向上集中体现着经济基础的性质、状况及其与政府的互动关系。

第二，政府管理创新的价值取向最直接最鲜明地体现政府的根本目的和性质。政府管理创新的价值取向是人们透过现象去认识和反映政府的本质和功能并因此而形成的价值目标体系，是人们对政府进行判断和评价而做出的有意识有目的的理性选择，而这种选择的过程不可避免地要受到人们的立场、观点和方法的制约。在阶级社会和有阶级存在的社会中，尽管政府在不同的侧面会表现出多重属性，但从根本上来说，“一切政府都是阶级专政的工具”。[①] 因此，认识和评价政府并进而形成政府创新的价值取向，必然会带有鲜明的阶级性，最集中地反映着一定社会的阶级结构和阶级利益关系。在政府中居于不同地位的阶级的根本利益要求，会直接生成它们的

---

① 《马克思恩格斯选集》第 3 卷，人民出版社 1995 年版，第 523 页。

政治价值观念，制约和影响着政府创新的价值取向。特别是那些能够掌握和控制政府或参与政府的阶级及其成员，其目的性或倾向性、革命性或保守性，必然会通过政府管理创新的价值取向综合而集中地表现出来。

第三，政府管理创新的价值取向规范和引导着政府行为的过程和方向。马克思曾经说过："外部世界对人的影响表现在人的头脑中，成为感觉、思想、动机、意志，总之成为'理想的意图'，并且通过这种形态变成'理想的力量'。"[①] 政府管理创新的价值取向这种"理想的意图"，就是在规范和引导政府行为的过程中实现其"理想的力量"的。政府管理创新的价值取向是人们在与政府的互动中提出并确立起来的，最终又会通过政府行为和政府公务员职务行为表现出来。各种政府行为的性质和态度倾向（先进的与落后的、创新的与保守的、作为的与不作为的）、类型、方式与方法等，无不因受到政府创新的价值取向的深刻影响而被打上各种各样的价值印记。只有深入分析一定政府行为内隐含的价值取向因素，才能深刻理解和把握政府行为过程的本质规定性。当然，政府管理创新的价值取向对政府行为的规范和引导功能，不仅通过它对政府行为各方面的直接作用而发挥出来，而且还会通过其转化形态表现出来，即政府管理创新的价值取向一方面通过"物化"形态——政府制度、法律、政策等方面的调整来进一步规范和约束政府行为；另一方面又通过其"内化"形态——塑造公共人力资源的人生观、价值观、权力观、地位观、利益观等进一步引导政府公务员的思维模式和行为模式。

构建社会主义和谐社会进程中政府管理创新也是一个涉及政府价值秩序的重构并进而对政府制度、体制及其运行机制等进行新的设计和安排的过程，但这一过程绝不是孤立的，它既是国际社会政府管理创新潮流中的有机组成部分，更是与中国特色社会主义和谐社会建设整体有机统一的，也是全面改革的关键环节。因此，中国

① 《马克思恩格斯全集》第21卷，人民出版社1993年版，第324页。

政府管理创新的价值取向既要反映国际社会政府发展的一般规律，更为根本的是要遵循当代中国社会主义和谐社会经济、政治、文化和社会四位一体发展的基本规律和总体布局与共同方向，体现中国政府所面临的新环境新形势提出的根本要求和主要任务。

（二）构建和谐社会进程中政府管理创新的价值取向定位

从和谐社会总体和一般的角度来考察，社会经济、政治、文化和社会体系的运行逻辑是：经济上的重大的变化决定政治、文化和社会运行状态及其运行规则的改变，政治、文化和社会方面的能动作用与良性回应也推动着经济的发展和进步，而经济、政治、文化的发展影响着社会关系格局，推动社会建设与社会管理的制度、体制的革新。中国自 1978 年中国共产党十一届三中全会以来，随着国家主导意识形态和主流文化“与时俱进”地变革和发展，中国政府确立了以经济建设为中心、坚持四项基本原则、坚持改革开放的基本路线和全面发展战略，从而也确立了政府管理改革与创新的基本价值取向。就其中的为经济建设服务的价值取向而言，当代中国政府管理创新实际上是带有非常明显的经济主义价值取向的；就其中的坚持四项基本原则的价值取向而言，当代中国政府管理创新又是与社会主义核心价值体系内在统一的。据此，中国政府所做出的积极回应和所采取的发展战略是以促进市场经济的深入发展为逻辑起点的，即通过改革不断推动经济体制由计划经济体制向市场经济体制转变，并在此基础上推进政治体制、文化体制、社会管理体制改革，促进经济、政治、文化和社会建设一体化向前推进，其中始终贯穿着实现政府管理良性状态的新价值追寻，而这种对于政府的良性管理状态的价值追寻实际上就是政府管理文明的问题。

因此，概括地说，构建社会主义和谐社会进程中的政府管理创新是以服务于经济建设为中心价值、以提升管理文明为主要价值的，但与西方不同，中国政府管理创新的服务于经济的管理文明取向是与社会主义核心价值体系内在统一的。

中国政府管理创新坚持上述价值取向，不仅是由中国社会主义社会的性质和政府的本质所客观规定的，更是由中国社会主义市场经济体制改革和中国的发展大局与第一要务所直接决定的。中国社会主义市场经济体制是与社会主义基本制度有机结合在一起的，这就要求政府管理创新必须要在宏观上承担三项任务：其一，确保市场经济沿着社会主义方向发展。由于市场机制不能自发产生以生产资料公有制为主体的社会主义经济基础，也不能自发地坚持为最广大人民谋福利和走共同富裕之路，因此，政府必须高度重视在市场经济中如何保证社会主义方向，这是中国政府创新所要解决的根本问题之一。其二，促进社会公平分配和社会正义的逐步实现。在市场经济条件下，市场机制自发调节收入分配的作用是极其有限的，由于市场的作用和人们对利润最大化的追逐，必然引起收入分配严重不公平。只有通过政府的调控作用才能维护劳动者正当的劳动收入与合法收入，规范不正当经营或过高的利润收入，从而促进收入分配公平化，实现共同富裕。其三，加强宏观调控。市场经济的发展，市场机制的自发作用，不可避免地引起经济波动，出现周期性的衰退或高涨，甚至产生严重的经济危机。实行宏观调控、解决“市场失灵”问题是社会主义国家政府的一项繁重任务，在稳定经济和市场方面发挥着极其重要的作用。通过建立有效的制度，引导资源配置，调整国民经济结构，可以实现经济结构的平衡和稳定金融秩序，减少资本市场过度投机，减少经济增长的不稳定因素，克服市场经济发展中的盲目性和不确定性，等等。这是构建社会主义和谐社会进程中政府必须始终坚持的基本任务。

综上所述，构建社会主义和谐社会进程中政府管理创新的价值取向应是以中国特色社会主义事业为本位、以服务于经济为中心、以建设政府管理文明为保障的有机统一体，而其中的政府管理文明建设问题，尚未引起人们的高度重视，因此，加强对此问题的深入研究，应该是我们当前和今后相当长一段时期内社会建设和政治建设以及发展社会主义社会文明和政治文明的重要任务。

（三）构建和谐社会进程中培育和提升政府管理文明的意义

在构建社会主义和谐社会进程中确立政府管理创新的管理文明取向，就是要着力加强政府管理文明建设，不断提升中国特色社会主义政府管理文明水平，这对于有中国特色社会主义和谐社会和现代化建设事业的全面发展以及整个人类社会文明程度的提高，都具有十分重要的意义。

1. 加强政府管理文明建设有利于促进社会主义和谐社会建设。构建社会主义和谐社会涉及众多领域和内容，从人类文明的角度来看，社会主义和谐社会是社会主义物质文明、政治文明、精神文明和社会文明四位一体协调发展的社会。党的十六届四中全会作出了不断提高构建社会主义和谐社会能力的战略部署。2005 年 2 月，胡锦涛总书记在省部级主要领导干部提高构建社会主义和谐社会能力专题研讨班上提出了构建社会主义和谐社会的全新理念。他说，我们所要建设的社会主义和谐社会，应该是民主法治、公平正义、诚信友爱、充满活力、安定有序、人与自然和谐相处的社会。这一重要论断的提出，是对马克思主义理论的丰富和发展，是我们党对什么是社会主义、怎样建设社会主义的又一次理论升华。这表明，中国的社会主义现代化建设总体布局，实现了由发展社会主义市场经济、社会主义民主政治和社会主义先进文化三位一体，向社会主义物质文明、政治文明、精神文明和社会文明四位一体的飞跃。这反映了我们党对中国特色社会主义事业发展规律的新认识，也反映了我们党对执政规律、执政能力、执政方式的新认识，为我们党和政府实现新世纪、新阶段的宏伟目标提供了重要的思想指导，同时，也为政府管理文明建设提出了新的任务和更高的要求。

加强政府管理文明建设首先是社会主义政治文明的重要内容。党的十六大提出了建设社会主义政治文明的重要任务，这一任务的提出适应了我国改革开放和社会主义现代化建设的发展要求。社会主义政治文明是由中国共产党领导的、以发展人民民主和实现依法治国为核心内容的现代政治文明，融汇着民主、自由、人权、平等、公正、法治、效能、廉洁、稳定、和谐等社会主义基本政治价值，是先进政治文化、优越的政治制度、良性的政治行为、优秀的政治主体与协调的政治关系的有机统一体。社会主义政治文明建设与政府管理文明建设二者之间是相互联系、相互促进的。政治文明包含着政府管理文明，规定了政府管理文明的基本内容，为政府管理文明建设和发展指明方向。政府管理文明建设是政治文明建设的重要组成部分。之所以如此，是因为中国的根本政治制度是工人阶级（通过共产党）领导的、以工农联盟为基础的人民民主专政和人民代表大会制度的有机统一，中国的政治体制改革和政治文明建设，都是为了进一步完善和巩固这一根本政治制度，这在根本上规定了政府在国家政治体系中的地位、性质和功能。政府机关作为国家权力的执行机关和国家管理机关，代表国家和人民依法管理国家事务和社会公共事务，其组织机构及其行为等都必须要符合政治文明建设的统一要求。因此，通过政府管理文明建设规范政府机关和从事政府管理的国家公务员的行为，使他们用好国家和人民赋予的政府权力，更好体现人民的利益、意志和愿望，关系到国家政权的巩固和政治文明建设的大局。可见，在先进的政治理念指导下全面推进政府管理创新，塑造政府管理文明，是建设社会主义政治文明的内在要求和重要体现。

其次，加强政府管理文明建设，也是社会主义物质文明、政治文明、精神文明和社会文明四位一体协调发展和整体推进战略的重要组成部分。着眼于推进社会主义物质文明、政治文明、精神文明和社会文明四位一体协调发展，政府必须要充分承担起管理经济、管理政治、管理文化、管理社会的职责，积极有效地履行经济调节、市场监管、社会管理和公共服务职能，既要重视经济增长指标，又要重视人文指标、资源指标和环境指标，统筹兼顾，协调好各方面的利益关系，促进经济社会和人的全面发展。实现上述目标，要求各级政府通过加强管理文明建设，积极推进政府管理创新，优化政府职能，革新管理理念、管理制度和管理方式，为全面实现物质文明、政治文明、精神文明和社会文明的协调发展提供强有力的组织保障。

2. 确立政府管理文明取向有利于体现和彰显政府发展的本质属性。中国是社会主义国家，政府在本质上是人民政府，除了要继续承担惩治极少数敌对分子的破坏活动和打击犯罪行活动、维护国家安全和秩序的政治责任以外，更为经常和大量的是履行代表人民从事经济、政治、文化和社会事业的管理责任。有效管理社会公共事务，实现最广大人民的公共利益，这已经成为中国政府首要的、中心的职能和根本任务，政府管理创新的一切努力都应着眼于完成这一根本任务。确立和始终坚持政府管理创新的管理文明取向，努力戒除一切不文明的管理行为，是构建社会主义和谐社会进程中政府发展的必然选择。

3. 加强政府管理文明建设有助于健全完善社会主义市场经济管理体制。党的十六大提出了在本世纪头二十年建成完善的社会主义市场经济体制的战略目标，十六届三中全会专门就完善社会主义市场经济体制做出了具体部署，这标志着中国从计划经济向社会主义市场经济的转型步伐将进一步加快。经济体制转型目标能否如期顺利实现，完善的社会主义市场经济体制最终能否真正确立，关键在于政府管理经济和社会的模式也要尽快地实现转型，即从计划经济体制下的政府管理模式向社会主义市场经济体制下的政府管理模式的转换，这一转型过程实际上就是实现文明治理、建设和提升政府管理文明的过程。党的十七大确定了实现全面建设小康社会奋斗目标的新要求和又好又快发展的方针，对市场经济体制的进一步完善作出了新的部署，对政府管理文明的发展指明了前进的方向。

完善社会主义市场经济体制要求各级政府从“全能政府”和“无限政府”走向有限和有效政府，实现政府的文明治理。由于中国长期实行高度集中的计划经济体制的惯性，政府“无所不管，无所不能”的全能政府和无限政府观念根深蒂固，由此导致政府“管了很多不该管、管不好、管不了的事”，政府的权力扩张缺乏限制，导致了一些政府管理的非文明现象的发生。为了充分发挥市场机制在资源配置中的基础性作用，发挥民间组织和社会中介机构的自我管理作用，必须以管理文明为导向优化政府职能体系、责任体系、公共服务体系和社会管理方式。政府和市场、政府和社会之间在社会公共管理过程中应当形成一种职能互补、责任分担、行为互动、关系协调的合作伙伴关系。政府的文明治理意味着政府充分尊重市场规律和公民权利，将市场、企业、公民和社会组织能够自己做好的事情移交给它们去做。政府应通过制定和实施经济和社会规则发挥调控和服务作用，政府发挥作用的方向应当是增进市场机制和培育民间组织而不是包办或代替他们的自主事务。政府的经济和社会职能是对经济和社会组织作用的一种补充，即仅当在市场失灵和民间公共组织失灵情况下，才由政府出面维护社会公正。

完善社会主义市场经济体制要求政府管理法治化。计划经济是一种指令性经济，政府权力和行政手段操控了经济活动，而市场经济是法治经济，依法管理是政府的主要责任。政府管理法治化意味着政府的权力受到法律的约束因而是有限的，同时还意味着经济和社会组织的自主权及公民个人的自由权利受到法律的保护因而是有保障的，政府权力的行使无论对自身还是对各社会主体都是由法律明确其边界的。经济和法律手段成为政府履行经济和社会职能的主要手段，必要的行政手段的运用必须依法实行。政府管理的法治化使政府行为具有确定性和可预期性，是现代政府管理文明的显著标志。

完善社会主义市场经济体制要求以管理文明为导向再造政府内部管理体制和格局。政府作为一种公共权力组织，不以追求利润最大化为目标而以服务公众、增进社会公共利益为目标，它和企业有着不同的运作逻辑。但在为公众提供优质高效廉价的公共物品或公共服务方面，政府和企业之间有着一定的相通之处。在市场经济体制中，优化的企业管理和企业精神使企业能够为顾客提供多样化的、质优价廉的商品和便捷的服务，代表着企业管理文明的发展方向。完善社会主义市场经济要求政府为企业、公民和社会组织提供优质高效低成本的服务，在这方面借鉴企业管理文明建设的成功经验，进而塑造和提升政府管理文明程度，不断提高政府提供公共物品和公共服务质量，是适应社会主义市场经济体制要求改进政府内部管理体制和格局的应有之义。

4. 加强政府管理文明建设，有利于更好地应对加入 WTO 后所面临的机遇和挑战。加入 WTO 表明中国将深入参与经济全球化和世界经济一体化进程，标志着中国政府与各国政府间的进一步连接和协作，意味着中国政府对世界政治、经济、文化等领域的广泛观照和参与，也意味着中国政府在 WTO 框架内承担一定国际义务和国际责任。政府面临的不再只是本国的政治、经济与文化，而是国际视野的，政府的管理环境从国内扩展到国际层面。加入 WTO，要求政府必须改变旧有的治理理念和传统封闭式治理行为，必须尊重国际规则和国际惯例，结合我国自身的实际重塑政府治理模式，通过加强政府管理文明建设，用文明治理的理念和行动主动适应 WTO 的规则和要求，变消极因素为积极因素。WTO 协议本身是以发达国家为主体，通过程序和协商达成的，它基本上反映了目前国际惯例和利益诉求，所以 WTO 的加入主体不是企业，而是政府，规则的内容主要是针对政府提出的，是用来约束政府的。中国入世后的过渡期行将结束，这就意味着中国政府行为必须全面融入国际管理规则体系之中，因此，政府必须自觉、主动地改革和创新现行政府体制、运行机制、治理方式、决策方式、服务方式等等。从这个意义上说，进行政府管理文明建设的过程，就是完善适应普世性要求的政府管理基础和国际条件的过程，就是以文明的方式与各成员国之间形成平等关系和互利共赢发展的过程，是减缓与国际规则的各种冲突以及与全球治理机制的各种碰撞的过程。

加入 WTO 要求政府必须坚持经济管理体制的市场化和现代化趋向，必须致力于推进贸易自由化、便利化和国际化，必须坚持对外经济贸易政策的统一与透明，必须坚持国家治理的民主化和法治化。这就必然要求政府要不断提高管理能力和管理水平，对宏观经济运行有足够的调控能力和力度，有明晰的发展战略和产业政策，能够对经济发展形势和趋势有准确和及时的判断力和把握力，能够为开放的市场经济建立良好的发展环境和秩序，有透明的公共政策和健全的社会保障体系等。以上述要求相比照，我国政府管理的现实状况还存在许多差距，政府自身建设中还有许多方面与此不相适应，还存在着许多有待解决的问题：如政府职能彻底转变好需要时间和相关条件才能到位，政府对国有企业的行政干预依然存在，政府的国有资产管理方式需要进一步改进，中央和地方关系在管理体制和管理权限上还需进一步理顺，中央政府社会管理和公共服务负担过重，地方政府提供公共服务的水平和质量还不高；政府管理方式陈旧，许多政府部门仍然习惯于利用审批和取缔等行政手段来管理经济和社会事务，政府在市场监管、社会管理和公共服务方面的法律手段不多，同时存在着政府权力部门化，部门权力利益化和部门利益个人化等新现象；政府管理体制不完善，激励机制不足，责任约束不够，自由裁量权过大，办事程序繁琐，政治腐败仍很严重，行政效率较低，对上负责与对下负责存在脱节现象，“政绩工程”和“形象工程”屡禁不止，等等。为了解决这些问题，积极适应加入 WTO 的要求，需要确立政府创新的管理文明取向，积极推进政府管理文明建设。

5. 加强政府管理文明建设是适应经济全球化和国际国内信息化要求的必然选择。进入 21 世纪的国际社会，世界多极化和经济全球化趋势愈益增强，市场经济全球化、贸易投资自由化、人才流动国际化促进了资本、技术、知识、人才等生产要素在全球范围内的自由流动和优化配置。各国为了吸引资金、技术和人才推动本国经济发展而展开了激烈的竞争。经济全球化进程加快和国际竞争的强大压力对中国政府管理能力和水平提出了新的更高的要求，也为中国政府管理文明建设提供了强大动力。

世界格局多极化和经济全球化要求各国政府通力合作，制定和实施具有约束力的国际规则，提供全球公共物品，解决全球性问题，促进在和谐世界推进中的全球和谐治理机制的形成。全球和谐治理对各国政府的政府职能、政府权力和政府能力都提出了新的更高的要求。全球和谐治理应该是各国政府、国际组织、各国公民对国际公共事务的合作管理，它要求各国政府学会横向与私人部门和第三部门分享公共事务管理权，纵向与国际组织和地方及基层政府分享公共管理权。政府权力受到国际组织和他国政府、全球公民社会、国际规则和国际舆论的多重约束。参与制定和实施国际规则，合作提供全球公共物品和解决全球性问题以及全球性风险，利用全球和谐治理机制维护和增进国家利益，而要实现这样的任务和目的，需要包括中国政府在内的世界各国政府都站在管理文明建设的高度，积极推进政府管理创新，调整政府职能，革新政府权力，提升政府能力。

当今世界，全球范围内科技进步日新月异，知识经济和信息社会时代悄然来临，不仅推动了世界生产力的发展，也引起人类的生产方式和生活方式发生深刻变革，同时，更给政府管理文明建设注入了新的动力。知识经济要求政府管理科学化、专业化，从而对公务员队伍的知识、能力和文明素质提出了更高的要求。信息社会赋予现代化以新的内涵，以信息化带动工业化成为发展中国家加快实现现代化的必然选择。国民经济的信息化要求政府管理信息化，信息技术的发展成熟为政府管理信息化提供了物质技术条件。在知识经济和信息社会时代，全面推进政府管理文明建设是提高整个社会文明意识和建设文明国度的关键环节，是增强中国综合国力和国际竞争力的必然要求和必然选择。

二、本选题所涉及领域的研究现状

关于构建和谐社会进程中政府管理文明问题的研究，目前国内外还未见有专门的研究成果，但在本选题所涉及的研究领域内，关于社会建设于政府管理创新问题的研究，已经成为当代国内外政治学和行政学研究的热点问题，形成了一些理论成果和代表性著作，其中有些研究实际上或多或少已经涉及到了政府管理文明范畴。为借鉴已有成果，并面向未来思考研究这一问题，这里有必要对于这方面的研究作一评介和简析。

（一）国外研究现状

国外学者关于社会建设与政府管理创新及其价值取向研究，始终围绕着政府与市场、政府与企业、政府与社会关系展开，并注意采用经济学、管理学、政策分析、政治学和社会学等学科的相关知识、理论和方法进行综合性分析，形成了一些重要的理论成果，大体上形成如下三种有代表性的分析视角和理论形态：

其一，公共选择理论形态。公共选择学派发端于1957年布坎南和纳特在弗吉尼亚大学创办的“托马斯·杰斐逊中心”，其所宣称的目标是促进以个人自由为基础的社会秩序，并于20世纪70年代形成系统的公共选择理论。其主要代表人物有：布坎南、图洛克、奥尔森、多恩斯、布莱克、尼斯坎南和布鲁东等人。该理论的标志性著作主要是布坎南的《公共选择理论》和《自由、市场与国家》等。

公共选择理论是在研究西方国家现实经济问题的过程中，通过对传统市场理论的批评而逐步形成的，它成功地运用了经济学的分析方法，在坚持“经济人”假设理论的前提下，采用个人主义的“自我价值”观和方法论，用市场交易的观点来看待政治过程。用其奠基人布坎南的话来说："公共选择是政治上的观点，它把经济学家的工具和方法扩大应用于集体的或非市场的决策过程中而产生的。"[①]它不仅成为当代西方社会科学特别是经济学、政治学中的一个重要理论学派，而且成为当代西方公共管理实践特别是政府改革实践的重要理论基础之一。按照缪勒的说法，公共选择的主题与政治学的主题是相同的，涉及国家理论、投票规则、投票者行为、政党政治和官僚机构等。对于上述主题的探讨，公共选择学者提出了种种的理论，如非市场决策论（公共决策论）、代议民主制经济理论、国家理论、政党理论、利益集团理论、寻租理论、官僚制理论、政府扩张论、政府失灵论、俱乐部理论、以脚投票论、财政联邦制论、立宪经济理论等。概而言之，公共选择理论的核心由两个基本要素——理性经济人假设和交易理论构成，认为人是理性的、自私自利的，其行为动机和目的性在于通过交易使自己的效用最大化，并把这一逻辑应用于分析政治过程，把政治过程看作是市场过程。只不过市场过程的交易对象是私人产品，而政治过程交易的对象是公共产品。进入政治领域的人们也有各自不同的价值观和偏好，这些价值观和偏好都应受到承认和尊重。这一理论的期望和根本目的是反对用国家行为来修正市场失败。

公共选择理论认为，国家或政府行为者用行政等手段培育不出也不可能培育出"完美市场"状态中的最佳效果。政客们的行为是为了他们自身利益的最大化而不是"公共利益"的最大化；官僚们的行为目的则是使他们的预算规模最大化。同样，公共选择理论在对投票者行为和政客行为的解释中，假定投票者像消费者那样行为，政治候选人像公司那样采取行动，候选人旨在获得最多选票从而得到政治职位，投票者则希望自己对国家能够提供的物品的偏好满意度最高。既然人们在政治中和在市场中一样，都是自利的，那么，国家和政府行为者就不是以公共利益的代表出现的，官僚、政客和

① ［美］J·布坎南：《自由、市场与国家》，上海三联书店1989年版，第29页。

投票者的自利行为如果没有制度改革的制约，将导向永恒不变的政府经费膨胀，产生非理性和非效率的后果。这样，“市场失败”就会让位于“政府失败”。公共选择理论家通常不求助于国家来修正市场失败，而是诉诸自由市场经济，用市场内部的制度变迁（如产权的转移）来实现有效率的最优结果，从而避免这种“政府失败”。在上述论证分析的基础上，公共选择理论提出政治改革和政府创新的基本价值取向就是要打破政府垄断地位，更多地依靠社会和市场，建立公共机构和私营机构的竞争机制，使公众可以从私人企业、社会组织中自由地选择公共服务的提供者，并通过宪制改革规约和改善政府行为，实现市场价值的回归与充分利用。

公共选择理论用经济学的分析方法来研究公共选择活动和政治行为，把经济学和政治学纳入一个统一的逻辑体系，是有一定积极意义的。其所坚持的不能单纯假定一个充满仁慈的公务员（对消费者的偏好和道德上正直的投票者的评判都积极回应的政客、官僚）的“天使”般政府的主张，是富有启示意义的，在探讨克服“政府失灵”的宪制和选举制度改革措施方面，也有一些颇有价值的因素。但是，公共选择理论本身所固有的缺陷也使其陷于困境，它不仅在“经济人”假设和个人主义等方法论上走向极端，而且无视政治与市场的根本区别，把市场中个人偏好间的博弈自发形成规则的这种范式，也应用到充满强制和非自愿关系构成的政治生活中，力图通过政治中不平等的利益互惠来使个人偏好获得满足并形成规则，这是难以成立因而也是根本不可能奏效的。因为，问题的关键不应在假定人们普遍自私的前提下解释或设计政府制度，而在于审视和检讨政府制度本身和承认并致力于培育不同的利益需求和表达的方式。从这个意义上说，人们的利益的需求及其实现应成为分析的目标取向，而不能作为分析的起点。因此，公共选择理论的分析视角和分析框架，虽然可以在一定层面上开阔政府改革的思路，但其对国家和政府行为表现出的不信任态度及其对当今民主制度所持的悲观看法，无法真正引导出政府管理文明的价值的实现。

其二，新公共管理理论形态。伴随着20世纪70、80年代新公共管理实践在西方国家的逐渐兴起，一批理论研究者对以官僚制为基础的传统政府模式进行了理论批判并对政府改革提出了新的主张，在此基础上形成了新公共管理理论。其主要代表人物及其代表作有美国学者戴维·奥斯本的《摒弃官僚制：政府再造的五项战略》、《改革政府——企业精神如何改革着公营部门》、英国学者E·费利耶的《行动中的新公共管理》、澳大利亚学者欧文·E·休斯的《公共管理导论》等。

新公共管理作为论证结构较为复杂的理论形态，所提供的分析视角和价值取向是多种多样的。按照英国学者E·费利耶等人在《行动中的新公共管理》一书中的概括，至少有着四种不同于传统公共行政模式的新公共管理模式——效率驱动模式、小型化与分权模式、追求卓越模式、公共服务取向模式，这四种模式大体上代表了建立新公共管理理想类型的几种尝试[①]。

效率驱动模式（NPM Modle 1：The Efficiency Drive）。这种模式在20世纪80年代初、中期居于支配地位，代表了将私人部门管理（工商管理）的方法和技术引入公共部门管理的尝试，强调公共部门与私人部门一样要以提高效率为核心。效率驱动模式的基本内容及特征有：强烈关注财政控制、成本核算、钱有所值和效率问题，关心信息系统的完善；建立更强有力的一般管理中心，采用层级管理和“命令与控制”的工作方式，要求明确的目标定向和绩效管理，权力向资深管理者转移；发展正式制度化的绩效评估方法；强调对顾客负责，让非公共部门参与公共物品的提供，以市场为基础和顾客导向，以及在边际上进行类似于市场的实验（准市场）；解除劳动力市场的规制，加快工作步伐，采用绩效工作制以及短期聘用合同；减少雇员自我调节权力，权力向管理者转移，吸收部分雇员参与管

① ［英］E·费利耶等：《行动中的新公共管理》，牛津大学出版社1996年版，第10—15页。

理过程，采用更透明的管理形式；增加更具有企业管理色彩而较少官僚色彩的授权，但更强调责任制；采用公司治理的新形式，权力向组织战略顶层转移等。

小型化与分权模式（NPM Modle 2：Downsizing and Decentralization）。这种模式的影响力在 20 世纪 80 年代开始不断增强，地位日益重要。作为当代公共部门组织结构变迁趋势反映的小型化和分权模式的要点是：从早期强调以市场为中心向更精致和更成熟的准市场扩展，从计划到准市场的转变成为公共部门配置资源的机制；从层级管理向合同管理转变；较松散的合同管理形式的出现；小战略核心与大操作边缘的分离，市场检验和非战略职能的合同承包；分权和小型化——公共部门领取薪金者的大量减少，向扁平型组织结构的转变，组织高层领导与低层职员的减少；公共资助与独立部门供应相对分离，购买者和提供者分离组织以及作为一种新组织形式的购买型组织的出现；从“命令与控制”的管理方式向诸如影响式管理、组织网络形式相互作用一类的新风格的转变，对组织间的战略的日益重视；从标准化的服务向灵活多样的服务系统的转变等。

追求卓越模式（NPM Model 3：In Search of Excellence）。这种模式与 20 世纪 80 年代兴起的企业文化（公司文化）的管理新潮相关——特别是受《公司文化》（Deal and Kennedy 著）和《追求卓越》（Petters and Watterman 著）两本畅销书的影响，也部分反映了那种强调组织文化重要性的人际关系管理学派对公共部门管理的影响。其要点是：在由下而上的形式中，强调组织发展和组织学习，将组织文化看作一种组织发展的粘合剂；强调由结果判断绩效，主张分权和非中心化。在由上而下的形式中，努力促进组织文化的变迁，管理组织变迁项目；重视领导魅力的影响和示范作用（并在新型的公共部门中，应用魅力型的私人部门角色模式，要求更强有力的公司培训项目）；公司口号、使命、声明和团结的加强，一种明确的交往战略，一种更具战略性的人力资源管理职能等。

公共服务取向模式（NPM Model 4：Public Service Orientation)。这种模式代表了一种将私人部门管理观念和公共部门管理观念的新融合，强调公共部门的公共服务使命，但又采用私人部门的“良好的实践”中的质量管理思想。它赋予新型的公共部门——它们既与以往旧的公共组织决裂，又保留了明确的认同感和目标使命——以合法性。这种模式的基本内容及特征是：主要关心提高服务质量（如应用质量诱因，采用全面质量管理方法），强调产出价值，但必须以实现公共服务使命为基础；在管理过程中反映使用者（而不是一般的顾客）的愿望、要求和利益，以使用者的声音而非顾客的退出作为反馈回路，强调公民权利理念；怀疑市场机制在公共服务中的作用，主张将权力由指派者转移到民选的地方委员会；强调对日常服务提供的全社会学习过程（如鼓励社区发展、进行社会需要评估）；要求一系列连续不断的公共服务的使命与价值，强调公民参与和公共责任制等。

澳大利亚莫纳什大学公共管理系教授欧文·E·休斯在其专著《公共管理导论》中，从理论上对20世纪80年代以来西方国家的政府改革进行了系统概括和总结，认为新公共管理模式的基本特征是适应市场机制和经济发展的需要，不仅从规模、活动范围等方面对政府进行改革，而且更重要的是从管理体制或者运营机制等方面对政府进行深层次的改革，改革的主要方向是缩小政府规模，减少政府的活动范围，从传统的政治与行政的二者分离到二者的有机结合。根据市场经济的特点，一方面，在公共部门的管理中积极引进私营部门中较为成功的管理理论、方法、技术和经验；另一方面，积极推进市场化过程，让私营企业更多的参与公共事务和公共服务管理。

其三，治理理论形态。自从1989年世界银行首次使用“治理危机”一词并于1992年起将年度报告命名为《治理与发展》后，治理（governance）和善治（good governance）便成为国际社会从事社会科学研究者最为时尚并广为运用的术语之一，成为多学科的最新研究领域和范畴。20世纪90年代后，治理和善治不仅是经济学的重要话语，也是政治学家、社会学家和管理学家的重要话语。其主要代表人物及其代表性的著作有英国学者鲍勃·杰索普的《治理的兴起及其失败的风险：以经济发展为例的论述》、美国学者罗西瑙的《没有政府统治的治理》、英国学者格里·斯托克的《作为理论的治理：五个论点》、美国学者B·盖伊·彼得斯的《政府未来的治理模式》等。

治理理论主要研究如何通过政府与民间的合作，改善国家的治理结构，提高效率，增强民主。从认识论的角度来看，治理理论是人类在寻求解决社会一致有效性问题上做出的一次深刻的转折，政治学和行政学知识体系开始转向“治理”这一主题。治理理论的兴起建立并不断拓展了国家与社会关系的分析架构，超越了自由主义与国家主义的传统对立，形成了一种新型的国家与社会关系范式。按照格里·斯托克（Gerry Stoker）的概括，各国学者们对作为一种理论的治理提出了五种主要的观点：（1）治理意味着一系列来自政府但又不限于政府的社会公共机构和行为者。它对传统的国家和政府权威提出挑战，它认为政府并不是国家唯一的权力中心。各种公共的和私人的机构只要其行使的权力得到了公众的认可，就都可能成为在各个不同层面上的权力中心。（2）治理意味着在为社会和经济问题寻求解决方案的过程中存在着界限和责任方面的模糊性。它表明，在现代社会国家正在把原先由它独自承担的责任转移给公民社会，即各种私人部门和公民自愿性团体，后者正在承担越来越多的原先由国家承担的责任。这样，国家与社会之间、公共部门与私人部门之间的界限和责任便日益变得模糊不清。（3）治理明确肯定了在涉及集体行为的各个社会公共机构之间存在着权力依赖。进一步说，致力于集体行动的组织必须依靠其他组织；为达到目的，各个组织必须交换资源、谈判共同的目标；交换的结果不仅取决于各参与者的资源，也取决于游戏规则以及进行交换的环境。（4）治理意味着参与者最终将形成一个自主的网络。这一自主的网络在某个特定的领域中拥有发号施令的权威，它与政府在特定的领域中进行合作，分担政府的行政管理责任。（5）治理意味着办好公共事务的能力并不仅限于政府的权力，不限于政府的发号施令或运用权威。在公共事务的管理中，还存在着其他的管理方法和技术，政府有责任使用这些新的方法和技术来更好地对公共事务的管理进行控制和引导。①

可见，虽然治理理论还很不成熟，它的基本概念还十分模糊，但它打破了社会科学中长期存在的两分法传统思维方式，即市场与计划、公共部门与私人部门、政治国家与公民社会、民族国家与国际社会等，把有效的管理看作是两者的合作过程，它力图发展起一套管理公共事务的全新技术，强调管理就是合作，主张在政府、公民和社会之间建立起平等协商的合作伙伴关系。这就意味着公共管理主体的变化，政府不再是唯一的公共管理权力中心，各种公共机构和私人机构也可以与政府分享公共管理权力；政府也不再是公共产品和公共服务的唯一供应者，私人部门和第三部门同样可以分担政府的责任。治理理论提出的政府创新的基本价值取向就是达到善治，实现公共管理者与被管理者的关系协调与合作。

总之，国外学者关于政府创新及其价值取向的研究，虽然在某些方面涉及到了属于政府管理文明范畴内的问题，但由于其立场、观点、方法的局限，他们都没能从管理文明的高度来思考政府创新的价值取向问题，更无法引导政府创新走向管理文明之路。

（二）国内研究现状

20世纪80年代以来，国内许多政治学、行政学和法学界的学者以及党政机关党务政务工作者，在构建社会主义和谐社会与政府管理改革创新的一般理论研究、中国政府管理改革与创新的实证研究以及建构有中国特色的社会主义政府管理的理论框架等方面，从不

① 参见俞可平：《治理与善治》，社会科学文献出版社2000年版，第3－4页，第31－51页。

同角度进行了大量研究工作，取得不少有价值的成果，同时在引进和消化西方政府管理创新理论方面也做了许多工作。概括起来说，国内学者关于政府管理创新及其价值取向的理论研究大体上形成如下几种分析视角和理论成果：

1. 关于西方社会与政府管理创新理论与实践的评价性研究成果。这方面的研究成果主要包括如下几类：

其一，从行政改革的角度梳理和概括西方国家行政改革的理论与实践。如：周志忍教授主编的《当代国外行政改革比较研究》，(国家行政学院出版社，1999 年版)；国家行政学院国际合作交流部编译的《西方国家行政改革述评》(国家行政学院出版社，1998 年版)；宋世明教授著《美国行政改革研究》(国家行政学院出版社，1999 年版)；左然、周志忍等编译的《新兴现代化国家行政改革研究》(国家行政学院出版社，1999 年版)；于军教授编译的《英国地方行政改革研究》(国家行政学院出版社，1999 年版)；张梦中教授的《美国联邦政府改革剖析》(载《中国行政管理》1999 年第 6 期)；潘小娟的《法国公共部门的改革》(载《中国行政管理》2000 年第 9 期) 等。

其二，从新公共管理的视角对西方国家新公共管理的理论基础、发展趋势及其得失进行研究。如中国人民大学张康之教授在《论政府的非管理化——关于“新公共管理”的趋势预测》一文中认为：20 世纪 70 年代以来的行政改革，表明一种新的行政模式的出现，即“新公共管理”，它的变革意义在于政府的公共政策化和公共管理的社会化。具体表现为：第一，新公共管理把主体中心主义转化为客体中心主义。第二，新公共管理把权力中心主义转化为服务中心主义。第三，新公共管理把效率中心主义转化为成本中心主义。第四，新公共管理把个体利益中心主义转化为公共利益中心主义，从而有可能有效地杜绝行政权力的腐败。[①]

① 张康之：《论政府的非管理化———关于“新公共管理”的趋势预测》，教学与研究，2000 年第 7 期，第 34—36 页。

厦门大学陈振明教授在《走向一种“新公共管理”的实践模式——当代西方政府改革趋势透视》一文中认为：当代西方政府改革的基本趋势是走向一种“新公共管理”的实践模式，即采用商业管理的理论、方法及技术，引入市场竞争机制，以提高公共管理水平及公共服务质量。作为传统公共行政模式的替代物，“新公共管理”实践模式的出现是公共部门管理特别是政府管理的一次重大突破。这种实践模式尽管远非完善，但在西方公共管理中产生了深刻的影响和积极的作用。[①]

中国人民大学张成福教授则在《公共行政的管理主义——反思与批判》一文中则对新公共管理进行了反思性批判。认为新公共管理存在以下几方面的缺陷：对人性认识的偏颇；管理主义所导致的公共行政价值的偏颇；市场基本教义和对市场机能的不当崇拜；向私营部门学习之自我解构与公私管理之混淆；不恰当的“顾客”隐喻。张成福教授在该文章中对公共行政理论与实践的重建提出了自己的看法：（1）公共行政应更多视为一种民主国家治理的过程，而不应仅仅视为一种管理过程；（2）公共行政应承认政府在国家治理过程中的正当性，避免过度强调市场，可造成“空洞化的国家”；（3）公共行政应关注其公共性，避免公共精神的丧失；（4）公共行政应从政府与社会、公共部门与私人部门、政府与公民的互动角度思考问题，避免两极化之思考；（5）公共行政应跨越“左”和“右”的意识形态，发展较为中性的整体观点；（6）公共行政固然要向企业学习，但大可不必、也没有必要走向“自我解构”，甚至于走向反国家的道路。更重要者，在学习企业的同时，应考虑情景之特殊性；（7）公共行政不应淡化对公务伦理的要求，因为这是实现良好治理之必需；（8）公共行政既要重视公共系统，亦要重视管理的智能与策略；（9）公共行政之研究，要采取科技整合的途径，避免单一视

① 陈振明：《走向一种“新公共管理”的实践模式》，厦门大学学报（哲学社会科学版），2000年第2期，第76页。

角带来的盲点。[①]

中山大学蔡立辉教授在《公共管理范式：反思与批判》一文中认为西方新公共管理并未导致公共行政的范式变迁。作者以西方国家行政改革及社会发展为研究的文化的、社会的和心理的背景，以库恩范式转换理论为立论依据，揭示公共管理的理论主张及其实践内涵，揭示公共管理与公共行政的内在联系，进而在学科建设与发展的高度上，对"公共管理范式"进行批判性反思。作者最后得出结论：在西方"新公共管理运动"基础上形成的公共管理理论只是公共行政的一个理论派别。它虽然在一些概念、方法、理论和研究模型等方面为政府改革实践和公共行政理论研究提供了新的视野，但还不能称之为"公共管理范式"。[②]

此外，这方面研究的相关文章还有张国庆教授的《公共行政的典范革命及其启示》（载《北京大学学报》2000 年第 5 期）；卓越教授的《英国新公共管理运动走向分析》（载《中国行政管理》2000 年第 1 期）；卢明教授的《公共管理学管理范式的演进》（载《中国行政管理》2001 年第 1 期）；张璋教授的《新公共管理：典范还是交响曲》（载《人大复印资料》2001 年第 2 期）；唐钧教授的《西方公共行政的新视野》（载《人大复印资料》2001 年第 1 期）等。

其三，从治理的角度对西方国家的治道和治理理论进行研究。如毛寿龙、李梅、陈幽泓等著《西方政府的治道变革》，对 20 世纪 80、90 年代以来的西方政府治道改革进行了梳理和评述，认为 20 世纪 80 年代开始，西方国家许多政府进行了诸如强化地方权力、加强公共部门自主权、放松内部和外部管制、改革人事和培训制度、强化信息技术的运用等方面的改革。进入 90 年代以后，又采取了一些新举措，这些新举措主要表现在如下几个方面：（1）政府与市场之

① 张成福：《公共行政的管理主义——反思与批判》，中国人民大学学报，2002 年第 1 期，第 17－20 页。

② 蔡立辉：《公共管理范式：反思与批判》，政治学研究，2002 年第 3 期，第 83 页。

间的公共选择虽然在实践上依然偏向于更多的政府，但更多的市场、更小而有效的政府已经成为西方各国乃至转轨国家和发展中国家的共识，并继续成为90年代世界各国政府改革的指导思想。（2）政府与市场关系方面的改革在美国等国家转化为一场重塑政府运动，虽然在削减社会福利支出方面没有取得实质性的进展，在有的国家甚至有些回潮，但是在放松管制、公共领域引进市场机制、建立公共领域的内部市场等方面取得了实质性的进展。（3）强化信息技术运用的实践变成了一场重塑政府运动，80年代强调采用信息技术，90年代开始强调利用信息技术来改革原有的工作程序、组织等结构方面的问题。（4）90年代各国政府都开始重视政策制定能力的提高和政策执行效率的改善，在新公共管理思潮的影响下，许多国家都开始了强化政府政策执行部门自主权的改革，形成了一股“执行局自主化”的改革潮流，从而重新塑造了政治（政策）与行政（执行）之间的关系。[①]

俞可平先生在《治理与善治》一书中对西方治理理论进行了较全面系统地评述，认为治理一词的基本含义是指在一个既定的范围内运用权威维持秩序，满足公众的需要。治理的目的是在各种不同的制度关系中运用权力去引导、控制和规范公民的各种活动，以最大限度地增进公共利益。从政治学的角度看，治理是指政治管理的过程，它包括政治权威的规范基础、处理政治事务的方式和对公共资源的管理。它特别地关注在一个限定的领域内维持社会秩序所需要的政治权威的作用和对行政权力的运用。治理的良性状态就是善治，善治就是使公共利益最大化的社会管理过程，善治的本质特征就在于它是政府与公民对公共生活的合作管理，是政治国家与公民社会的一种新颖关系，是两者关系的最佳状态。善治实际上是国家的权力向社会的回归，善治的过程就是一个还政于民的过程。善治

① 毛寿龙、李梅、陈幽泓：《西方政府的治道变革》，中国人民大学出版社1998年版，第11页。

表示国家与社会或者说是政府与公民之间的良好合作，从全社会的范围看，善治离不开政府，但更离不开公民。从某个小范围的社群来看，可以没有政府统治，但是不能没有公共管理。善治有赖于公民自愿的合作和对权威的自觉认同，没有公民的积极参与和合作，至多只有善政，而不会有善治。所以，善治的基础与其说是在于政府或国家，还不如说是在于公民或民间社会。从这个意义上说，公民社会是善治的现实基础，没有一个健全和发达的公民社会，就不可能有真正的善治。①

2. 结合中国和谐社会建设行政改革实践探讨政府创新价值取向的研究成果。这方面的研究成果主要围绕着如下主题展开：

其一，从论证政府创新体系框架入手探讨中国政府创新的多维取向。如李习彬等人认为政府管理创新是一个“包括社会假设基础、管理哲学、政治体制、行政体制、组织结构、运行机制、及管理手段与方法”等七个层次的体系。② 而当代中国政府管理更是面临着多方面的创新：如制度创新，体制创新，机制创新，组织创新，管理创新，方法创新，手段创新，观念更新，理论创新等等。这些创新之间相互关联，构造出八个层次的政府管理创新体系。第一个层次涉及管理人员、方法与手段。这里的管理人员包括担负领导职务的官员、一般公务人员和代表民意参政议政的人大代表、党员代表。第二层次是运行机制。涉及宏观和微观两个层面，从宏观层面看，建设法治国家、依法治国——政府依法行政，执政党依法执政，即属于这一层次的内容。从微观层面看，需要从程序、规则、人员诸方面建立或优化保证决策科学化的机制和民主化机制，从报酬、待遇和工作条件等方面调动人的积极性、主动性和创造性的激励机制，以及防范官僚主义和以权谋私的监督机制，消除干扰、恢复正常的

① 俞可平：《治理与善治》，社会科学文献出版社，2000 年版，第 1—15 页。

② 李习彬，李亚：《政府管理创新与系统思维》，北京大学出版社 2002 年版，第 62 页。

社会、政治与经济秩序的稳定机制等等。第三个层次是组织机构。主要包括纵向的管理层次划分与横向的管理机构设置，直到岗位设置。第四个层次是行政体制。这一层次的改革首先是政府职能转变，如政企分开、政事分开、政社分开、政资分开。第五个层次是政治体制。政治体制问题含有两个层次，一是公共权力与公民社会的关系，二是公共权力系统内部关系。第六个层次是社会治理结构。即政府和各类非政府社会组织共同建立和维持社会秩序的状态。第七个层次是政府管理的系统哲学。伴随体制改革，我国政府管理哲学应该实现从整体系统论到总体系统论的转变。第八个层次是社会假设基础。市场经济体制和民主政治体制，建立在多元化利益格局、复杂人格、有限理性和社会系统是开放的多主体复杂系统的假设基础之上。这一新的假设基础，能够为改革开放中新的体制与机制设计，包括当前深化体制改革，提供科学合理的逻辑起点和分析思路。政府管理创新的各个层次之间相互关联，有可能牵一发而动全身。因此，中国政府管理创新的取向是多维的，既要突出重点又要总体推进①。

其二，从政府创新的专项研究入手探讨中国政府创新的主要取向。如从落实依法治国方略和全面推进依法行政的角度提出了建设法治型政府的取向；从深化政府机构改革和政府职能转变的角度提出了建设服务型政府的取向；从明确市场经济条件下政府职责定位的角度提出了建设责任型政府的取向；以及从评述西方国家政府改革成功经验的角度提出借鉴西方政府创新模式的主张，等等。上述前三种取向，由于主要是出自于中共中央和国务院的战略部署，因此，理论上的争议并不很大，研究的主题大多集中在对这些新型政府模式的内涵、特征及其建设原则与途径等方面，研究成果主要有：《全面推进依法行政　努力建设法治政府》（温家宝总理在全国依法

① 李习彬：《政府管理创新是一个具有层次结构的体系》，《党政干部学刊》2003年第10期，第4—6页。

行政工作电视电话会议上的讲话，2004 年 6 月 28 日)、《建设法治政府：近十年来依法行政回顾和展望》（郭济，《中国行政管理》2006 年第 1 期)、《建设服务型政府》（王树华，人民日报 2004 年 2 月 12 日)、《建立公共服务型政府的关键与难点》（黄范章，《中国经济时报》2005 年 3 月 11 日)、《责任政府：当代中国政府改革的目标选择》（孙彩红，《中国行政管理》2004 年第 11 期)，等等。

而对于第四种主张则争论较多，如在讨论借鉴西方国家采取的政府公共服务市场化等问题上，就存在着不同的看法。一种观点是持肯定态度，认为我国在向市场经济转轨的过程中，在政府垄断的公共服务领域里，也普遍存在着服务水平低、服务质量差等弊端，因此，应借鉴西方国家的做法，在我国实行公共服务市场化改革。持这种观点的文章有武汉大学胡象明教授的《治理视野下的政府公共服务市场化》（载《北京行政学院学报》2002 年第 5 期)；南昌大学徐冬蓉教授的《西方国家公共服务市场化背景下的中国公共服务改革》（载《南昌大学学报》人文社会科学版，2005 年第 3 期)；暨南大学李招忠副教授的《中国公共服务市场化的困境及改革思路》（载《西北大学学报》社会科学版，2004 年第 5 期)；赵全军的《公用事业民营化及其在中国的适用性问题》（载《理论与改革》2005 年第 1 期）等。另一种观点对此则持谨慎态度，认为西方国家的公共服务市场化是在“后工业社会”进行的市场化，整个社会的民主、法治水平比较高，行政体制运转有序，国家对公共权力的监控健全、有力，因此，公共服务市场化不会导致政府对公共服务管理的失控，也不会为“权力寻租”留下大的漏洞。但我国目前尚处在由计划经济向市场经济过渡和传统社会向现代社会转型的历史时期，民主、法治尚处在低水平且未十分健全，民主监督制度正在建设之中，还未形成一套系统和成熟的监督和制约公共权力的制度机制，我们对公共权力的监控无论在理论层面，还是在制度设计方面都处于探索阶段。所以，当前对我国公共服务进行市场化改革应慎之又慎。如中山大学王乐夫教授在《我国政府公共服务民营化存在问题分析——以公共性为研究视角》一文中，认为在我国当前实行公共服务市场化将面临六个方面的问题：①经济性损失，即国有资产的损失；②引发公平性问题；③引发腐败与私人垄断问题；④带来公共责任缺失；⑤带来新的社会稳定问题；⑥可能引发政府管理危机。[①]

3. 政治文明视域中的政府行政文明建设研究成果。随着中国社会主义政治文明建设目标的确立，国内学者在研究社会主义政治文明建设的基本架构的基础上，提出了加强政府行政文明建设的任务。如胡象明、李芳在《行政文明建设的价值取向与制度创新》一文中认为行政文明是政治文明的有机组成部分，是提升政治文明的关键，在政治经济体制改革过程中占有举足轻重的地位，同时行政系统受到来自全球化、多元化和有组织化力量的冲击，要求其积极回应，主动创新，致力于行政文明建设。行政文明建设有其内在的价值取向，而政府制度创新是行政文明建设最活跃的因子，主要表现在通过制度创新对政府职能进行合理定位，建立服务型政府。通过制度创新释放被囿于政治层面的民主，提升可操作的行政参与空间等。制度创新是保证改革开放取得的行政文明成果以及开拓行政文明新视野的最直接动力来源[②]。任晓林在《政府文明是政府发展的最高理想》一文中认为政府文明上承政治文明，后启物质文明与精神文明，在社会文明的框架内，构成了以政府为中心、法律权威为根本、物质文明与精神文明为结果的横向文明体系。政府文明有独特的基础，有发展的基本原则，有独立和完善的思想内容，发展政府文明是政府的最高理想[③]。薄贵利在《政府文明建设的理性思考》一文中认为政府文明是政治文明的重要组成部分，也是政治文明的重要表现形

① 王乐夫等：《我国政府公共服务民营化存在问题分析—以公共性为研究视角》，《学术研究》2004年第3期，第69—73页。

② 胡象明、李芳：《行政文明建设的价值取向与制度创新》，《学习月刊》2004年第12期，第6页。

③ 任晓林：《政府文明是政府发展的最高理想》，《中共福建省委党校学报》2004年第4期，第29页。

式。在完善社会主义市场经济体制、贯彻落实科学发展观和全面建设小康社会的新形势下，迫切需要对现代政府文明的基本内涵和价值准则、政府文明的基本特性、政府文明建设的历史经验等进行深入的理论研究，以促进和加强政府文明建设[①]。

可见，国内关于政府创新取向的研究，已经在政治文明的角度和特定层面上涉及政府管理文明问题，但还不系统、不充分，有必要对此进行深入研究。

三、本选题研究的基本思路、主要内容

本论题研究的基本思路坚持马克思主义基本理论的立场、观点和方法，着重以中国特色社会主义理论和科学发展观为指导，并借鉴现代经济学、政治学、政策科学、管理学、社会学等相关理论和方法，立足于深化改革、扩大开放、构建社会主义和谐社会、推进政府管理改革与创新的现实，以管理文明为取向，审视政府管理实践过程，分析市场经济条件下和全面建设小康社会以及构建社会主义和谐社会背景下政府管理的适应性与价值性，探讨中国政府管理文明建设的现实条件与途径及其内在规律性，从而为社会主义物质文明、政治文明、精神文明和社会文明四位一体的全面协调发展服务。

本论题研究主要围绕如下几方面内容展开：

其一，关于构建社会主义和谐社会进程中政府管理创新确立管理文明取向的必然性分析，即在梳理当代世界各国政府创新的价值取向的基础上，着眼于中国社会发展的实际需要和人类文明进步的大趋势，揭示中国政府管理文明建设的必然性和必要性。

其二，关于构建社会主义和谐社会进程中政府管理文明建设的

① 薄贵利：《政府文明建设的理性思考》，《新视野》2005 年第 3 期，第 47 页。

理论资源梳理，着重概述马克思主义政府管理观和文明观及其指导意义，审视中国古代和当代西方政府管理的主流取向及其启示。

其三，关于构建社会主义和谐社会进程中政府管理文明的一般理论分析，即从学理上阐释构建社会和谐社会进程中政府管理文明的内涵、特征、基本标志和实现条件。

其四，关于构建社会主义和谐社会进程中政府管理文明建设的社会环境分析，探讨制约中国政府管理文明建设的基本动力因素及其综合作用机理，把握构建和谐社会环境因素对于政府管理文明建设的主要要求。

其五，关于构建社会主义和谐社会进程中政府管理文明建设的现实性分析，即客观地评述和总结中国政府管理创新和管理文明建设的历史过程与成功经验，特别是改革开放以来已经取得的有益成果，科学地分析构建社会主义和谐社会中政府管理文明建设所面临的有利条件和不利条件以及存在的主要问题。

其六，探讨构建社会主义和谐社会中政府管理文明建设的实现途径，特别是着力研究执政党在构建和谐社会与政府管理创新中所处的地位和作用。

本论题的研究力求在如下几个方面有所突破和创新：

第一，关于当代西方国家政府创新的基本价值取向，中外学者们作出多种多样的解释和分析，本论题的研究试图作出新的理解，认为西方国家政府创新价值取向的一般模式可概括为：资产阶级基本价值观＋经济主义价值目的＋管理主义价值手段，这三方面的有机统一，构成了资本主义政府创新和政府发展的基本价值取向体系，西方各个国家所进行的政府创新的具体实践，在根本上来说，都不过是在这一框架内寻求借以增强资产阶级政府管理的当代适应性与合法性的改良主义举措而已。

第二，关于政府管理文明的涵义与标志，当前国内外既没有明确的界定，也没有可操作性的阐释，本论题的研究从理论与实践相结合的角度对此进行界定和阐释，认为政府管理文明就是指政府管理活动遵循客观规律和以人为本要求的前进式发展状态以及取得的进步成果。其基本内涵包括政府管理活动遵循客观规律而前进、政府公共管理权力的良性运行、政府综合管理能力和水平全面的提升与不断增强、政府与社会关系的和谐发展等内在统一的几个主要方面。其基本特征主要有历时性、阶级性、社会性、民族性等。其基本标志主要在于政府管理的人本性，并通过政府管理主体的先进性、政府管理理念的科学性、政府管理规范的完备性与合理性、政府管理行为的良善性和政府管理关系的和谐性等方面表现出来。

第三，关于政府管理创新与政府管理文明建设的动力系统，本论题的研究试图解释政府创新与政府管理文明建设动力场的作用机理，认为其中包含着源动机理、互动机理和合动机理，是由动力源引发、各种动力因素互动、在符合客观规律的基础上形成合力的过程与属性。正确认识和把握这种作用机理，要求我们在政府管理文明建设的全过程中，既要重视分析动力源以及各个动力因素的作用，更要研究各种动力因素之间相互作用的机制、规律，从而调控和引导它们作用的方向与速率，尽可能地形成正向合力，使动力场发挥出最大的整体效果和协同功能，以便促进政府管理文明建设的良性运行和协调发展。

第四，关于中国政府管理文明建设的现实性分析，本论题的研究认为中国政府改革与创新是全方位的，包含着丰富的内容和多种表现形式，中国政府改革与创新必然涉及到执政党与参政党、立法机关、行政机关和司法机关等相互关联的各个方面。不过，从其核心内容来看，主要地表现为行政管理体制的改革与创新，即围绕着如何建设行为规范、运转协调、公正透明、廉洁高效的行政管理体制而展开全方位改革与创新。其基本逻辑线索主要表现为始终从全局大局出发，适应经济、政治、文化、社会建设四位一体的总体布局的要求，适应全面深化改革的需求，重点适应社会主义市场经济体制和政治体制改革与发展的需要，以政府职能定位并彻底转变政府职能为关键点、以政府机构改革并不断加大机构改革的力度为切入点、以干部人事管理制度改革为突破口的逐步推进策略。其具体实践历程表现出鲜明的中国特色社会主义特性：即基本上以五年为间隔，在中国共产党与民主党派协商的基础上，由中国共产党全国代表大会作出战略决策，由全国人民代表大会通过改革方案，再由政府行政部门负责具体实施。从这个角度来看，中国政府改革与创新历程，实际上是一个由中国共产党启动的、并与中国发展的历时性特征以及经济体制改革和政治体制改革相协调而逐步推进的过程。在这一过程中，要始终注意解决政府管理主体资质的合理性与合法性问题、政府管理行为的法律化制度化问题、政府管理文明的价值基础及其社会化问题。

第五，关于构建社会主义和谐社会进程中政府管理文明建设途径问题，本论题研究认为在构建社会主义和谐社会进程中政府管理文明建设的基本途径应该是以打造高能优态服务型政府为载体，在不断巩固和创新以人为本的政府管理价值理念的基础上，以提升政府服务能力为核心，不断优化政府管理主体资质和政府管理规范，进而不断提升政府管理行为的良善度和政府管理关系的和谐度。

四、本论题的研究方法与研究意义

本论题的研究以马克思主义辩证唯物主义和历史唯物主义为根本指导思想和根本方法，并综合运用宏观研究与微观研究、动态研究与静态研究、规范研究和经验研究相结合以及比较研究等多种方法。

第一，辩证唯物主义和历史唯物主义是马克思主义的科学世界观和方法论，它所阐明的实事求是、一切从实际出发、理论联系实际的思想原则，所提供的辩证分析、矛盾分析、阶级分析、具体分析等思想方法以及全面的、普遍联系的和发展的思想观点，既是认识全部自然现象、社会现象和思维现象的根本指导方法，同样也是认识政府现象及其发展规律、指导政府管理理论研究的根本科学方法。

第二，宏观研究与微观研究、动态研究与静态研究相结合。既从宏观上一般地概括性地分析有关政府本质理论和文明理论，又从微观层面具体分析政府管理文明的实际状况；既从静态层面解析政府管理文明的结构形态，又从动态层面分析政府管理文明的实际建设和发展创新过程与取向，力求对政府管理文明进行全景式的观照。

第三，规范研究和经验研究相结合。既坚持以马克思主义为指导进行定性研究、制度性和法制性等规范性研究，又进行经验性研究或实证性的研究，并贯穿以比较分析、案例分析等方法，紧扣中国改革开放和政府创新的实践过程与主题，既坚持中国特色社会主义大方向，又探讨中国政府管理文明建设和发展的可行性对策。

对于构建社会主义和谐社会进程中政府管理文明问题进行深入研究具有重要意义和价值。从发展社会主义政治文明的宏观视角观之，政府管理创新是政治体制改革和深化全面改革的关键，是坚定不移地推进社会主义民主政治建设的核心环节。从政府发展的微观视角观之，政府管理文明取向研究，对政府改革、政府建设具有深化理论认知、直接导引实践创新的意义。具体而言，

一是有助于我们全面和深入理解社会主义和谐社会和政府的本质特征、相互关系及其发展的条件与规律性，从而促进社会主义和谐社会和政府的协调发展。

二是有助于我们正确地理解和把握社会主义社会政府管理的基本属性、基本使命和发展方向，从而有利于推动政府部门加强自身建设和管理体制改革的深化，实现政府管理文明的发展。

三是从中国物质文明、政治文明、精神文明和社会文明四位一体发展的综合宏观视角对政府管理行为进程进行系统审视，可探讨和提供检验和衡量政府绩效的基本依据与尺度，有助于拓展政府管理学和政治学的研究视角与领域，从而推进中国特色社会主义政府管理理论与实践的发展。

第一章 构建和谐社会与政府管理文明建设理论资源

实现社会和谐，建设文明社会，始终是人类孜孜以求的社会理想，也历来是政府试图达成的社会治理状态。尽管在存在阶级压迫和阶级剥削的社会里，这些设想是根本无法实现的，但其中的关于政府和谐治理以及文明的价值追寻所积淀下的丰富的思想材料和理论资源，对于构建社会主义和谐社会进程中的政府管理文明建设，具有重要的基础性和启示性价值。

一、马克思主义政府管理观和文明观的指导原则

在马克思主义科学理论体系中，包含有丰富的关于政府管理的思想原则和关于社会文明的科学分析，正确梳理和准确把握马克思主义政府管理观和文明观，对丁构建社会主义和谐社会中的政府管理文明研究，具有重要指导意义。

（一）马克思主义政府观

1. 政府的含义。马克思主义是从“国家机构”的意义上理解政府的，即把政府看作是“国家进行阶级统治、政治调控、权力执行

和社会管理的机关”，它包括立法机关、行政机关和司法机关等。[①] 当属广义的范畴。从这个意义上正确认识和理解政府概念，主要应把握如下四个紧密相连、内在统一的要点：

第一，政府是国家组织，完整的系统的政府组织的存在是国家的标志性特征。恩格斯指出：“国家是社会在一定发展阶段上的产物；国家是表示：这个社会陷入了不可解决的自我矛盾，分裂为不可调和的对立面而又无力摆脱这些对立面。而为了使这些对立面，这些经济利益互相冲突的阶级，不致在无谓的斗争中把自己和社会消灭，就需要有一种表面上驾于社会之上的力量。这种力量应当缓和冲突，把冲突保持在‘秩序’的范围以内；这种从社会中产生但又自居于社会之上并且日益同社会脱离的力量，就是国家。”[②] 国家作为阶级矛盾不可调和的产物，它的产生及其与氏族、胞族、部落等组织区别开来的根本标志，就是建立起了系统完整的政府组织，而政府组织一旦形成，也就成为国家机器的最为重要的组成部分，成为国家缓和冲突、控制秩序的最主要工具和手段，成为国家主权的代表和具体化身，执行国家意志，行使国家权力。没有政府，国家既不会稳定地存在，也不会有安全和秩序，更不会有人民的幸福和社会生活水平的改善与提高。

第二，政府是统治阶级组织，也是缓和阶级冲突、调节阶级关系并谋求社会各阶级在公共秩序范围内进行社会合作的组织。国家在本质上是由统治阶级掌握的进行阶级统治、阶级压迫和控制社会秩序的机器，而政府作为国家机器的主要组成部分，必然是由统治阶级组织和建立起来、具体实施阶级统治、阶级压迫和社会控制的工具。统治阶级通过政府作用的充分发挥，使自己的意志上升和转化为国家意志，并借助于政府机构这种有组织的物质力量执行和贯

---

① 谢庆奎：《政府学概论》，中国社会科学出版社，2005 年 9 月版，第 12 页。

② 恩格斯：《家庭、私有制和国家的起源》，《马克思和恩格斯选集》第 4 卷，第 166 页。

彻统治阶级意志，进而使统治阶级意志成为约束和管制整个社会的行为规范，确保有利于统治阶级的社会秩序和统治阶级利益的充分实现。从这个意义上说，社会统治阶级是政府及其活动的主导性力量，是决定政府组织构成、制度设计、政策制定与执行、价值取向和各种实际工作的真正主体。当然，统治阶级为了达到自己的目的，尤其是为了保持自己统治的稳定性、持续性和有效性，往往又通过吸纳社会各个阶级的成员参与政府机构和政府过程，以及在具体政策取向上兼顾被统治阶级或同盟者阶级的利益与要求等方式，谋求与社会各阶级进行社会合作，进而达到缓和阶级矛盾和社会冲突、巩固自己统治地位的目的。在社会主义国家，以工人阶级为代表的最广大人民群众居于统治地位，政府则是人民内部各阶级阶层进行平等合作、实现民主权利、谋求全面自由和谐发展的人民政府。

第三，政府是国家权力的执行机关。政府作为国家机器的主要组成部分，承担着代表国家进行阶级统治、缓和冲突、控制秩序的职责与任务，而要确保政府有效地履行和完成这样的职责与任务，必须赋予其相应的国家权力，如果没有国家权力的保障，政府及其行为就会因缺乏权威性而难以履行其职责、完成特定的任务，因此，政府的职责与权力必然是内在统一的，政府履行其职责的过程就是行使国家权力的过程，只不过政府所执行的国家权力是与其职责相对称的，因而是有限度的。一般而言，属于国家主权范围内的国家权力是普遍的、广泛的、统一而不可分割的，但政府所能够行使的国家权力只能是主权者或统治者明确授予或委托给政府的，这就使得政府的权限范围因主权者或统治者的利益需要的不同而不同。在阶级社会中，由于统治阶级就是事实上的主权者，而统治阶级的统一意志和要求又需要通过政府上升为国家意志成为国家的法律，并依靠政府保证其贯彻和实施、得到社会成员的一体遵行，一句话，就是需要政府代行立法、执法和护法等职能，与此相适应，政府也就成了主要行使立法权、行政权和司法权等国家权力的机关。

第四，政府是社会管理机关。一般而言，在国家、政府和社会三者的相互关系中，政府居于中枢的位置。在阶级社会中，由于国家权力与人民大众是分离的，甚至是对立的，因此，作为国家机构并执掌国家权力的政府，一方面要代表国家向全社会灌输和推行表现为国家意志的统治阶级意志，确保国家利益和统治阶级利益的实现，从而获取以国家名义对社会进行管理的阶级基础、政治基础和社会基础；另一方面又不得不以形式上的公正者和中立者的面貌出现，尽力把自己粉饰成表面上凌驾于社会之上的公共组织，代表社会汇集和综合各方面的意志表达与利益诉求，并通过一定的程序和途径，主动地或被动地、积极地或消极地、形式地或实质地以自己的主张、制度、规则、政策以及具体作为回应普遍的公共利益诉求，从而获取以公共利益的名义对社会进行管理的合法性与合理性基础。在社会主义社会，政府消除了公共权力与人民大众的对立，真正成了人民政府，是工人阶级和最广大人民利益和意志的代表者，并通过实施有效的社会管理实现广大人民群众的根本利益。

2. 政府的本质属性。政府的本质属性就是政府本身所具有的根本性质，是政府存在和发展的根本目的与价值的集中体现，它既取决于国家的本质，又由政府自身所固有的特殊矛盾所构成。那么，政府自身所固有的集中体现其根本目的与价值的特殊矛盾究竟是什么呢？如前所述，政府作为国家机构的最重要组成部分，首先具有统治属性，即政府是统治阶级意志和利益的代表者，依靠国家强制力，通过直接行使国家权力履行国家的政治统治职能，这方面集中体现了政府的政治目的与阶级价值。同时，政府作为社会管理机关，又具有管理属性，这种管理属性主要表现在两个方面：一方面表现在统治阶级内部，即政府是统治阶级共同意志和共同利益的代表者，通过行使政府权力协调统治阶级内部关系和管理统治阶级内部事务，这方面也在一定程度上体现了政府的阶级价值，正如马克思、恩格斯在评判资本主义国家的政府时所指出的：“现代的国家政权不过是管理整个资产阶级的共同事物的委员会罢了”[①]；另一方面表现在社会范围内，即政府是表面上或实际上的公共意志和公共利益的代表者，依靠自身的合法性与合理性，通过行使公共权力履行国家的社会管理职能，这两方面集中体现了政府的公共目的与社会价值。可见，统治属性和管理属性的有机统一，就是政府自身所固有的集中体现自身目的与价值的特殊矛盾性，构成了政府的本质属性。表现在政府职能意义上，其政治统治职能以社会管理职能为基础，如其不然，政治统治没有实施的对象、标的，就变成了空洞抽象的说辞；而社会管理职能，从历时性而言，是每一时代在统治阶级政治统治意志、施政指导思想指导下行使的，其以“公共利益”的名义，事实上却以统治阶级利益为根本指向而进行的贯彻统治阶级意志、指导思想的社会管理。因此，政府的统治属性和管理属性是具体的历史地有机统一。

政府的统治属性与管理属性作为一对矛盾统一体，二者既有区别，又相互依存，互为前提。在实际的社会政治生活中，政府的统治属性和管理属性常常容易被混淆，特别是随着社会的进步，政府的统治行为越来越技术化，越来越成熟，在社会政治相对稳定的和平发展时期，政府的统治行为甚至经常地表现为政治管理活动，进而使国家的阶级本质也往往被成熟的政府管理所掩盖。因此，分清政府的统治属性与管理属性的具体差异性是必要的，这种差异性主要表现在：

第一，二者的适用对象有所不同。由政治社会的基本特征及其发展的一般需要所决定，政府的统治属性所适用的对象，会因统治阶级性质的不同而不同，可能是多数人，也可能是少数人。如在剥削阶级社会里，政府统治属性的适用对象是多数社会成员，但在社会主义社会，政府统治属性适用的对象则是极少数敌对分子。而政府的管理属性所适用的对象则不然，历史事实表明，自政府出现以

① 《马克思恩格斯选集》第1卷，第253页。

来的任何社会里，政府的管理属性都表现为少数人对多数人的管理，即政府管理属性适用的对象始终是大多数社会成员，既包括被统治阶级的成员，也包括统治阶级的成员，在社会政治生活日趋民主化和政府管理体制日益完善的现代社会，政府管理者本身也被逐渐纳入管理对象之列。

第二，二者的主要任务有所不同。政府统治和政府管理作为政府自身同时并存的两种基本属性，是以主要任务上必要的分工为前提和根据的。政府统治属性的合理性和必要性的基础在于社会分裂出对立的阶级，缓和阶级矛盾和控制阶级斗争的需要，决定政府统治的主要任务是镇压敌对阶级的反抗和破坏活动，保持统治阶级地位的稳固和根本利益的实现。而政府的管理属性的合理性和必要性的基础则在于政治社会正常发展的一般需要，这就决定了政府管理的主要任务是在既定的政治统治格局下，对经常性或日常性的社会公共生活进行调控，在维护统治阶级利益和维护社会稳定的前提下，使社会公共利益、社会价值依法实行有等差的有序分配，在保障政治秩序稳定的同时促进社会的稳定、平安、进步和发展。

第三，二者的功能实现方式有所不同。由于政府的统治属性在本质上是统治阶级实施的压迫被统治阶级的一种政治上的规定性，它不可避免地会导致被统治阶级的反抗和发生敌对性行为，因此，政府的统治功能的实现方式必然是以暴力镇压和法制强制控制为主的。政府的管理属性则不然，由于政府管理执行的是协调社会公共事务的一般职能，针对的主要是社会成员的公共性行为和对社会秩序的普遍控制，管理者与被管理者之间也存在着较大的共同利益，这就决定了政府管理功能的经常性实现方式是非暴力性的，是以行政的、法律的、道德的、民主的和说服教育等方式为主的。

政府的统治属性与管理属性虽然存在着上述差异，但在根本上又具有内在的统一性。这种统一性指的是二者在根本目的和价值取向上的同一性及其在实际社会政治生活中的相互依存性。这主要表现在：

第一，二者统一于政府权力的运行过程。政府的管理属性和政府的统治属性作为政府本质属性的两个方面，都是通过政府权力的实际运用而展开并表现出来的。政府管理属性的展现过程实际上就是政府管理权的行使和发生作用的过程，而政府的统治属性的展现过程实际上也就是政府统治权的运用和发生作用的过程，这两种权力行为过程绝不是截然分开、彼此孤立的，而是统一的政府权力运行的两个方面。其中，政府统治权始终是政府管理权的来源和根据，它决定和支配着政府管理权的运行方式和方向；政府管理权是政府统治权的代表者或体现者，反映着统治阶级的意志，维护着既定的政治统治秩序，为政府统治权的全面彻底实现服务。

第二，二者统一于政府职能体系之中。所谓政府职能是指政府的基本职责和整体功能。政府的本质属性决定政府职能，反过来，政府职能又体现着政府的本质属性。政府权力行使的直接目的在于实现政府职能并表现政府属性。马克思、恩格斯在论证国家职能问题时指出：政治国家在本质上是阶级统治的政治上层建筑强制力物质实体，这就决定了任何国家都必须执行特殊的阶级统治职能，同时还要执行由于民族国家和社会的共同需要而必须执行的社会职能，正如恩格斯所说："政治统治到处都是以执行某种社会职能为基础，而且政治统治只有在它执行了它的这种社会职能时才能持续下去。"①作为国家机构的政府，其职能体系与国家职能体系是统一的。在执行阶级统治职能和社会职能的政府行为体系中，相对地说，政府执行政治统治职能的过程表现出来的主要是政府的统治属性，而执行社会职能的过程表现出来的则主要是政府的管理属性。由此可见，政治统治和社会管理都是维系政府存在和发展所必须具备的基本属性，政府的统治属性是保证政府生存和发展的前提，政府的管理属性是保证政府稳定与持续和谐发展的基础。

第三，二者还统一于公共利益的实现过程。社会政治关系的实

① 《马克思恩格斯选集》，第3卷，人民出版社1995年版，第523页。

质是物质利益关系，人们从事的政治活动、采取政治行为的过程，实质上也就是借助政府权力的全权管制力维护和实现其特定利益的过程。因此，归根到底，无论是政府统治行为，还是政府管理行为，都是一种维护和实现公共利益的具有普遍约束作用的方式。公共利益首先表现为社会利益，在政治社会中又主要表现为阶级利益，这就决定了政府统治和政府管理在根本上都是以统治阶级利益的实现为指向、为主导的，而要达到这一根本目的，就需要通过政府管理保证社会利益在一定范围内得以实现。

3. 政府的统治属性与管理属性的矛盾运动趋势。政府的统治属性与管理属性作为一对矛盾统一体，既相互对立、相互排斥，又相互联结、相互依存、相互交融、相互作用，这一矛盾关系的运动，构成了政府变化和发展的内在根据，是政府改革和创新的内驱动力。

唯物辩证法认为，任何事物内部矛盾着的双方，在矛盾统一体中的地位和作用都不是平列的，其中必然存在一个居于支配地位和发挥主导作用的矛盾主要方面，而另一方面则是矛盾的次要方面，并且事物的性质主要是由矛盾的主要方面决定的。然而，矛盾的主要方面和次要方面的关系并不是一成不变的，二者在一定条件下可以相互转化。按照唯物辩证法的基本观点视之，在阶级社会中，在社会存在着根本利益对抗的阶级划分的事实的条件下，政府自身的矛盾属性始终是以统治属性为主导和主要方面的，并因此把政府的本质概括为是阶级统治和阶级专政的工具。但马克思主义作为发展的学说，从来不僵化地看待政府内部的矛盾关系及其本质问题，而是坚持发展的思想观点，认为一切以时间、地点、条件为转移。也就是说，马克思主义从不否认管理属性成为政府主导属性的可能性和现实性，并且也从未放弃为此创造条件的尝试和努力。

一般而言，在社会分裂为不可调和的对立面、阶级矛盾、阶级斗争异常尖锐且不可调和而呈现激化的局面之下，政府的统治属性必然居于主导地位，而在阶级矛盾较为缓和、社会关系比较和谐、社会政治相对稳定的时候，政府的管理属性表现得就会强一些，并且也有可能上升为主导方面或常态化。由社会发展的一般规律所决定，政府的统治属性将会越来越弱化，而管理属性将会越来越强化。但必须清楚地认识到，在剥削阶级国家里，政府的管理属性即使有可能在特定条件下上升为主导方面，那也只能被限制在统治属性容许的范围内，只有在社会主义社会里，由于社会基本矛盾在大多数情况下已不具有对抗性，最广大人民的根本利益关系是一致的，具有共同理想和奋斗目标，因此，政府的管理属性才能真正地和完全地居于主导地位。

事实上，社会主义制度的建立和现代社会的发展，不仅直接促成了政府的管理属性正在逐步上升为主导方面的大趋势的显现，而且为政府属性的根本转变提供了现实条件。特别是第二次世界大战以后，在社会主义制度与资本主义制度并存竞争的局面下，一方面迫使资本主义国家的政府不得不调整其赤裸裸的暴力统治方法，转而更多地采用柔性管理策略，不断扩大社会管理职能，承担起干预经济和增进社会福利的责任，及至20世纪七、八十年代以后西方国家的政府再造和政府创新运动，实质上更是一种试图将资产阶级统治方式、方法和手段转向管理技术化的探索与尝试，虽然在资本主义制度下无法真正确立政府管理属性的主导地位，但其中也不乏提升政府管理属性以涵盖其统治属性的某些倾向和趋势。另一方面，在社会主义国家，为了化解西方国家经济优势的压力和实现人民当家作主的地位，都在努力通过改革和创新，把有效组织和管理经济、政治、文化、社会建设各个领域的协调发展置于政府工作的首要和中心的位置，最大限度地解放和发展生产力。虽然在当代复杂的国际和国内形势影响下，社会主义国家的政府还不能简单地弱化和完全放弃其统治属性和专政职能，但随着人类社会的进步和社会主义现代化事业的深入发展，政府的管理属性必将成为政府的主导属性。这是中国政府创新必须确立管理文明取向的内在根据。

（二）马克思主义政府管理观

1. 政府管理的含义。所谓管理，一般是指特定的组织通过信息获取、决策、计划、组织、领导、控制和创新等职能的发挥来分配、协调社会资源，以实现组织目标的活动或过程。[①] 所谓政府管理活动就是政府组织开展的管理活动与过程，是政府管理属性的外化或实践化形态，是政府履行社会管理职能的过程。具体说来，就是政府通过运用管理权力调控社会公共事务和配置社会资源，以解决社会公共问题，实现国家利益和社会公共利益的过程。

2. 政府管理的特征。作为管理活动，政府管理和其他管理活动（如企业管理活动、社会公共组织的管理活动等）的基本原理、方法和运作等方面，有许多共同或相通之处，但又具有与其他管理活动明显区别开来的基本内容与特征。

首先，政府管理活动是以政府组织为管理主体的具有权威统辖性质的管理活动。政府管理活动属于公共管理范畴，是政府组织所开展的公共管理活动，其他组织所开展的管理活动都不具有政府管理的性质。西方学者通常把社会生活领域分为私域和公域，私域主要是指私营经济领域，对此领域的管理叫做工商管理，其主体是企业组织；公域是指社会公共生活领域，对此领域的管理叫做公共管理，其管理主体是公共组织，包括政府组织和介于政府组织与工商企业（私人部门）之间的诸如事业单位、社会团体和社会中介组织等“第三部门”。中国学者大体上也都借鉴了这种分析方法，但对中国公共管理的主体进行了更为明确的界定。如王惠岩先生在《公共管理基本问题初探》一文中指出：“在我国，依据管理主体与公共权力中心的距离，可以将其划分为六类：第一类是直接掌握公共权力处理公共事务的国家机关（广义的政府），也可称为权力组织；第二

① 参见周三多：《管理学》，高等教育出版社，2000年版，第4页。

类是执政党，它在权力组织的形成和运行过程中有着正式的、合法的、重要的地位与作用；第三类是政治团体，它们与国家权力不具有正式的、直接的、法律程序上的联系，但是也与国家权力相关，如工会、妇联、共青团等；第四类是依靠法律和政府授权来处理公共事务的公共部门，如各类事业单位等；第五类是在政府指导下，由基层群众组成的‘自我管理、自我教育、自我服务’的自治组织；第六类是不依靠公共权力来处理公共事务的民间组织，一般分为社会团体和民办非企业单位两类。”[①] 这些管理主体都承担着一定范围内的公共管理任务，但只有政府组织是“权力组织”，因而也只有政府组织开展的公共管理活动是具有宏观统辖性质的，并也是最富有权威性的。

其次，政府管理活动是以具有宏观性和全局性的公共事务为客体的管理活动。政府管理实际上是管理主体（即政府）、管理客体（包括被管理者和客观对象）两个方面（三个要素）的对立统一的双边活动有机联系过程。政府管理活动的客体就是社会公共事务，这种公共事务虽然也涉及微观的或局部性的公共生活领域，但更为主要的是带有宏观性和全局性的公共事务。按照通常的理解，公共事务一般是指社会生活中超越了“私域”并与公共利益密切相关的具有广泛影响的那些公共性事务。具体而言，实际社会生活中的公共事务纷繁复杂、种类繁多，根据公共事务的阶级性和公益性两方面特征存在的差异，可以“从理论上把公共事务分为政治性公共事务和社会性公共事务两类。所谓政治性公共事务，是指与国家政权建设紧密相关，涉及国家政权稳定和国家政治发展的，需要依靠国家强制力加以解决的公共事务，如军事、外交、司法、维护公共安全等。政治性公共事务具有明显的阶级性特征，但同样具有公益性，比如，国家安全和公共安全不仅对统治阶级有利，也对被统治阶级

① 王惠岩：《公共管理基本问题初探》，《国家行政学院学报》，2002 年第 6 期，第 69 页。

有益。社会性公共事务是不必然依靠国家强制力来解决的公共事务，如教育、科技、公共交通、医药卫生等。这类公共事务与社会成员的切身利益休戚相关，显示了较强的社会公益性，但在阶级社会中，任何社会性公共事务同样具有阶级性，都必然反映统治阶级的意志与利益。”[①] 虽然公共事务的管理主体可以是多重的，但唯有政府才能做到既凌驾于整个社会之上，又集中代表统治阶级的整体意志和共同利益，因此，事关全体社会成员共同利益和国家经济发展、政治发展、文化发展和社会发展总体布局全局、大局的宏观性和全局性的公共事务，必定、也只能由政府来集中管理，而某些微观或局部性的公共事务的管理任务，则可以根据其重要程度及其对于公共利益格局和政治大局的影响程度，分别由其他管理主体承担。

再次，政府管理活动是以公共管理权力有效运用为核心的公共资源的配置过程。在阶级社会中，政府作为“有形的手”，始终是强制性地配置社会资源的权威力量，之所以如此，不仅是由政府的地位和功能所决定的，而且是因为政府要有效地实施对公共事务的管理，实现职能目标，必须以掌握公共管理权力和支配一定的资源为前提。政府所掌握的公共管理权力贯穿于政府管理活动的全过程，是政府管理社会公共事务所享有的合法资格和相应的强制力和约束力。政府管理权力既以统治阶级的政治统治权力为主导和后盾，又以“公共意志”的认可为依据，是一种阶级统治权力向公共权力的表面性转化形式，通过这种转化使政府管理权力获得了公共性的特征，即在统治阶级所确立的“秩序”和程序范围内实现来自公众依法定程序集中起来的“公意”和法律的授权，使政府以“非自然获得”的形式获得了用来管理社会公共事务、而不是用来谋私的合法性权力来源，从而赋予了政府管理权力以覆盖、辐射全社会的普遍的权威性、强制性、约束性、工具性等特征。尽管现代西方新公共

① 王惠岩：《公共管理基本问题初探》，《国家行政学院学报》，2002 年第 6 期，第 68 页。

管理理论提出运用市场手段和企业经营管理方法来实施公共管理，但无论如何政府权力仍然是实施公共管理必备的前提和基本途径。而政府的公共管理权力的运用是以有效配置社会资源为直接指向的，因为配置社会资源既关乎统治阶级利益，又关乎公共利益，更直接关系到政府自身的生存与发展。当然，政府配置的社会资源不可能也不应该是社会资源的全部，尤其是在市场经济条件下，必须发挥市场在配置资源中的基础性作用。政府所支配的资源应属于公共性资源，主要包括三类：一是公共人力资源，这是政府实施公共管理的组织保障和人力基础；二是财物资源，这是政府实施公共事务管理的物质条件和财政基础；三是政府所控制的各种自然资源，如国土、矿藏、森林、水系等，以及部分文化资源，如文物、古迹等。政府对这些公共资源的占有，在很大程度上是垄断性的，尽管随着市场经济和社会的发展以及当代新公共管理的兴起，使得部分原属政府的公共管理自觉或不自觉地转移给非政府性公共组织，甚至由某些私人企业来承担，使得政府管理的垄断性受到冲击，竞争性增强，但这只是公共管理中很少的一部分。公共物品中的纯公共物品，例如国防、外交、法律法规、政策等只能由政府提供。许多准公共物品，例如交通、教育、广播、影视、能源、社会保障等也离不开政府的管理和财政支持。政府对上述公共资源的配置过程，既是以政府管理权力为保障的，又是政府直接运用公共权力的过程。

最后，政府管理活动是以谋求整体性公共利益为价值目标的管理活动。政府组织既是一个阶级组织，是统治阶级共同利益的代表；又是一种公共管理组织，是社会公共利益的代表。在阶级社会中，社会的公共利益必然反映出统治阶级共同的利益要求，政府管理社会公共事务的具体内容和实际过程也必然满足统治阶级整体的根本需要，从这个意义上来说，政府所谋求的公共利益具有阶级整体性。政府管理的表现形式是为社会提供公共物品与公共服务，公共物品与公共服务具有消费的非排他性，不能只为供给方单独享有，而是会使社会成员普遍受益，从这个方面来看，政府所谋求的公共利益具有社会整体性。因此，政府管理活动追求的是整体性的公共利益，所不同的是，不同性质的政府所追求的整体利益的范围与程度是有差异的，剥削阶级国家的政府必然将实现剥削阶级的整体利益放在首位，而社会主义国家的政府是以实现最广大人民的根本利益和整体利益为最高价值追求，这也代表了政府管理活动发展的方向。虽然到了现代社会，政府管理活动应该以增进社会整体性公共利益为价值取向的这样一个观点已经为学界所认同，也成为各国政府公共管理实践的指南，但是，在西方国家，政府所追求的公共利益始终摆脱不了资产阶级的局限和资本的支配。这是政府管理活动的本质体现，是政府管理活动有别于企业管理以及其他非政府性公共组织管理的根本标志。对政府管理活动的评价，不仅仅要看其效率，更重要的是看它在多大范围内和多大程度上实现了整体性的公共利益，满足了社会绝大多数人的“利益分享”和共同需要。

（三）马克思主义文明观

马克思主义文明观是对人类历史上各种文明观的超越和升华，在了解人们对于文明的各种解说的基础上，准确把握马克思主义文明观的内涵，有助于我们加深对于文明概念的理解。

1. 关于文明的各种解说。自文明概念提出以来，对于文明的内涵迄今为止仍然没有达成完全一致的看法，概括起来说，大体上形成了如下几种有代表性的观点：

（1）从人类自身发展的角度，把文明理解为是人类智能素质的进步。如孔德认为：“文明一方面是指人类理性的发展，另一方面又指由此而来的人们对自然的影响的发展。”[①] 福泽谕吉认为：“文明可以说是人类智德的进步。”[②] ……这些论断实际上是从人类的理性、

① 《圣西门选集》第2卷，商务印书馆1982年版，第170页。

② ［日］福泽谕吉：《文明论概略》，商务印书馆1959年版，第32页。

能力、智慧、品德等方面的素质构成及其发展程度来界定文明的。

（2）从社会结构关系的角度，把文明理解为是社会整体的进步。如汤因比认为："文明乃是整体"，"在这个整体里，经济的、政治的和文化的因素都保持着非常美好的关系。"① 杜兰认为："文明是增进文化创造的社会秩序，它包括了四大因素：经济的供应、政治的组织、伦理的传统及智识与艺术的追求。"② 托夫勒夫妇则更进一步认为：没有任何词汇可以像"文明"一样"包罗万象，囊括技术、家庭、生活、宗教、文化、政治、生意、等级、领导、价值、性道德和认识论等完全不同的事务"。③ ……这些界定都是从社会生活整体结构关系的角度来概括文明内涵的包容性。

（3）从个人与社会相结合的角度，把文明理解为是个人进步和社会进步的统一。如基佐认为："社会活动的发展和个人活动的发展，社会的进步和人性的进步。哪个地方人的外部条件扩展了、活跃了、改善了；哪个地方人的天性显得光彩夺目、雄伟壮丽，只要看到这两个标志，虽然社会状况还很不完善，人类就大声鼓掌宣告文明的到来。"④ 这就是说，文明不仅仅是物质和精神的进步与发展，还必须有个人和社会的发展。文明是通过个人活动的发展、进步和社会活动的发展、进步这两个标志共同显现出来的。

（4）从文化的角度，把文明理解为是一种文化现象。如在中国古代很早的《易经》中就有"见龙在田，天下文明"、"文明以止，人文也"等说法，讲的就是"文德之教"即文治、教化之意，⑤ 与文化概念并没有什么差别。在西方持此观点者颇多，如巴格比认为：文明就是"那些大规模的、复杂的、都市化的（通常是有文字的）

① ［英］汤因比：《历史研究》下册，上海人民出版社 1986 年版，第 463 页。

② ［美］威尔·杜兰：《世界文明史》第 1 卷（上），东方出版社 1999 年版，第 3 页。

③ ［美］阿尔温·托夫勒：《创造一个新的文明——第三次浪潮的政治》，三联书店 1996 年版，第 14 页。

④ ［法］基佐：《法国文明史》，商务印书馆 1998 年版，第 11 页。

⑤ 参见阮元校刻：《十三经注疏》附校刊记，中华书局 1980 年影印本《周易正义》。

文化”,[①] 伯恩斯和拉尔夫认为:“我们完全可以说文明即是一种先进文化。”[②] 亨廷顿也认为:“文明和文化都是涉及一个民族全面的生活方式,文明是放大了的文化。”“文明是一个最广泛的文化实体。”[③]……这些观点要么把文明与文化等同起来,要么把文明看作是文化的特定组成部分,实际上都是用文化的观点来解释文明概念。

(5)从社会综合发展的角度,把文明理解为是人类社会的全面进步状态。如《中国大百科全书》哲学卷把文明定义为:“文明是人类改造世界的物质成果和精神成果的总和;是社会进步和人类开化的进步状态的标志。”[④] 随着中国社会主义现代化建设事业的发展,特别是社会主义政治文明建设的需要,人们又对此进一步拓展,着眼于社会的全面发展来界定文明的内涵。如虞崇胜认为:“所谓文明,简要地说就是:人类社会生活的进步状态。从静态的角度看,文明是人类社会创造的一切进步成果;从动态的角度看,文明是人类社会不断进化发展的过程。”[⑤]

上述这几种代表性观点,一方面反映出了文明的内涵极其丰富,不同时代、不同社会历史条件下的人们受眼界的局限和人类活动范围的局限,只能表明对文明的认知的历时性,但还是为我们认识和理解文明的涵义,提供了众多视角和有益的参考资料以及进一步深入研究的基础;另一方面也反映出虽然各种关于文明的定义或许都带有这样或那样的局限,但随着人类自身“类生命”精神世界的日益丰富发展,随着社会的不断进步、科学技术日新月异和时代的前进,人们对文明的体认及其内涵的把握必然会不断地深化。

2. 马克思主义关于文明的基本观点。马克思主义文明观为我们

① [美]巴格比:《文化:历史的投影》,上海人民出版社1987年版,第25页。
② [美]伯恩斯、拉夫尔:《世界文明史》第1卷,商务印书馆1995年版,第26页。
③ [美]塞缪尔·亨廷顿:《文明的冲突与世界秩序的重建》,新华出版社1998年版,第24、26页。
④《中国大百科全书》(哲学卷),中国大百科全书出版社1987年版,第924页。
⑤ 虞崇胜:《政治文明论》,武汉大学出版社2003年版,第51页。

正确理解和把握文明的基本内涵提供了重要的理论基础和方法论指导。马克思主义在看待文明问题时，综合地运用了辩证唯物主义和历史唯物主义的立场、观点和方法，着重从如下几个方面进行了分析：

第一，坚持和运用人的主体性观点，认为文明是人性进化和综合素质提高的表现。历史唯物主义认为，人是历史的创造主体，也是文明的创造主体。文明作为蒙昧、野蛮、兽性的对立面，它是相对于未开化的自然与本能状态而言的，是人类区别于动物的特有品质。人的属性是多种多样的，如有食欲、性欲、感情、理性等等，但总括起来，人的属性又可以分为自然属性和社会属性两大类。人的自然属性是指人作为自然生物的“肉体生命”所具有的生理构造和自然本能，即人的肉体组织、生理结构和维持生命存续的饮食需要等等，这是人类赖以生存和延续的前提和基础。人的社会属性是指人作为“社会动物”所独有的形态和特征，主要表现在劳动、交往、意识、语言、思维、知性和理性以及思想感情、意志力、主体精神等方面，它是在自然属性的基础上通过社会实践而形成的，是人区别于动物的根本标志。人是从动物分离出来不断进化而来的，因而人身上不可避免地带有动物性即自然属性，但是，人的自然属性已不是原来意义上的自然属性，而是受社会属性决定或制约的自然属性，是社会化了的自然属性，即深深地打上了社会烙印的自然属性，因而社会属性才是人的本质属性。正是在这个意义上，马克思指出：“人的本质并不是单个人所固有的抽象物，在其现实性上，它是一切社会关系的总和。”[①] 人类的进化过程实际上就是一个不断促进自然属性社会化并以社会属性支配和主导自然属性进而塑造和走向文明的过程，在这一过程中，人本身获得了文明的特征而逐步成为摆脱了蒙昧时代、野蛮时代进入文明时代的“文明人”，人类的综合素质也不断得以扩展，认识和改造世界的能力和水平不断提升，

① 《马克思恩格斯选集》第1卷，人民出版社1995年版，第56页。

从而推动着人类文明程度的不断提高，经过人类社会演变至人类获得彻底解放，最终实现“每个人的全面而自由的发展”。[①]

第二，坚持和运用历史的观点，认为文明是人类社会进步的阶段性标志。马克思主义认为，人是社会的人，社会是人的社会，文明是人类在社会生活中创造的特有生活方式和生存状态，是人类社会生活进步的标志。从这个意义上说，自从人类社会产生时起，就有了文明因子的形成。随着人类社会物质生活条件的不断完善和人类自身创造力的不断增强，文明因子不断累进与扩延，带来了人类整体素质的不断提高与社会生活的不断进步，促使人类不断克服与摆脱蒙昧和野蛮状态而逐步进入文明时代。恩格斯在1884年所写的《家庭、私有制和国家的起源》这部著作中参照摩尔根关于历史的分期法，把人类社会的发展大体上分为三个时代，即原始社会的蒙昧时代、野蛮时代和从奴隶社会开始进入的文明时代，并对这三个时代作了如下的科学概括：“蒙昧时代是以获取现成的天然产物为主的时期；人工产品主要是用作获取天然产物的辅助工具。野蛮时代是学会畜牧和农耕的时期，是学会靠人的活动来增加天然产物生产的方法的时期。文明时代是学会对天然产物进一步加工的时期，是真正的工业和艺术的时期。”[②] 可见，“文明时代是社会发展的一个阶段”。[③] 人类社会进入文明时代的标志，除了生产方式上的手工业的分离这一主导因素以外，还有文字的出现、体力劳动与脑力劳动的分工、阶级和国家的产生等。在恩格斯看来，人类改造自然和改造社会以及改造自身的素质与能力的提高、生产方式和生活方式的改进、语言文字的发明、阶级和国家的产生等都是表征文明的基本因素，正是到了奴隶社会，这些文明因素才真正地综合积累下来，人类迈入文明时代的门槛，并由此将人类的物质文明、精神文明、政

① 《马克思恩格斯全集》第23卷，人民出版社1972年版，第649页。

② 《马克思恩格斯选集》第4卷，人民出版社1956年版，第23页。

③ 《马克思恩格斯选集》第4卷，人民出版社1956年版，第170页。

治文明和社会文明不断向前推进。

第三，坚持和运用实践的观点，认为“文明是实践的事情”。[①]文明不是凭空产生的，也不是自发与自然发展的，在唯物史观视野中，实践活动是人类文明赖以产生、存在与发展的基石。人类的社会实践是人类自觉能动性的不断增强和创造性发挥的过程，是人类改造客观世界和主观世界的活动，物质资料生产、精神资料生产和人类自身再生产是实践的基本形式，是决定人类社会进步与发展的基本动力，也是创造和发展文明的基础和动力。文明正是人类实践活动创造的成果，是人类为了自身生存和发展而进行的长期艰苦的生产劳动创造的结果。没有生产劳动实践，文明既不会产生，也不会有进一步发展的动力。文明的产生与发展都根植于人们现实的生产劳动实践之中。这就意味着人类开展那一领域或那一方面的具体实践，就会造就那一领域或那一方面的具体文明成果和具体文明形式，如进行物质生产实践创造物质文明，进行精神生产实践创造精神文明，同样地，进行政治实践创造政治文明成果，进行政府管理实践也会创造政府管理文明，从而不断充实、丰富政治文明的内容。

第四，坚持和运用全面的观点，认为文明是“一种社会品质”。[②]这首先是说文明是人类社会的基本属性，是人类社会生活实践的产物，离开人类社会，就不会有文明的产生和发展。正如马克思所说：“孤立的一个人在社会之外进行生产——这是罕见的事情，在已经内在地具有社会力量和文明人偶然落到荒野时，可能会发生这种事情——就像许多个人不在一起生活和彼此交谈而竟有语言发展一样，是不可思议的。”[③] 其次是说社会的性质决定着文明的性质和方向。人类社会进入文明时代以来，经历了奴隶社会、封建社会、资本主义社会和社会主义社会等不同性质的社会历史类型，由此所决定，

① 《马克思恩格斯全集》第1卷，人民出版社1956年版，第666页。

② 《马克思恩格斯全集》第1卷，人民出版社1956年版，第666页。

③ 《马克思恩格斯全集》第46卷上册，人民出版社1979年版，第21页。

文明的发展也经历了奴隶制文明、封建制文明、资本主义文明和社会主义文明等发展阶段。最后是说文明是人类社会的整体发展和全面进步状态。即社会的每一方面的进步与发展成果都会有相应的文明形式相伴随，社会的整体结构性规定着文明的整体结构性，社会的全面发展和进步状况规定着文明的发展程度和水平。从最一般的意义上来说，人类社会整体由经济、政治、文化等基本因素所构成，相应地也就有了社会文明、物质文明、政治文明和精神文明等方面的有机综合地共同发展。

第五，坚持和运用发展的观点，认为文明是一个遵循整个世界发展的客观规律而不断由低级向高级前进式发展的过程。文明作为人类社会进步的状态与成果，本身就表明了它是一个不断发展与不断完善的过程，而且是一个永无止境的过程，而这一过程必定是与自然界和人类社会发展的内在客观规律相统一的。因为，世界上任何事物的发展都是有规律的，人们只有尊重客观规律并按客观规律办事，才能造就改造世界的文明成果。人类的行为与活动一旦违背客观规律，也就不会有成功的实践，更不会有文明因素的积累，取得相应的文明成果。马克思主义在论证文明的发展历程时指出，按照社会发展的一般规律，从人类进入文明时代以后，相继出现了奴隶社会的文明、封建社会的文明和资本主义社会的文明等三大时期，并认为这是一个不断批判继承与超越的过程。特别是在论述资本主义文明时，认为它和一切剥削制度下的文明一样都具有两重性。一方面，它推动社会的进步。在资产阶级统治的几百年中，实现了生产的社会化，迅速发展了生产力，增加了社会物质财富，它所创造的生产力比过去一切世纪创造的全部生产力的总和还要多得多；创造了有史以来高度发达的文化科学技术，在客观上为人类摆脱愚昧落后，进一步征服和改造自然创造了条件；提出了“自由、平等、博爱”的思想，废除了封建等级和专制制度，实现了资产阶级的民主共和制度。总之，资本主义所创建的文明，远远地超过了以往的时代。马克思、恩格斯对资本主义在发展文明方面的贡献给予了充分的肯定，称它为“文明国家”、“文明社会”、“文明世界”。另一方面，资本主义文明又产生和扩大了社会对抗。资本主义文明是建立在资产阶级对无产阶级的剥削和压迫基础之上的，劳动人民创造的物质财富和精神财富，包括政治文明成果被资产阶级所占有。资本主义文明是在持续不断的对抗性矛盾中发展的。马克思、恩格斯对资本主义文明的伪善和野蛮本性，也给予了无情的揭露和批判。并进而认为文明的发展必然走向社会主义，因为在私有制度下，劳动人民创造了文明，但是享受不到文明成果，这就严重束缚了文明的发展，必须突破私有制度对文明发展的束缚。另一方面，社会主义社会需要高度的文明，因为社会主义社会是人类历史上更高阶段的社会制度，这样的社会制度没有高度发展的文明是不能巩固的。社会主义既要继承以往文明发展的全部成果，同时也需要在新的社会主义公有制的基础上创造更高的文明。因此，社会主义文明是以往人类文明的高度发展，是新的更高类型的文明。

综上所述，坚持以马克思主义文明观为指导，综合参考各种不同的文明定义，我们可以将文明作如下界定：所谓文明就是指人类社会遵循客观规律的前进式发展状态以及取得的进步成果。这一简明界定可以表明：文明具有合规律性，违背客观规律的东西不可能具有文明属性；文明具有综合性，单一因素或片面地不协调的发展只能造就不文明甚至反文明的种种弊端，而不可能造就高度文明；文明具有“前进式发展”进程性，落后和倒退只能破坏文明发展进程；文明具有民族性，在政治国家消亡之前，文明的发展始终是具有国度、国别和民族特质的；文明具有历时态阶段性，在人类社会发展的每一历史阶段上都会有或多或少的文明成果相伴随，文明的发展是一个不断由低级向高级的持续累进和超越的过程。

（四）政府管理活动的文明价值

走向文明是人类进步始终不渝的奋斗目标，政府是人类发展到一定阶段自觉创造的成果，一开始就是人类走向文明的重要政治文明主体性标志。在阶级社会中，离开了政府管理的人类生活是无法想象的。正如2000多年前的亚里士多德在评价古希腊城邦国家对于人类公共生活的价值时所说："凡隔离而自外于城邦的人——或是为世俗所鄙弃而无法获得人类社会组合的便利或因高傲自满而鄙弃世俗组合的人——如果不是一只野兽，那就是一位神祇。"[①] 这也就是说，城邦及其政府管理机构是人类社会自愿组合的结果，而人类社会组建城邦及其政府管理机关的目的正是为了人们能过上文明的生活。发展到现代，人们对政府的文明价值的体认则更加深化。美国著名思想家莱斯特·瑟罗指出："没有哪一个重要的人类群体曾经生活在个人主义的原始状态中，也没有哪一种野蛮人会聚在一起为他们自身的利益决定组织一个政府。"[②] 这说明政府和文明是相伴产生的，没有人类的文明进步，不会有政府的组建；同样，没有政府管理也就没有人类文明的发展。政府管理活动和文明相辅相成，相得益彰，共同推动人类社会的进步和发展。

可见，追寻文明、走向文明并造就文明，这是政府的使命，是政府存在和发展的价值所在。所谓政府管理活动的文明价值就是指贯穿于政府管理活动全过程中的对于文明的价值追寻以及推动人类文明发展的功能与作用。具体来说，政府管理的文明价值主要表现在如下几个方面：

1. 组建政府对社会生活实施有效管理，是人类追求文明生活方式的结果。摆脱愚昧和野蛮状态，追寻文明的生活方式，是人类脱离动物界以来一直努力的方向。在这一过程中需要一种有组织的权威力量不断化解和控制各种各样的矛盾与冲突，包括人与自然、人与社会以及人与人之间的矛盾与冲突，特别是阶级矛盾与冲突，从而在人类的公共生活中建立起有效的管理秩序，以实现人类社会的

① 亚里士多德：《政治学》，商务印书馆，1965年版，第7页。

② ［美］莱斯特·瑟罗：《资本主义未来》，中国社会科学出版社1998年版，第271页。

和谐、有序发展。这种控制冲突、化解矛盾、维持和管理人类公共生活秩序的有组织的权威力量就是作为国家机构的政府。人类社会的发展和文明进步的客观需要，决定了政府的首要价值目标就是要在人类的公共生活中建立有效的管理秩序，承担起保证人类文明得以维系、传承与持续发展的责任。

历史事实表明，自从人类社会进入文明时代并开展公共政治生活以来，人类对于文明的生活方式的追寻，也就含有了寻找理想的政治模式包括政府管理模式的内容。在西方，这种理想的政治模式以及政府管理模式最有代表性的莫过于柏拉图设想的理想国了。美国学者威尔·杜兰特在《探索者的思想——哲学的故事》中对柏拉图的理想国作了进一步的概括和发挥，“简而言之，理想的社会应是这样的社会，在那里，每一个阶级和团体都能各得其所，去从事最适合自己天性的工作。在这个社会里，每一个阶级或个人都不去干涉他人的事务，但他们在不同的岗位上又能互相配合，精诚合作，建立起一个和谐有效的社会整体。这就是一个正义的国家。”[①] 他还指出，理想的政府管理体制应该是：最高阶层由少数管理者组成；人数最多的士兵和辅助人员负责保卫他们的安全；而广大的商业、工业和农业人口则形成这一体制的基础。这种对于正义、和谐、秩序的追寻，代表了西方文明中的政治价值理想和政府价值诉求。赫尔佐克在《古代的国家——起源和统治形式》一书中特别强调了国家对于人类历史的影响。他说：“在人创造出的一切事物中，几乎没有其他任何一种事物就其对历史的影响、给历史打上的烙印而言能够同国家相比。早期人类就已经通过国家为尔后在技术上和文明上的巨大成就奠定了基础。早期人类又通过它，在一个受到来自多方面的威胁的环境中为自己建立了秩序、获得了安全。然而还是由于它，人遭受了极为巨大的苦难。”他还认为，国家的存在固然表现为

① ［美］威尔·杜兰特：《探索者的思想——哲学的故事》，文学艺术出版社 1991 年版，第 54 页。

人对人的统治，但这还不是国家的决定性的标志，“如果国家没有若干合情合理的、为人们谋利益的任务，那么它就只是一个巨大的强盗团伙。”[①] 该书通过对远古时代国家以及政府的职能的详细考证，比较清楚地说明了国家及其政府机构是一种趋利避害的政治设置，是人类创造的能够满足人们的正义和伦理要求的、因而具有合理性和必要性的文明形式。

在中国，追寻文明的生活方式和文明社会的理想可谓源远流长。中国最早的诗集《诗经》中就有追寻没有剥削、没有忧愁的理想乐园的专门篇章。当中国历史进入春秋末期，出于对当时礼崩乐坏和社会动荡不安状况的不满和愤慨，人们更加热衷于对理想社会的追寻。孔子在《论语》中就多次呼吁要回到唐尧、虞舜盛世。后来他在《礼记》中清晰地描绘了一幅大同社会的理想蓝图：“大道之行也，天下为公。选贤与能，讲信修睦，故人不独亲其亲，不独子其子；使老有所养，壮有所用，幼有所长，鳏寡、孤独、废疾者皆有所养；男有分，女有归。货，恶其弃于地也，不必藏于己。力，恶其不出于身也，不必为己。是故谋闭而不谋兴，盗窃乱贼而不作。故外户而不闭，是谓大同”。[②] 实现大同社会理想的现实途径就是要走“内圣外王”之道，遵循“德治”、“仁政”等文明的治国模式。因此，在儒家看来，治理天下者，必须是那些品行高尚的人，即“惟仁者宜在高位，不仁而在高位，是播其恶于众也。”也就是说，衡量一个政权是否合理，不在于是谁家之天下，而是视其德行如何。这就是深深扎根于中国传统社会的基本政治伦理，它不仅是几千年来中国人民追寻文明的生活方式的核心理念，而且也是人们评判政府以及政治人物乃至价值归属的基本标准。

总之，人类追寻文明的生活方式的种种努力，落实在政治生活

① ［德］赫尔佐克：《古代的国家——起源和统治形式》，北京大学出版社 1998 年版，第 1、6 页。

② 《礼记·礼运》

中，就是为了摆脱政治生活中的野蛮，追求文明的政治生活方式，设计理想的政治构架，倡导文明的政治行为。人类的这种价值追求，不仅赋予了政府这种有组织的权威力量以产生和存在发展的合理性与合法性根据，也赋予了政府维系、传承和创造文明的使命。

2. 政府管理活动是文明社会的重要标志。文明社会是社会各方面进步成果的综合表现和累进状态，其具体标志必然是多种多样的，其中，有效的政府管理活动就是衡量文明社会发展程度的重要标志之一。恩格斯在《家庭、私有制和国家的起源》中指出："国家是文明社会的概括"①，这句话实际上集中表达了作为国家机构的政府对于文明社会的标志性意义。

在人类社会的发展和进步过程中，建立一套富有权威性并行之有效的公共管理秩序体系，是必不可少的前提和基础性条件。因为，作为社会主体的人，一方面存在着个体的差异性，有着不同的需要和动机；另一方面，任何人又必须处于一定的社会经济和政治关系之中，只有生活在一定的社会经济和政治关系中，个人的需要才能满足，个人的价值才能得到实现。人既具有个体性，同时又具有共同性，是个体性和共同性的矛盾统一体，这一矛盾统一体的演进，对于人与人之间的关系乃至于整个社会关系都发生着深刻影响。在矛盾统一体中，当个体性和共同性协调一致时，社会就能得以存在和发展，当个体性和共同性出现冲突时，特别是在此基础上形成阶级矛盾和阶级冲突时，社会就会陷入混乱，甚至中断其发展进程。因此，建立具有权威性的对于社会公共生活的有效管理秩序，对社会的存在和发展就显得尤为重要。但是，社会公共生活的有效管理秩序是不会自动形成的。任何有效的社会管理秩序都必须依赖于一定形式的社会控制机构来保障和维护，而作为国家机构的政府，正是这样一种能够实施有效控制并维护公共秩序的机构和权威力量。人类所以创造出政府这种治理形式，正是为了通过建立公共权力或

① 《马克思恩格斯选集》第4卷，人民出版社1972年版，第172页。

公共权威这种政治形式，来保证公共生活制度、规则和规范的效力，从而满足整合人类公共生活内部管理秩序的需要。因而，从一定意义上说，政府是人类发展到一定阶段自觉创造的成果，是人类社会进入文明时代的基本标志。正如马克思和恩格斯在谈到古代希腊城邦雅典人国家产生时所说："随着城市的出现也就需要行政机关、警察、赋税等等，一句话，就是需要有公共的政治机构，也就是说需要一般政治。"① 可见，政府因人类追求文明社会生活状态的需要而产生，文明社会也因政府管理活动的有效开展而不断进步。

3. 政府管理活动是造就整个社会文明的基本条件，是推动人类文明发展的动力。从最一般的意义上来说，人类文明是一个由物质文明、政治文明和精神文明等的共同发展所构成的统一整体。物质文明是指人类遵循物质生产规律改造物质世界的持续进步状态以及取得的积极成果，包括生产工具的改进和技术的进步、物质财富的增长和人们物质生活条件和水平的提高等。精神文明是人类遵循精神生产规律改造主观世界的持续进步状态以及取得的积极成果，包括教育、科学、文化、艺术、卫生、体育等事业的发展规模和发展水平。政治文明是人类遵循政治发展规律开展社会政治实践的持续进步状态以及取得的积极成果，包括人类社会政治生活的科学化、民主化、法治化、大众化、和谐化的程度和水平等。而政府作为国家和社会公共事务的管理主体，对于整个社会文明的发展具有特殊的价值和意义。

物质文明、精神文明与政治文明在人类社会文明体系中占据着不同地位、居于不同层次，发挥着不同作用。按照马克思的解释，"人们在自己生活的社会生产中发生一定的、必然的、不以他们的意志为转移的关系，即同他们的物质生产力的一定发展阶段相适合的生产关系。这些生产关系的总和构成社会的经济结构，即有法律的和政治的上层建筑竖立其上并有一定的社会意识形态与之相适应的

① 《马克思恩格斯选集》第1卷，人民出版社1972年版，第56页。

现实基础。物质生活的生产方式制约着整个社会生活、政治生活和精神生活的过程。……社会的物质生产力发展到一定阶段，便同它们一直在其中活动的现存生产关系或财产关系（这只是生产关系的法律用语）发生矛盾。于是这些关系便由生产力的发展形式变成生产力的桎梏。那时社会革命的时代就到来了。”① 这就说明，一方面，社会物质生活的进步会推动政治变革和影响人们的精神生活状态。另一方面，社会政治生活的发展和精神生活的进步，也制约和影响着社会物质生活状态。因此，物质文明、精神文明与政治文明不是脱节的，而是相互关联的，政治文明可以推动物质文明和精神文明的建设，物质文明与精神文明也可以影响政治文明的进程，它们之间发生联系和相互作用的桥梁和纽带就是通过政府管理活动实现的。从物质文明和精神文明以及政治文明的创造主体和实现过程来看，物质财富和精神财富以及政治文明成果的积累和丰富，绝不简单是人们自发行为的结果，更主要的是通过政府管理活动而进行的有组织的自觉行为的结果，即文明时代的一切文明成果，主要是靠政府富有权威的有效公共管理来实现，是政府充分开展公共管理活动的结果。人类社会文明的每一步前进与发展历程，都会带有政府管理活动的深刻烙印，无政府状态或离开政府有效管理的人类生活是不可想象的，更不会有文明的进步与发展。

4．政府管理活动是塑造政府管理文明的源泉。人类的社会实践活动是人类文明赖以存在与发展的基石。社会实践的形式多种多样，社会生活有多少种形式，实践也就有多少种形式，相应地也就会造就多少种文明形式。而政府管理活动作为人类社会实践的重要形式之一，最直接地造就着政府管理文明。这是因为：首先，政府管理活动是人类组织化的实践形式，是整合政府与公民、政府与社会，以及其他公共关系的过程，有效的政府管理活动是造就和捍卫和谐、秩序、制度、法治、公平、正义等文明成果的物质力量；其次，政

① 《马克思恩格斯选集》第2卷，人民出版社1975年版，第82页。

府管理活动是人类有意识有目的的实践活动，它既赋予了政府以特定的组织目标，又以追求整体性公共利益为最高目的，贯穿于其中的人类社会公共价值目的与政府组织目标的矛盾运动及其协调统一的过程，不断推动着政府组织和政府主体的发展和进步；再次，政府管理活动是一个认识、探索和利用客观规律的过程，尊重客观规律，并按客观规律办事，既是政府进步的表现，又是政府管理不断取得文明成果的前提条件和根本保障；最后，政府管理活动需要科学理论的指导，以克服和避免政府管理实践的盲目性、被动性和错误性，这种需要不断推动着政府理论和政府文化的进步与发展，从而促进人类文明成果的不断丰富。

二、中国古代政府管理传统及其启示

中国古代政府管理传统是指在历史上形成、又在长期社会生活中得以传承、一以贯之地作用和影响政府管理活动的深层次价值因素，其基本内涵实际上涉及中国古人对于自然、社会、政府、公民等所作出的价值判断和价值关系定位。从这个角度对中国古代政府管理传统进行审视和梳理，其主导性因素主要表现为积极倡导“敬天保民”的行政关系准则、高度崇尚“内圣外王”的行政主体资质、努力秉持“贵和尚中”的行政行为路线等方面[①]。正确理解和把握中国古代政府管理传统，对于构建社会主义和谐社会进程中的政府管理文明建设，具有重要参考价值和启示意义。

---

① 张顺：《中国古代政府管理基本价值取向论析》，东北师大学报（哲学社会科学版），2011年第1期，第1页。

（一）倡导“敬天保民”的行政关系准则

“敬天保民”思想始倡于周公，并为后世儒家所继承和发展，逐渐被论证为中国古代君王行政处理与自然和民众两方面关系的基本准则。

“敬天保民”是周人天道观念的逻辑延伸，即认为行政的本源自然来自于“天”，“皇天眷命，奄有四海，为天下君”（《尚书·大禹谟》），这实际上就是主张王权天授，认为帝王的政治统治权力和行政管理权力都是天命使然。而“天道无亲，惟德是授”（《国语·晋语六》），在天道的公平中，只有惟其至善，才能够顺天成命。基于此，“敬天保民”的核心内容体现在内在统一的三个方面[①]：

第一，“惟命不于常”。（《周书·康诰》）所谓命，就是天命，即上天授命之意，“惟命不于常”的含义是：上天所授予的大命是不固定的，上天并不永远保佑某一个王朝的统治。周公认为，夏王朝的灭亡，就是因为“有夏不适逸”，（《尚书·多士》）即夏人不节制自己的放纵行为，天便废除了夏朝的大命，命令商朝的先祖成汤消灭了夏朝。但是后来殷的嗣王却“酣身厥命，罔显于民”，胡作非为，奢靡无度. 酒气熏天，引起民众的怨恨，被天抛弃。而周文王明德慎罚，关怀小民，不欺侮鲜寡孤独的百姓，勤于政事，被上帝知道了，上帝十分高兴，就命令周文王灭掉了商。在这里，周公提出了“惟命不于常”的朝代更替的历史逻辑，不仅论证了周取代商是顺天命的合理性，而且提出天命的根本是人事，民心的向背是决定一个朝代兴亡的重要因素。

第二，“天畏忱，民情大可见。”（《尚书·康诰》）这句话的意思是：上天是可怕的，它是否真诚地保佑你，要从民情中体现出来。在这里，上天对于朝代更迭的左右不再是神秘莫测的，只有尊民意

① 参见朱日耀主编：《中国政治思想史》，高等教育出版社1992年版，12—13页.

才能顺天命，由此他进一步引出如果还没有使民通达明白，引导民达到安康之境，就不能妄论天命的思想。所以周公把民情看作是反映天命的镜子，把天命系于人事，主张从人事中去体察天命。

第三，敬从天命，怀保小民。由于天命无常，而天命可以从民情中得以显见，所以周公提出，要保证国家的长治久安就必须“敬从天命，怀保小民”。是否真正的“敬天”，是看其“保民”与否，“保民”即是“敬天”，“敬天”必须“保民”。人世权力的最高宗旨乃是“为天养民”。可见，敬天保民思想的核心是保民。而如何做到“保民”呢，关键是不能贪图安逸，沉迷于田猎、游玩，必须勤于国事，“治民祗惧，不敢荒宁。”（《无逸》）同时还要体察民情，“知稼穑之艰难”，“知小民之依”，对民众的疾苦不能不闻不问，要“怀保小民，惠鲜鳏寡”，特别对于孤寡老人要多加照顾。

周公旦提出“敬天保民”的口号后，在中国古代逐渐形成了“重民”的民本思想，先秦大儒孟子继承发扬了“民本”思想，创立了一套系统的“仁政”学说。例如，孟子认为，在民、社稷、君三者的之间关系上，“民为贵，社稷次之，君为轻”。（《孟子·尽心上》）“得民心者得天下，失民心者失天下”，孟子认为民心的向背直接关系到国家的兴亡，“桀纣之失天下也，失其民也；失其民者，失其心也。得天下有道：得其民，斯得天下矣。得其民有道：得其心，斯得民矣。得其心有道：所欲与之聚之，所恶勿施尔也。”（《孟子·离娄上》）而要想得民心就必须施仁政，对待百姓要“制恒产、薄税敛”。确保每家拥有“五亩之宅、百亩之地”，不违农时，以实现民众过上“丰衣足食”的生活；同时取消各种苛捐杂税，只征收“十税一”的田赋，减轻民众的负担。

（二）崇尚“内圣外王”的行政主体资质

“内圣外王”是中国古代正统意识形态的儒学最本质、最核心的精神。1927 年，梁启超对儒学第一次作出了这样的概括：“儒家哲学，范围广博。概括起来，其用功所在，可以《论语》'修己安人'一语括之。其学问最高目的，可以《庄子》'内圣外王'一语括之。"① 1956年，熊十力于《原儒》中，再次明确指出"儒学总包内圣外王"，认为"《庄子·天下篇》以内圣外王称孔子，却是囊括大宇，孔子与儒学之广大在此"。②

而什么是"内圣外王"，按照牟宗三的理解，所谓"内圣"者，"内在于个人自己，则自觉地作圣贤工夫（作道德实践）以发展完成其德性人格之谓也"；所谓"外王"者，"外而达于天下，则行王者之道也。"也就是说，内圣是内在地成就自己，自觉地去道德实践以成理想的道德人格；外王是外在地成就事功，使王者之道遍行于天地之间。"内圣"是一种"人格自觉"，"外王"是一种"存在价值"。而"内圣"可致"外王"，即只要修成"内圣"，就可以无往而不胜，成就经天纬地、治国平天下的事业。

经由"内圣外王"之道而导出的行政主体资质要求，主要包含两个关键环节：

其一是对理想的行政主体人格的希冀，即崇尚又具有完美道德人格的"圣王"执政和行政，实现"贤人之治"。儒家认为"为政在人"，但"为政"之"人"，不是普通的老百姓，也不是一般的在位者，而是"仁人"、"贤人"、"圣人"，因此，为政之要在于"选贤与能"。正所谓"政治上的至高之位，必以最大之德者居之，所谓天子，必圣人乃可为之"③。而如何实现"内圣"，关键的是通过"反求诸己"来做足个人的内力修养功夫，"正心、修身、齐家、治国、平天下"是其内在的逻辑顺序。行政主体要不断地通过"修己安人"、行"博施济众"的仁道和"己欲立而立人，己欲达而达人"（《论语·雍也》）、"己所不欲，勿施于人"（《论语·藤渊》）的忠恕之道，

① 梁启超：《孺家哲学》. 天津古籍出版社2003年版，第100页。

② 熊十力：《原孺》. 中国人民人学出版社2006年版，第23页。

③ 牟宗三：《心体与性体》. 上海古籍出版社1999年版，第4页。

以达到儒家所倡导的“仁人”、“贤人”、“圣人”的境界。

其二是对于理想的行政方式的追寻，即推崇“善”治。一方面对于行政管理实践而言，行政主体的根本任务是要积极推行“善”政，即使得行政管理活动尽量满足“善”的要求。儒家的所谓“为政以德”、“仁政”、“德治”、“礼治”等主张，都表达出了这种思想。例如，孟子主张：“王如施仁政於民，省刑罚，薄税敛，深耕易耨，壮者以暇日，修其孝悌忠信，入以事其父兄，出以事其长上。可使制梃以挞秦楚之坚甲利兵矣。”（《孟子·梁惠王上》）孔子曰：“非礼勿视，非礼勿听，非礼勿言，非礼勿动。”（《论语·颜渊》）孟子也强调“上无礼，下无学，贼民兴，丧无日矣。”（《孟子·离娄上》）这些都是对“善”治思想的阐释。另一方面，对于被统治和被管理者而言，行政主体的主要任务就是搞好“善”教，即通过加强教育和教化把人们的善的本性弘扬出来，用爱心来感化民众，使民众自觉行善、远离恶行，并做到“明德慎罚”。

在儒家看来，上述两个环节即理想的行政人格与“善”治的行政方式是内在统一的。因为“圣王”行政或“贤人之治”，必行仁政、施德治，必然会达成政通人和、世人归心、百姓安居乐业、天下太平的局面。因此，政治和行政的根本在于“圣王”的出现，只要有了“圣王”，一切便万事大吉了，这也正是中国人“崇圣从王”的依附性行政人格和道德本位行政思维取向乃至君主专制行政体制不断得以强化的思想根源。

（三）秉承“贵和尚中”的行政行为路线

先秦儒家元典《中庸》中说：“中也者，天下之大本也；和也者，天下之达道也。致中和，天地位焉，万物育焉。”这段话所表达的是，达到中和状态，自然万物与人类社会便能各安其位、各得其所，世界也就处于一种理想的和谐状态。“贵和尚中”是中国传统文化的基本精神之一，它以平衡与和谐为基本内涵，以持中适度为基本方法，把和谐视为所追求的根本目标，这对于古代中国的治国者有着重要的哲学方法论意义，并在此价值观的影响下形成了“贵和谐、尚中道”的行政行为路线。

“和”，指不同事物之间的搭配、融合、平衡达到最为圆满程度的一种状态，它是儒家人文精神的核心，在治国为政方面则表现为贤明的君主要努力做到“贵和”，把“和”作为行政行为的基本原则，这对于实现天下的稳定、社会的和谐和人民的和睦有着重要的意义。例如，孔子主张“宽以济猛，猛以济宽，政是以和”（《左传·昭公二十年》），把“和”看作是政治统治和政府行政管理的基本原则和最优状态。孟子在继承孔子思想的基础上进一步指出：“天时不如地利，地利不如人和”（《孟子·公孙丑下》），他所谓的“人和”，指的是人民之间团结一致，以及统治者与人民之间的协调关系，明确表达了“重和”与社会以及整个国家的重要意义。《尚书·尧典》中说：“克明俊德，以亲九族；九族既睦，平素百姓；百姓昭明，协和万邦”，表述了和睦团结对社会的重大意义。《论语·学而》中孔子的弟子有子曰：“礼之用，和为贵。先王之道，斯为美。”认为圣明的君王治国处事、礼仪制度，应以“和”为价值标准。《论语·季氏》中也有云：“盖均无贫，和无寡，安无倾。”意为分配平均，就不会有贫困，人们就会生活富足；社会和谐，百姓和睦，人口就不会显得少了；境内平安、下稳定，国家便不会倾危，这就是治国之道。

“中”，通常指合宜、适度、合理、恰如其分、不偏不倚，既不过度，也不要不及，即中庸、中正。孔子把“中庸”视为世间的根本和人间至德：“中也者，天下之大本也”、（《礼记·中庸》）“中庸之为德矣，其至矣乎！民鲜久矣。”（《论语·雍也》）也就是说，“中”乃是天下的根本，经常遵守一定的标准，既不能“过”，亦不能“不及”，这是中庸的品德。中庸之道的真谛在于：坚守中正，寻求适度，不偏不倚，无过无不及。中庸之道，来自于世间根本，根植于天地之道，根植于人性本身，是至高无上的人间大德和不可更易的人间大道。而体现在行政行为方面，则是要求执政者“隐恶而扬善，执其两端，用其中于民。”(《礼记·中庸》)“两端”就是“过分”和“不及”，治理国家“过分”、“不及”都不行，要持中正管理天下，妥善协调各方面的矛盾，实现和谐的价值目标。“中”和“正”又常连用，为“不偏不倚”的意思。《论语·尧曰》：“尧曰：‘咨，尔舜！天之历数在尔躬，允执厥中。四海困穷，天禄永终。’”尧禅位给舜时，告诫舜，上天的大命落在了你的肩上，你要保持中正的立场，如果天下百姓困苦贫穷，你的统治地位也就完了。《尚书·吕刑》：“明启刑书，胥占，咸庶中正。”执行法律，要明确符合刑法条文，全部符合了，案子的判定，就会不偏不倚。“中正”的核心在于追求公正。孔子云：“政者，正也。子率以正，孰敢不正?”(《论语·颜渊》)明确了为政的正义本质，要求为政者奉行公平正义品质，率领民众走“中正”之道。落实到具体施政措施上：就是要“为政以德”，强调治国治民要“导德齐礼”、“宽猛相继”、“使民以时”，做到“惠而不费，劳而不怨，欲而不贪，泰而不骄，威而不猛”(《论语·尧曰》)，主张力行仁道、博施济众、忠恕爱人、立人达人，反对聚敛和不教而杀，同时要求执政者或行政者首先要正己，做到正心诚意，言行符合“中正”规范，秉公办事。

“贵和”与“尚中”思想是内在统一的。“贵和”在于充分肯定天、地、人等万事万物的异质性和多样性的前提下，通过有效的治理措施实现政通人和，达到人与自然、人与人和谐统一的理想状态；“尚中”思想的要义则在于从具有异质性和多样性的事物矛盾与对立中，努力寻求“发乎中节”的最佳协调方法和解决方案，尽量规避一切片面的、极端的、过激的行为。儒家认为要实现“和”的理想，根本途径在于保持“中”道，可见“和”是目的，而“中”是方法和手段。治国者要想达到和谐的理想状态，就必须持中，保持中和、中庸、中正。一旦得“中”，即可致“和”，或称“致中和”。而一旦“致中和”，则“天地位焉，万物育焉”，就会形成人与自然和社会良性运行与和谐发展的局面。

（四）中国古代政府管理传统的启示

中国传统文化对于中国古代政府管理基本价值取向的形成有着重要的影响作用，“性善论”、“天人合一”、“修齐治平”等思想都成为了管理价值取向形成的重要思想基础，体现的是中国传统管理文化的深厚底蕴。

无论是“敬天保民”的行政关系准则、“内圣外王”的行政主体资质还是“贵和尚中”的行政行为路线，其目的都是为了维护封建王朝的阶级统治地位的稳固，在这一点上三者是统一的。封建君主要想自己的统治地位长治久安，就必须理清天、君、民的关系，做到遵天命，行天道，“敬天保民”。其主要在于以“德”治国、施“仁政”、轻徭薄赋，保证人民的安居乐业，这样才能受到天命的眷顾和护佑。而这对于统治者自身资质就必然提出了较高的道德要求，君主应首先为“仁人”、“贤人”和“圣人”，就必须“克己复礼”、“修己安人”，不断地通过自我约束和道德实践提升自己的道德水准，努力实现理想的人格要求。同时还要以“善”为本，不仅要举“善行”、施“善政”，还要教民以“善”，用道德的教化提升自己的同时还要教育民众，使得人与人都能彼此和睦相处，这样才能由“内圣”导向“外王”。“敬天保民”是行为准则，“内圣外王”是主体要求，而要想实现国家的稳定繁荣还缺少方法论的指引，“贵和尚中”就是主要的行为路线。只有遵循中庸、中正的处理矛盾、分歧、客观问题的方法原则，寻求适度、不偏不倚、客观公正，才能够缓解矛盾、化解分歧、解决各种客观问题，从而实现自然、社会的和谐统一。所以说，“敬天保民”、“内圣外王”、“贵和尚中”作为中国古代管理基本价值取向，是一个协调统一的完整逻辑体系，其根本目标则是维护封建君主的阶级统治地位。

对于当代中国的政府管理文明建设而言，中国古代政府管理文明基本价值取向，即是我们可资借鉴的思想源泉，同时作为一种政治文化，它也在时刻的影响着我们当下的政治活动和管理实践。从传统的管理价值取向中，“以民为本”、重视领导者的素质要求和道德修养、培育社会和谐的价值观念、“求同存异”、追求公平正义的行政本质等等，都对建设当前的我国管理文明建设提供着有益的思想指引和价值导向。

三、当代西方政府管理创新取向及其借鉴

政府管理创新既是一种理论，更是一种实践。自20世纪七、八十年代以来，世界各国特别是西方主要发达国家普遍发起了政府管理创新运动，这场运动通常也被称为“新公共管理运动”、“政府再造”或“政府重塑”等。正确认识和深入研究西方国家政府管理创新的价值取向，对于中国构建社会主义和谐社会进程中政府管理文明研究具有重要借鉴意义。

（一）当代西方国家政府管理创新的价值取向举要

由于西方各国政府管理创新的起因、进程、途径、策略和运作方式方法以及创新的范围、规模和力度有所不同，因此，各国政府管理创新的直观的、具体的价值取向也互有差异，但从总体上来看，也具有一些基本相同的趋向。对此，欧文·E·休斯概括出六个共同点：（1）都代表着一种与传统的公共行政不同的重大变化，较为引人注意的是新公共管理注重结果的实现和管理者个人的责任。（2）明确表示了脱离古典官僚制的意图，欲使组织、人事、任期和条件更有灵活性。（3）明确规定组织和人事目标，以便根据绩效指标对工作任务的完成情况进行测量，对计划议案进行系统评估，追求政府管理的“三E”（经济、效率和效能）。（4）资源管理人员更有可能带着政治色彩致力于政府工作，不必坚持政治上的中立或无

党派立场。（5）运用市场方法管理公共事务，使政府职能更有可能受到市场检验。（6）通过民营化、市场检验和签订合同等方式减少政府职能的趋势[①]。而胡德（Hood）则从管理过程的角度将其归纳为七个方面：公共政策领域中的专业化管理；绩效的明确的标准和测量；格外重视产出和控制；公共部门内由聚合趋向分化；公共部门向更具竞争性的方向发展；对私营部门管理方式的重视；强调资源利用更具有更大的强制性和节约性[②]等等。这些概括都反映出了西方国家政府管理创新的具体价值取向的多样性，而对此进行进一步分析，我们不难发现其中的主导性因素集中表现为企业化、效率优位和善治等三方面的内在统一。[③]

第一，政府管理过程的企业化取向。即强调企业管理的理论、方法、技术及模式在政府管理中的应用，要求按企业运营的方式实施政府管理过程。其基本观点是认为传统的官僚科层制政府缺乏充分的竞争机制和激励机制，这使得政府部门一方面缺乏积极作为意识和认真负责观念，另一方面又会利用特权将机关预算增加到最大限度以扩大自己的权力，提高个人收入，进而滋生腐败行为，而要克服这些问题就需要适应新的社会环境要求对政府进行企业化改造，因为企业式的管理方法无论如何要优于传统的政府部门的管理方法，要提高政府管理效率的最佳方法就是用建立在市场基础上的机制代替传统的官僚制，只要是经过企业化改造的政府，就会具备激励机制和竞争机制，从而就会使得政府资源获得最优化配置，政府管理的手段也接近市场模式，就愈有可能获得最好的结果，同时还应该允许私营部门作为竞争者参与公共物品的提供过程，这样就会刺激

① ［澳］欧文·E·休斯：《公共管理导论》，彭和平译，中国人民大学出版社 2001 年版，第 62 页。

② ［澳］欧文·E·休斯：《公共管理导论》，彭和平译，中国人民大学出版社 2001 年版，第 72 页。

③ 张顺：《当代西方国家政府管理创新价值取向论析》，《求实》2009 年第 1 期，第 37—38 页。

政府机关自觉控制其生产成本以战胜竞争对手，等等。上述这些基本观点，较为集中地体现在奥斯本和盖布勒的《改革政府》（或译《重塑政府》）一书中。该书提出并系统论证了“企业化政府”模式的十大基本原则或基本内容：（1）起催化作用的政府：掌舵而不是划桨；（2）社区拥有的政府：授权而不是服务；（3）竞争性政府：把竞争机制注入到提供服务中去；（4）有使命的政府：改变照章办事的组织；（5）讲究效果的政府：按效果而不是按投入拨款；（6）受顾客驱使的政府：满足顾客的需要，而不是官僚政治需要；（7）有事业心的政府：有收益而不浪费；（8）有预见的政府：预防而不是治疗；（9）分权的政府：从等级制到参与和协作；（10）以市场为导向的政府：通过市场力量进行变革①。该书成了1993年开始的美国“重塑政府”运动和行政改革的理论基础和指导思想。

第二，政府管理结果的效率优位取向。由于资本主义国家实行的是以生产资料私有制为主导的自由市场经济制度和生产方式，因而使得效率价值观在资本主义国家私营经济管理中一直占据独特的优势地位。这就决定了西方国家的政府管理理论一开始就被打上了效率至上的烙印。特别是美国公共行政自威尔逊以来，一直视效率为其追求的终极目标。威尔逊认为，行政学研究的目的，在于揭示政府能够适当地和成功地进行什么工作，以及政府怎样才能以尽可能高的效率及在费用与能源方面用尽可能少的成本去完成这些适当的工作②。因而人们一般把效率作为美国公共行政管理主义范式的主要价值取向。及至20世纪70—80年代兴起的新公共管理运动，人们又看到了其中较为明显的追求“三E”（即经济、效率、效能）的取向，这表明效率仍然是当代西方国家的政府管理创新的价值目标，只不过是根据新的形势赋予了效率以更广泛的内涵。英国学者E·

① ［美］戴维·奥斯本等：《改革政府：企业精神如何改革着公共部门》，上海译文出版社1996年版，第1页。

② 彭和平等译：《国外公共行政理论精选》，中共中央党校出版社1997年版，第15页。

费利耶等人在《行动中的新公共管理》一书中将这种以效率优位为取向的政府管理创新的理论与实践概括为"效率驱动模式"，并认为这代表了将私人部门管理（工商管理）的方法和技术引入公共部门管理的尝试，强调公共部门与私人部门一样要以提高效率为核心，其基本内容及特征有：强烈关注财政控制、成本核算、钱有所值和效率问题；建立更强有力的一般管理中心，采用层级管理和"命令与控制"的工作方式，要求权力向资深管理者转移；发展正式的绩效评估方法；强调对顾客负责，让非公共部门参与公共物品的提供，以市场为基础和顾客导向；解除劳动力市场的规制，加快工作步伐，采用绩效工作制以及短期聘用合同；雇员自我调节权力的减少，权力向管理者的转移，吸收部分雇员参与管理过程，采用更透明的管理形式；增加更具有企业管理色彩而较少官僚色彩的授权，但更强调责任制；采用公司治理的新形式，权力向组织战略顶层转移等①。

第三，政府管理方法与技术的善治取向。善治取向是 20 世纪 90 年代初，由世界银行和联合国开发计划署及与之有着密切关系的部分研究发展问题的学者，在总结对发展中国家开展援助项目的成功经验和失败教训基础上提出来的，之后很快便在西方社会科学中特别是政治学和公共管理学以及经济学界流行起来，并被作为政府改革与创新的指导原则。虽然世界银行、联合国开发计划署及研究治理和善治问题的学者对于善治以及衡量善治的标准的看法不尽相同，但"概括起来说，善治就是使公共利益最大化的社会管理过程。善治的本质特征就在于它是政府与公民对公共生活的合作管理，是政治国家与公民社会的一种新颖关系，是两者的最佳状态。"② 衡量善治的基本要素大体上涉及如下几个方面：（1）合法性：强调社会秩序和权威得到公民自觉认同和服从的重要性。它要求政府管理机构

① ［英］E·费利耶等：《行动中的新公共管理》，牛津大学出版社 1997 年版，第 29 页。

② 俞可平：《治理与善治》，社会科学文献出版社 2000 年版，第 8—9 页。

和管理者最大限度地协调社会、公民与政府之间的关系，以便使政府管理活动最大限度地获得公民的同意与认可。（2）参与性：强调公民社会组织和公民个人参与到政府的决策过程中去，特别是利害相关的当事人或组织的参与，从而减少执行成本和增加政府过程的民主性。（3）透明性：强调政府信息的公开性，以便于公众获取有关信息，这是公民参与政治决策过程，监督政府管理的前提和基础。（4）责任性：强调政府官员和政府机构应对自己的行动负责。只有通过实行自由的、竞争性选举和发挥独立的新闻舆论的监督作用建立起责任制约束，公民社会的监督才会落到实处，政府官员也才会对各阶层民众的要求作出积极而迅速的回应。（5）包容性：强调政府的有关政策应能促进社会的平等和公平，而不应变成某一集团牟取私利的工具。保护和促进弱势社会群体的利益应成为政府社会政策的重要内容。（6）法治：强调政府官员和公民都应依法行事，法律面前人人平等。只有实行法治而非人治，市场经济和公民社会的健康发展才能得到法律保障，同时政府行为才能受到有效制约。（7）有效性：强调公共管理的效果和效率并重。只有政府机构设置合理，程序简便，对环境变化适应性强，投入低而产出高，政府的公共服务才是有效的，也才会受到公众的欢迎。善治取向正是从上述七个方面对发展中国家的政府改善和创新治理结构、方式和过程提出了总体要求。

（二）当代西方国家政府管理创新价值取向的实质

就政府管理创新的形式而言，一般有两种：一种是从旧的政府管理价值秩序及其制度和体制安排向新的政府管理价值秩序及其制度和体制安排的质变；一种是在同一政府管理价值秩序及其制度框架内的自我完善、自我改造、自我发展的渐进的量变。当代世界各国的政府管理创新，虽然在具体内容、途径和方法上各有特点，但基本上都采取了后一种形式。即当代西方国家所进行的政府管理创新，不是在寻求政府管理本质的改变，而是在资产阶级政府价值体系和政府制度的框架内，尽力寻求政府管理方法的改良。

如前所述，当代西方国家政府管理创新具有普遍性和主导性的价值取向主要表现为“企业化”、“效率”优位和“善治”三个方面，尽管其中也交错体现着对民主、法治、自由、平等、公平、正义、责任等价值的追求，但这种区分只是分析视角的不同，就其本质和核心内容而言，它们又是内在统一的。“企业化”取向集中表达了西方国家以生产资料私有制为主体的资本主义生产方式对政府的根本要求，“效率”优位取向更是代表了资本主义自由市场经济的最高诉求，而所谓的“善治”取向从一开始就主要是作为西方世界要求发展中国家的政府进行适应西方自由市场经济模式的“治道”变革、并以此作为提供经济援助附加的政治条件提出来的。因此，只要我们认真审视和分析西方国家政府管理创新的理论与实践，都不难发现贯穿于其中的非常鲜明的价值取向主线，即资产阶级基本价值观＋经济主义价值目的＋管理主义价值手段，这三方面的有机统一，支撑起了资本主义政府管理创新和政府发展的整个价值取向体系，至于各个国家所进行的政府管理创新的具体实践，实质上都不过是在这一框架内寻求借以增强资产阶级政府管理的当代适应性与合法性的改良主义的方法而已。这是由西方国家的社会生产方式和政府本质所决定的，这是我们理解西方国家政府管理创新的价值取向必须把握的根本点所在。

第二章　构建和谐社会进程中政府管理文明解析

一般而言，构建和谐社会是一个以和谐的价值秩序为取向的调整社会关系和改革创新社会管理体制及其运行机制的过程，这是一个政府主导过程，离开政府管理文明是难以顺利实现的。政府管理文明与人类社会的其他文明现象相比较，有其自身的特殊性。准确把握政府管理文明的特定内涵、基本特征和基本标志，对于构建社会主义和谐社会进程中政府管理改革与创新具有重要意义。

一、社会主义和谐社会的内涵及其基本要求

社会主义和谐社会有其特定内涵，构建社会主义和谐社会对于政府管理改革与创新提出了新的要求。准确把握社会主义和谐社会内涵及其对政府管理的基本要求，是政府管理文明建设的基本前提。

（一）和谐社会的基本涵义

和谐通常是指事物内部要素及其相互之间的协调、均衡、有序的存在状态和发展状态，由此观之，所谓和谐社会就是指构成社会的各种要素处于相互依存、相互适应、相互协调、相互促进的状态。由于社会是一个由众多要素构成的复杂系统，因此，和谐社会有着十分丰富的内涵。从一般的角度来看，认识和理解和谐社会的内涵

主要应把握如下三个紧密相关的最基本层面：

1. 社会主体层面的和谐——人际关系和谐。人是社会活动和社会发展的主体，人际关系和谐是和谐社会的核心所在。人际关系和谐是指人们在社会生活中通过物质交往和精神交往而形成以共同利益为基础的相互尊重、诚信友善、团结互助的关系，其前提和基础是人的自身和谐，其基本表现则是人的类群和谐。

人的自身和谐是作为个体的人在社会生活中形成均衡素养和全面协调发展状态，包括具有健全的人格、拥有正确的世界观价值观和人生观、具有自我调适能力、能够理性地处理个人与个人、个人与社会的关系，能够通过自觉社会化过程融入集体和社会。而在这一过程中，作为个体的人与人之间的密切联系、交流交往与合作就会形成并交织起各种特定的类群关系网络。人的类群和谐就是指作为个体的人在社会化生活中所结成的各种群体或共同体之间协调有序发展状态，包括阶级阶层和谐、民族和谐、党派和谐、社群和谐等。其中，阶级阶层和谐是人际关系和谐的根本标志和集中表现，它不仅决定着人际关系和谐的整体状况，而且在一定程度上又规定着其他类群关系乃至整个社会的本质与特征。

2. 人的社会活动领域层面的和谐——基本社会关系和谐。基本社会关系和谐是人们在物质资料生产和精神资料生产活动中所形成的基本社会关系之间的相互依存、相互协调、相互促进的持续发展状态，包括经济关系和谐、政治关系和谐、文化关系和谐等。

经济关系和谐是整个社会和谐的基础。经济关系和谐的根本是在保证先进生产关系与先进生产力相适应的前提下，确立先进的经济制度以及合理体制机制，同时有效处理好基本经济结构关系及经济运行方式，使生产与消费、宏观经济与微观经济、实体经济与虚拟经济、国内市场与国际市场以及产业结构之间，保持一种均衡、合理而有序的互动状态与发展态势，确保经济系统内部的生产、交换、分配、消费等重大环节的有机衔接和良性循环。

政治关系和谐是指开展政治统治和政治管理的各种主体之间及

其与管理对象之间处于一种良好的合作与相容状态。政治关系和谐，从横的方面来看，主要是以国家政权为核心而形成的各种关系的和谐，包括国家政权组织之结构关系、党政关系、军政关系、公民与政权关系、地方政府之间以及各个部门之间的关系等关系和谐；从纵的方面来看，主要包括中央和地方的关系、上下级关系、干群关系等关系和谐。

文化关系和谐是社会文化系统内部各种文化因素之间的相互依存、互补互益、贯通融合的发展状态，其基本特征是主流文化导向鲜明，其他文化形式多样繁荣，保持本土文化与外来文化、传统文化与现代文化、雅文化与俗文化等和谐相处、相得益彰的发展态势。

3. 人的生存环境层面的和谐——境域关系和谐。境域关系和谐是人们所面对的生存环境因素的平衡有序发展状态，包括生态环境和谐、国际环境和谐、区域环境和谐等。

生态环境是人类赖以存在和发展的地理条件和自然条件。人类在自我生存和发展过程中既需要对自然界进行合理地利用、开发与改造，更需要对生态环境进行有效地保护，保持和维系自然生态系统内在的平衡与协调及其与人类社会生活系统的协调发展与和谐共处。

国际环境和谐是一个国家与其所面对国际社会之间的相互尊重、相互信任、和平共处、友好合作的发展状态。一个国家、一个社会的内部和谐，离不开国际环境的和谐。特别是对于发展中国家更需要与国际社会保持和谐共处的关系，一方面充分利用国际社会的有利条件及其所带来的机遇，另一方面也要尽量克服和避免国际环境中的不利条件极其的负面影响，力求自身与世界的和谐发展

区域关系和谐是一个国家内部不同地区之间相互支持、相互配合、共同发展的基本态势。促进各个地区经济社会协调发展，控制并缩小不同地区之间的发展差距，促进区域和谐特别是城市和乡村、发达地区和落后地区的和谐，是社会整体和谐的重要组成部分。

（二）构建社会主义和谐社会的基本内容

构建社会主义和谐社会包含着十分丰富的内容，既有和谐社会的一般内涵，又有中国特色社会主义现代化建设新阶段的特定要求。党的十六届六中全会审议通过的《中共中央关于构建社会主义和谐社会若干重大问题的决定》，明确提出了中国构建社会主义和谐社会的总纲领和总的指导方针，概括出了构建社会主义和谐社会的基本内容。深刻领会和正确理解社会主义和谐社会的基本内容主要应把握如下方面：

1. 社会主义和谐社会是充分尊重社会发展规律的社会。按照历史唯物主义的基本原理，社会生产力是人类社会发展的根本动力，生产力的状况决定生产关系的性质，一定的生产力总是要求一定的生产关系和它相适应，生产力的发展变化决定生产关系的改变，反过来生产关系具有能动的反作用，适合生产力状况的先进生产关系，促进生产力的发展，不适合生产力状况的落后生产关系，阻碍生产力的发展；与此同时，由占主导地位的生产关系各方面综合而形成的经济基础决定着上层建筑变化与发展，上层建筑及其反作用取决于和服从于经济基础的性质、水平和要求。生产关系一定要与生产力状况相适应以及上层建筑一定要与经济基础状况相适应是人类社会发展的普遍规律，充分尊重并体现这一规律的要求，是构建社会主义和谐社会的基本依据和根本保证。

在中国构建社会主义和谐社会进程中，由社会主义初级阶段的基本国情所决定，社会生产力与生产关系、经济基础与上层建筑之间必然存在着既相互适应又不相适应的关系，也必然要经历一个由基本适应到某种程度不适应再到基本适应的发展历程。构建社会主义和谐社会的根本任务，就是要遵循社会发展基本规律的要求，努力实现生产力与生产关系、经济基础与上层建筑的相互适应与协调发展状态。胡锦涛同志指出：构建社会主义和谐社会，同建设社会主义物质文明、政治文明、精神文明是有机统一的。它们既有不可分割的紧密联系，又有各自的特殊领域和规律。建设社会主义物质文明、政治文明、精神文明，可以为构建社会主义和谐社会提供坚实基础；构建社会主义和谐社会，又可以为建设社会主义物质文明、政治文明、精神文明提供重要条件。我们要通过发展社会主义社会的生产力来不断增强和谐社会建设的物质基础，通过发展社会主义民主政治来不断加强和谐社会建设的政治保障，通过发展社会主义先进文化来不断巩固和谐社会建设的精神支撑，同时又通过和谐社会建设来为社会主义物质文明、政治文明、精神文明建设创造有利的社会条件。构建社会主义和谐社会既是对中国社会主义建设规律认识的深化，也是对共产党执政规律、社会主义建设规律、人类社会发展规律认识的深化。可见，构建社会主义和谐社会是充分尊重、认识和利用客观规律的必然结果。

2. 社会主义和谐社会是民主法治的社会。所谓民主法治，就是社会主义民主得到充分发扬，依法治国基本方略得到切实落实，各方面积极因素得到广泛调动。社会主义民主法治是构建社会主义和谐社会的重要内容，又是社会主义和谐社会的政治保障。这是因为社会主义民主法治不仅是社会主义国家政治管理的重要目标和手段，而且是社会主义社会人民当家作主必须遵循的基本准则。无论是在社会主义国家政治事务管理层面，还是在社会主义社会公共事务和公共关系的治理层面，社会制度安排、运行规则程序、多方合作参与、责任义务分担、权力利益共享都离不开民主法治。只有将社会主义民主法治的指导原则和运作机制引入社会公共管理和人民当家作主的实践过程之中，才能不断提高社会关系的协调性和合理性、不断增强社会运行的规范性和有序性。也只有不断发展社会主义民主法治，保证人民群众依法行使民主权利，才能不断激发社会活力，使人民群众和各方面的积极性、主动性、创造性更好地发挥出来，才能促进党和政府与人民群众以及执政党和参政党、中央和地方、各阶级阶层之间、各民族之间等方面关系的和谐，从而实现整个国家与社会的和谐。

3. 社会主义和谐社会是公平正义的社会。所谓公平正义，就是社会各方面的利益关系得到妥善协调，人民内部矛盾和其他社会矛盾得到正确处理，社会公平和正义得到切实维护和实现。公平正义作为社会主义社会基本价值范畴和整体价值诉求，是构建社会主义和谐社会的应有之义。公平正义是我们党坚持立党为公、执政为民的必然要求，也是我国社会主义制度的本质要求。维护、贯彻和实现社会公平和正义，是实现最广大人民利益的重要保证，可以在经济、政治、文化、法律、道德等层面，维护不同阶级阶层的利益，协调不同阶级阶层与群体之间的关系，从而使人们和谐共存，共同发展。只有切实维护和实现社会公平和正义，人们的心理和情绪才能舒畅，各方面的社会关系才能协调，人们的积极性、主动性、创造性才能充分发挥出来。只有实现公平正义，才能有利于社会整体全面和谐的实现。

4. 社会主义和谐社会是诚信友爱的社会。所谓诚信友爱，就是全社会互帮互助、诚实守信，全体人民平等友爱、融洽相处。社会是人的社会，是人们之间交互作用的产物，是人们以物质资料生产活动为基础而相互联系、相互作用的共同生活载体。社会的和谐依赖于人与人之间关系的和谐，而诚信友爱是实现人际关系和谐的道德基础与思想条件。作为一种道德规范，诚信友爱不仅可以增进个体的身心健康和人格魅力，从而构筑良好的人际关系，而且可以最大限度地减少社会生活中的各种猜忌和摩擦，减少社会生活中的不和谐因素，从而降低社会运行成本与风险。作为一种社会关系基本准则，诚信友爱不仅具有特殊的精神文化价值，增强社会认同意识和凝聚力，使人们在相互信任和彼此关爱中，感受人生的价值和尊严，共享生活的幸福和美好，进而激发生命力和创造力。也具有极大的功利性转化的能动价值，使人们在相互信任、平等相处、互帮互助、合作共事过程中，既保全和增进个体的利益，又保证和增进社会的整体利益。因此，在构建社会主义和谐社会过程中，诚信友爱是不可或缺的精神文明因素。如果诚信缺失，就不会有友爱；如果缺乏友爱，人际关系就不会融洽；如果没有人际关系的融洽与和谐，就不会有整个社会的和谐。

5. 社会主义和谐社会是充满活力的社会。所谓充满活力，就是能够使一切有利于社会进步的创造愿望得到尊重，创造活动得到支持，创造才能得到发挥，创造成果得到肯定。社会活力是社会进步与历史发展的源泉与动力。一个没有活力的社会是危险的和没有前途的。社会主义和谐社会是人民当家作主的社会，充满活力是其当然内涵和应有状态。一个充满活力的社会，就是一个能够充分激发和保障人们的主动性、积极性和创造性的社会，就是一个能够使一切有利于社会进步的创造愿望得到尊重、创造活动得到支持、创造才能得到发挥、创造成果得到肯定的社会。它能够给人们提供一个各尽所能、人尽其才、物尽其用的开放、宽容、和谐的社会环境。在这样的社会里，每个人都有在承认和尊重他人权益的前提下追求自己的幸福和利益的机会与权利，同时每个人的创造愿望、创造才能、创造过程、创造成果都能得到相互之间以及整个社会的尊重与承认。只有在这样的社会里，人们的主动性、积极性与创造力才能得到最大限度的挖掘与激发，通过每个人的自由、平等创造达到社会财富充分涌流，增进社会的普遍繁荣与福祉。

6. 社会主义和谐社会是安定有序的社会。所谓安定有序，就是社会组织机制健全，社会管理完善，社会秩序良好，人民群众安居乐业，社会保持安定团结。安定有序是构建社会主义和谐社会的现实基础和重要保障。安定有序的直接标志是社会的稳定和秩序状态，具体表现为社会发展的稳定、社会关系的和睦共处、人们的心态平和、社会运行的灵活有序与协调高效等方面。在构建社会主义和谐社会进程中，实现安定有序关键环节是要建立健全党委领导、政府负责、社会协同、公众参与的社会管理格局，在进一步提高党和政府管理社会的效能的同时，拓宽服务领域，发挥基层党组织和共产党员服务群众、凝聚人心的作用，发挥城乡基层自治组织协调利益、化解矛盾、排忧解难的作用，发挥社团、行业组织和社会中介组织提供服务、反映诉求、规范行为的作用，形成社会管理和社会服务的合力。引导群众以理性合法的形式表达利益要求，引导人们在法律范围内解决矛盾纠纷。健全社会保险、社会救助、社会福利和慈善事业相衔接的社会保障体系，从而确保人民群众安居乐业，确保社会政治稳定和国家长治久安。

7. 社会主义和谐社会是人与自然和谐相处的社会。所谓人与自然和谐相处，就是生产发展、生活富裕、生态良好。其中，生产发展是生活富裕的基础和前提，生活富裕是生产发展的动因和目标，生态良好是生产发展和生活富裕的保证和条件，三方面有机统一，缺一不可。自然环境是人类生存的必备前提和条件，人总是生活在一定的生态环境中，需要不断从自然界中获取各种物质、资源、能量和信息的交换，并通过认识、改造和利用自然条件来满足自己的生存和发展需要。但自然界所能够向人类提供的资源毕竟是有限和不可再生的，人类不断增长的自然资源需求必须与之相适应。因此，人与自然的和谐不仅是人自身生存和发展的重要前提，而且也是人与社会和谐的基础条件。历史事实表明，人与自然的关系不和谐，往往会影响人与人的关系、人与社会的关系。如果不能处理好人与自然的关系，就难以实现生产发展、生活富裕和生态良好的有机统一，也就不能实现人与自然和谐相处，导致的后果必然是生产落后、生活贫困、生态遭到破坏，由此还会引发人与人之间和社会内部的各种矛盾和冲突，因而也无法处理好人与人、人与社会的关系。所以，正确处理人与自然的关系，保持人与自然友好、和谐相处，是构建社会主义和谐社会的必然要求。

8. 社会主义和谐社会是以人为本的社会。以人为本，是科学发展观的核心，也是构建社会主义和谐社会的目的。以人为本有着丰富的内涵，在构建社会主义和谐社会进程中起码要把握三点：其一，最广大人民群众是构建社会主义和谐社会的主体，始终处在中心和优先的位置。在人与自然、人与社会、人与人的相互关系和相互作用中，广大人民群众总是占据着主体立场和主体地位，而人民大众的主体作用，只有在不断实现、发展和维护其经济、政治、文化、社会等各方面利益的前提下，才能得到更加充分的发挥。其二，最广大人民群众是构建社会主义和谐社会的关键因素和决定力量。与技术、自然资源、资本等物的因素相比，人是最积极、最活跃、最重要、最根本的因素。人力资源是最宝贵的资源，人才资源是第一资源。最广大人民群众始终是构建社会主义和谐社会最可信赖、最可依靠的动力因素。其三，最广大人民群众的全面自由发展是构建社会主义和谐社会的目的和归宿。社会主义社会建设和发展的目的是为了解放和发展生产力，促进人的全面自由发展，构建社会主义和谐社会的目的是为了给人民大众的全面自由发展创造良好的社会环境。由此决定了构建社会主义和谐社会，必须坚持以人为本，始终把最广大人民的根本利益作为党和国家工作的根本出发点和落脚点，确保通过依靠人民群众所创造的各项成果都由人民群众共享，在经济发展的基础上不断满足人民群众日益增长的物质文化需要，促进人民大众的全面自由发展。

（三）构建社会主义和谐社会对政府管理创新的基本要求

政府作为公共权力的基本执行者和公共事务的管理者，是构建社会主义和谐社会的组织力量和推动力量，在构建和谐社会的过程进程中发挥主导作用。在中国改革开放不断深化和经济社会快速转型的新的历史时期出现了一些不和谐的因素，究其原因，除了由于经济转轨、社会转型所引起的利益差别和利益冲突之外，有些也是由于政府管理方式、方法滞后和管理错位、缺位所引起的。因此，有必要对政府管理进行改革与创新，不断提升政府管理文明水平，以促进经济社会和谐发展。

构建社会主义和谐社会对于政府管理创新所提出的要求是全方位和多方面的，从宏观上来看，其基本要求就是在提升政府管理文明的目标下着重强化有如下方面：

1. 牢牢把握中国特色社会主义建设规律，确保中国社会的科学发展。尊重社会发展规律，按客观规律办事，是构建社会主义和谐社会前提基础和根本保证，更是科学发展观的根本要求。各级政府必须把科学认识和正确利用客观社会规律，作为全面贯彻落实科学发展观和构建社会主义和谐社会的根本，按照中国特色社会主义建设和发展规律的要求，实现社会方面的和谐发展。主要是要做好如下工作：

第一，正确处理经济建设与政治建设、文化建设以及社会各项事业发展的关系，推动经济建设、政治建设、文化建设和社会建设领域的“四位一体”和“五个统筹”的共同落实、协同共进，实现整个社会的全面协调可持续发展。

第二，正确处理激发社会活力与维护社会稳定的关系，为改革发展创造良好的社会环境。社会主义和谐社会是一个既充满生机与活力又富有秩序的社会。一方面，要通过改革开放，激发社会各方面的创造性活力，努力创造一切社会财富的源泉充分涌流的局面；另一方面，也要注意把改革的力度、发展的速度和社会可承受的程度统一起来，在保持社会生机和活力的前提下谋求社会秩序的和谐稳定。

第三，正确处理效率与公平的关系，妥善协调社会各层面的具体利益矛盾。实现共同富裕和社会公平是构建社会主义和谐社会的两根支柱。建设社会主义和谐社会，就必须正确处理先富与共富、效率与公平的关系，既要鼓励一部分人、一部分地区先富起来，又要防止两极分化；既要保护发达地区、优势产业和先富群体的发展活力，又要高度重视和关心欠发达地区、比较困难的行业和群众；既要通过深化改革开放，完善市场经济体制，提高资源配置和利用效率，又要通过政府宏观调控，在二次分配中维护和实现社会公平。

第四，正确处理政府行政管理与社会自我管理的关系，不断健全和完善“党委领导、政府负责、社会协同、公众参与”社会管理格局。社会主义和谐社会是一个政府权力与公共权利良性互动的社会，是政府行政管理与公民个人的自主管理相统一的社会。各级党委政府，要按照健全和完善社会管理格局的总要求，在进一步提高党和政府管理社会的职责与效能的同时，通过建立健全村民自治、社区自治组织、社会团体、行业组织、中介组织以及工青妇等群众组织和各类群众代表会议等社会协同和公民参与机制，形成社会管理的整体合力。

第五，正确处理发挥传统思想政治工作优势与创新群众工作机制的关系，加强和改进构建和谐社会进程中的群众工作。正确处理新形势下的人民内部矛盾，各级政府要在进一步巩固和发挥与人民群众密切联系的组织优势和传统思想政治工作优势的基础上，加强和创新群众工作的运行机制，建立健全各级政府始终同人民群众保持血肉联系机制和始终维护、实现人民根本利益的长效机制。各级党委政府都要认真研究和把握构建社会主义和谐社会进程中群众工作的新形势、新特点和规律，把工作重点放在建立群众工作的长效机制上，逐步建立顺畅的民意表达机制、有效的矛盾协调机制、便民利民的服务机制、公正的司法机制、完善的监督机制和严格的责任追究机制等。

2. 牢牢把握社会管理规律，创新和强化政府社会管理职能。构建社会主义和谐社会面临着十分繁重的社会管理任务，要求政府在深刻认识和把握社会管理规律的基础上，强化政府社会管理职能，创新管理方式，完善社会管理体系和政策法规，整合社会资源，拓宽服务领域，推动公共服务均等化，形成社会管理和社会服务的合力，为实现全面建设小康社会宏伟目标创造更加良好的社会条件。

社会管理是政府与相关的社会专门组织及其成员自觉地、有目的地共同对社会系统、社会组织、社会结构和社会过程施加作用与影响的活动过程。在马克思主义看来，社会管理是人类社会必不可少的一项管理活动，而自从政府出现以来，它就担负起了调节社会冲突、协调社会利益、维护社会公正、保持社会稳定等方面的社会管理职责。到了社会主义社会，社会管理则成为政府管理的最基本职能。经过长期探索和实践，中国建立了社会管理工作领导体系，构建了社会管理组织网络，制定了社会管理基本法律法规，初步形成了党委领导、政府负责、社会协同、公众参与的社会管理格局，从而奠定了加强和创新社会管理的现实基础。

在构建社会主义和谐社会进程中，强化和创新政府的社会管理职能的基本要求就是要把社会管理作为政府工作的“第一责任”，充分发挥政府在社会管理中的主导作用，确保政府提供更多更好的公共服务，努力使政府及各职能部门的管理更加协调有效。因此，各级政府要努力按照转变职能、理顺关系、优化结构、提高效能的要求，不断健全政府职责体系，强化社会管理职能，努力建设服务型政府，提供更多更好的公共服务。对于应该由政府负责的社会管理和公共服务，一定要做到人员到位、投入到位、工作到位、责任到位。只有把政府的主导作用发挥好，才能强化社会管理和公共服务。特别要科学界定各职能部门在社会管理和公共服务中的职责任务，确保各职能部门形成运转协调的社会管理和公共服务合力。同时，要通过完善法规政策、健全社会管理体制机制、培育发展和管理监督好社会组织、畅通公民参与渠道等，健全政府与社会和公众之间制度化的沟通、互动机制，进一步形成与中国特色社会主义市场经济、民主政治、先进文化相适应的社会管理体系，最大限度地激发社会活力，最大限度地增加和谐因素，最大限度地减少不和谐因素，促进社会全面协调运行与和谐发展。

3. 牢牢把握政府发展规律，切实实现政府管理转型。政府作为社会整体中的特殊组成部分，其建设与发展既要符合社会发展的一般规律，又要遵循自身内在的特定规律。按照中国特色社会主义社会和政府建设与发展规律的要求，在构建社会主义和谐社会进程中政府管理改革与创新，应在着力提升政府管理文明水平的目标框架内，加快实现政府管理转型，积极打造有限政府、责任政府、法治型政府、服务型政府、民生政府。

有限政府特指政府职权的有限性，包括政府职能范围、权力界限和机构编制等都受到法律的明确限定和社会的有效制约。在中国传统计划经济体制下形成的“全能政府”，曾经长期包揽一切，无所不管，造成了政府公共权力高度集中，机构和人员膨胀，管理方式单一，行政效率低下，公共服务不到位，财政负担沉重等弊端。在改革开放和建设社会主义市场经济体制过程中，政府管理已经开始相应地向有限政府转型的历程。在政府管理方式上，逐步由微观管理为主变为宏观管理为主、由直接管理为主变为间接管理为主；在政府管理职能内容范围上，主要是经济调节、市场监管、公共服务和社会管理，提供市场不能提供的公共产品，解决市场不能或不愿解决的公共问题，如公共安全、发展基础教育、社会基础设施领域公共项目的投人、就业、社会保障、环境保护、法制建设等。这种转型有利于界定和理顺政府与社会的关系，从而有利于社会主义和谐社会的构建。

责任政府是体现以民主政治为基础、以政府履行公共责任为首要标识的政府类型，是在现代民主理念和宪政框架内，对政府管理进行民主监督和合法性社会评价的制度安排。作为宪政民主的一种基本价值追求，它要求政府必须积极回应社会和民众的基本诉求并采取有效行动加以满足，政府必须积极地履行其公共职责和社会义务，必须承担政治上、法律上、行政上和道义上的责任，政府必须接受来自内部和外部的控制以保证责任的实现。在构建社会主义和谐社会进程中推进政府管理创新，要求政府管理机制从管制型政府向责任型政府转型，建立健全制度完备的责任型政府管理体制，强化政府履责机制和责任监督机制，进而在政府与社会、公众之间搭建起互动沟通的桥梁和信任平台。

法治型政府的基本要求是政府依法管理，即政府管理主体、管理职权、管理程序、管理行为、管理责任依法明定，促使政府及管理人员严格履行法定职责，保证做到政府管理活动及其政务行为合法、公正与公开。在中国改革开放和体制转型时期，已经开始了由人治型政府向法治型政府的转变，这是涉及政府管理观念、组织、人员、职能和制度建设等政府管理模式各个方面的一场真正的深刻革命。在构建社会主义和谐社会进程中深入推进法治政府建设，必须要进一步强化法律意识，真正做到政府的一切管理权力的取得必须具有法律依据，政府的一切管理权力的行使必须遵守法律，政府管理中的一切违法行为必须承担法律责任，使政府管理行为真正在法治的轨道上运行。

服务型政府是以社会为本位、以公民为中心、以公共服务为职能、以为民服务为宗旨的政府。在构建社会主义和谐社会进程中，建设服务型政府，有利于缓解社会发展过程中的“不和谐”因素。政府应加快建立健全为民众、企业、市场、社会服务的体制机制，包括制定法律法规，进一步规范市场行为；为公众、企业、社会提供咨询服务和信用服务，加快社会信用体系建设，为民众、企业、社会的发展营造良好的外部环境；以规范市场经济秩序为导向，维护公平竞争，促进统一、有序的市场体系的建立与完善，反对地方保护主义，促成国内市场与国际市场的对接；提高市场运行的效率，调控和改善不合理的资源配置状况；大力发展社会中介组织，提高社会组织的自我管理能力；建立健全政府为社会服务机制，深化行政审批制度改革，推广社会服务承诺制、政务公开制等便民措施等，促成政府与企业、政府与市场、政府与社会之间的和谐。

民生政府是以保障和发展民生为工作核心与根本责任的政府。建设民生政府是社会主义制度的本质要求，是全面落实科学发展观的重要内容，是构建社会主义和谐社会的基础环节。政府只有关注民生、重视民生、保障民生、改善民生、发展民生，才能体现以人为本以及“权为民所用、情为民所系、利为民所谋”的要求，才能更好地实现全面建设小康社会的奋斗目标。在构建社会主义和谐社会进程中加快民生政府建设，要求政府在维持广大人民群众的基本生存和生活状态、保障广大人民群众的基本发展条件和基本权益方面，承担更多的职责和义务。主要包括：其一是民众生存权保障责任，譬如，承担社会救济、最低生活保障状况、基础性的社会保障、义务教育、基础性的公共卫生、基础性的住房保障等责任，保证每个社会成员“有尊严地生存下去”。其二是民众发展权保障责任，譬如促进充分就业，进行基本的职业培训，提供公平合理的社会流动渠道，以及与之相关的基本权益保护问题。其三是民众共享发展成果的保障责任，即政府在经济社会进步与发展以及公共财富大幅度提升的条件下，提供相应的能够使全体社会成员共享的全面提升生活质量和生活水平的福利。这是社会和谐状态得以达成和持续巩固的基础条件和重要保障。

二、政府管理文明的内涵与特征

构建社会主义和谐社会要求政府管理创新，政府管理创新过程中的文明因素的不断积淀，便形成为政府管理文明成果。科学理解和正确把握政府管理文明的内涵、特征，是构建社会主义和谐社会进程中政府管理文明研究的基本问题。

（一）政府管理文明的内涵

关于政府管理文明的概念，虽然目前理论界还没有给予明确论证，但仍然有两方面的研究成果可以作为我们研究的基础。

其一，有关政治文明方面的研究成果。政府管理文明属于政治文明范畴，因此，有关政治文明的研究成果，可以为政府管理文明问题研究提供学理性指导和价值基础。在中共十六大将政治文明建设确定为全面建设小康社会的重要目标之后，有关政治文明问题的研究也逐渐成为了学界聚焦的一个重要领域。在基本概念的问题上，学者们试图从多个层面来解释政治文明。但总的看来，人们在政治文明的一般概念上，看法是大体一致的。而不同之处则在于：由于理论的出发点不同，从而对政治文明具体内涵的理解也就有了差异。有人立足于阶级和政治实践的基础上，认为政治文明指的是人类在政治实践领域的进步状态，是一定阶级、阶层、政党、社会集团运用各种手段来调整和处理阶级内部、阶级之间、民族之间、国家之间关系的积极成果。表现为一定社会的政治制度、政治思想、政治行为等。也有人从政治制度合理化的角度出发，认为政治文明是指法律政治上层建筑所创造的适应社会发展要求的制度和体制成果，是人们有效地管理社会，处理和协调各种社会关系的经验和智慧的凝结，主要表现为社会制度、体制及社会运行机制的优化发展。还有学者着眼于公共权力的动态运行，认为政治文明主要是指人们在获取、运用、影响公共权力及分配利益过程中的文明状态，是特定精神文明凝结积淀成的、以特定物质文明为基础和载体的制度文明。也有学者从政治价值理念层面，认为政治文明就是人们在一定的社会形态中民主、自由、平等的实现程度。还有学者从人民与政治权威的二元关系模式来解读政治文明，认为政治文明就是指人民与政治权威关系中进步、合理成分的历史积聚过程和状态，[①] 这些都为我们解析政府管理文明的概念提供了有益的分析视角和可资借鉴的分析框架。

其二，有关行政文明或狭义政府文明方面的研究成果。政府管理文明包含有行政文明或狭义政府文明，因此，有关行政文明或狭义政府文明的研究成果可以为政府管理文明问题的研究提供相关材料支撑和方法论借鉴。在政治文明视域中引申出来的行政文明或狭义的政府文明研究也正在逐步展开，并已取得初步成果。关于行政文明的概念，学者们主要是从国家行政机关进步状态的角度进行了界定。如胡象明认为："行政文明是人类社会行政模式的进步状态，是人类在行政实践活动中形成的文明成果，包括行政理念、行政制

① 程竹汝：《政治文明：历史维度与发展逻辑》，上海人民出版社 2004 年版，第 13—15 页。

度、行政行为与行政主体等方面进步的有益成果。”[①] 潘迎春认为：行政文明是“人类公共行政发展的进步状态，是政治文明发展水平的重要表现。”[②] 关于政府文明的概念，学者们也从不同的角度进行了界定和说明。如任晓林从政府质量的角度把政府文明概括为：“政府文明是衡量政府质量的标准，是政府发展过程的最终结果与最终理想，更进一步的表达应该是政府行为文明、制度文明，以及由制度与行为共同判断的政府质量的状态。”[③] 薄贵利则从政府管理进步趋势的角度把政府文明界定为“符合人类社会进步趋势的政府管理，包括政府管理理念、政府管理体制和政府管理行为等三个方面。”[④] 等等。这些研究成果对于我们明确政府管理文明概念具有重要启示。

以马克思主义政府管理关和文明观为指导，我们认为：政府管理文明就是指政府管理活动遵循客观规律和以人为本要求的前进式发展状态以及取得的进步成果。正确理解政府管理文明的内涵应着重把握下述内在统一的几个主要方面：

1. 政府管理文明是政府管理活动遵循客观规律而前进的结果。马克思主义辩证唯物主义认为世界上任何事物的运动、变化和发展都是有规律的，而规律是客观的，是事物本身所具有的内在的、本质的、必然的联系，是不以人们的主观意志为转移的。规律预示着事物发展的趋势和前进的方向，人们只有尊重客观规律，并善于认识和利用客观规律，按规律办事，才能找到正确的前进路线和行动方向，才能达到认识世界和改造世界的目的，才能取得相应的文明成果。如果违背客观规律，既不能把握事物发展的趋势和方向，又

① 胡象明、李芳：《行政文明建设的价值取向与制度创新》，《学习月刊》2004 第 12 期，第 6 页。

② 潘迎春：《行政文明：政治文明的基础》，《铜陵学院学报》2004 年第 4 期，第 75 页。

③ 任晓林：《政府文明是政府发展的最高理想》，《中共福建省委党校学报》2004 年第 4 期，第 29 页。

④ 薄贵利：《政府文明建设的理性思考》，《新视野》2005 年第 3 期，第 47 页。

会受到规律的惩罚，因而也就不会取得改造世界的积极成果。这一基本原理告诉我们政府管理文明不是随意取得的，必然是政府在认识和利用客观规律的基础上开展公共管理活动所取得的积极的进步成果。历史事实也表明，政府管理活动作为人类社会有组织的能动的实践，是一个遵循客观规律而前进的过程，即是一个不断探索和综合利用客观规律并对社会公共事务实施有效管理的过程。由于政府管理所面对的社会公共事务具有复杂性和多样性等特征，这就决定了政府探索和利用客观规律的过程，必然是一个十分艰难和复杂的过程，其难度在于：政府管理实践既要尊重自然界的运动变化规律，也要尊重人类社会和思维发展的一般规律，又要尊重社会经济、政治、文化等领域的特定规律，还要尊重人自身成长和发展规律，更要尊重政府管理活动内具的特殊规律，等等。加之受到社会历史条件以及人们认识水平和能力等的局限，人类以及政府组织对客观规律的认识和探索不可能是一蹴而就的，必然要经历一个不断深化的过程，这就规定了政府管理文明的发展程度和水平，也必然是一个不断由局部到整体、由片面到全面、由低级到高级的循序渐进的发展过程。

2. 政府管理文明是政府公共管理权力的良性运行状态。政府管理社会公共事务的过程实际上就是政府行使或运用公共管理权力过程。政府公共管理权力是政府管理社会公共事务所享有的合法资格和相应的强制力和约束力，它除了具有公共性的特征以外，还有很强的政治统治的特定权威性、特殊强制性、普遍约束性、工具性等特征。公共权力的运行事实上有两种可能的状态：它既可以成为维护社会公共管理秩序和推动社会进步的有效手段，也可能会成为阻碍或破坏人类社会前进与发展的祸害，因此，政府公共管理权力运行状态如何，直接标志着政府管理活动过程文明与否。所谓政府公共管理权力的良性运行状态，一般地说，也就是指政府管理权力的来源、结构与功能富有合理性与合法性、权力行为与后果富有公益性和效率性的状态；反之，则为非良性状态。政府公共管理权力只有良性运行，才能不断强化权力的公共目的和社会价值，才能有效防范和抑制权力的偏向，才能成为人类进步和社会发展的推动力量。一句话，也只有这样，才能造就政府管理文明。而公共管理权力的非良性运用，不仅违背人类文明的发展趋势，而且还会侵害和损害已经取得的文明成果。

3. 政府管理文明是政府综合管理能力和水平全面进步的趋势与过程。政府是塑造政府管理文明的主体，其综合管理能力和水平如何，既是造就政府管理文明的基础和条件，又是政府管理文明的基本标志。所谓政府管理能力是指政府在行使其管理职能、实现其意志过程中体现出的政府能量与本领，主要包括两个方面：其一，对于社会的综合管理能力，即政府作为公共管理机构所具有的管理经济、政治、文化和社会事务的能力，具体表现为在政府国际国内环境中有效开展公共管理活动的适应能力、协调能力、政策创新能力、公共产品和服务的供应能力等；其二，对于政府自身的管理能力，即政府作为公众认可的权力机关所具有的自我约束和自我管理能力。综合起来看，政府管理能力是政治生产力的主导机制性政治产品生产力，主要体现为提供公共产品和公共服务的实际能力，实际上也就是政府管理文明的生产力。政府综合管理能力及其水平全面进步和提升的过程，也就是政府管理文明不断积聚和累进的过程。

4. 政府管理文明是以人本性为核心的政府管理关系和谐发展与进步状态。政府管理活动是一个政府管理主体与作为管理对象的社会之间的有机联系和互动过程，政府管理文明实际上就表现在这种互动关系之中。因此，对政府管理文明内涵的解析，必须着眼于客观的政府管理关系，并围绕这一关系建立分析性标准。就政府管理关系而言，不外乎两个方面，一方面是政府内部管理关系，主要包括政府机构之间的关系、政府组织与政府公务员之间的关系、中央政府与地方政府之间的关系等；另一方面是政府外部管理关系，包括政府与公民、政府与政党、政府与企业、政府与市场、政府与公民社会、政府与自然等相互之间的关系。政府管理文明在总体上无非是对这些政府管理关系的综合概括。概而言之，这些关系中体现客观规律的前进式发展状态及其进步的、合理的成分就是政府管理文明。而在众多的政府管理关系中，最基本的是政府与公民的关系。因为在人类社会中产生、存在和发展的政府，既要在本质上代表着特定阶级阶层的利益和意志，即表明“是什么人的政府”问题，又要在目的和价值上表明“为什么人”的问题。因此，政府与公民关系问题，不仅贯穿于政府发展过程的始终，而且贯穿于政府全部管理关系的各个方面，是政府管理关系中的最基本问题。而从人类社会文明发展的总趋势和根本方向来看，政府管理的人本性问题，即政府管理能否基于民权展开、能否贯彻民意、能否实现最广大人民利益，始终是政府管理文明的性质和水平的核心标志。从这个意义上来说，所谓政府管理文明实质上就是指政府管理在以人为本的基础上遵循客观规律的前进式发展状态及其中的进步、合理成分的历史积聚过程。

（二）政府管理文明的基本特征

1. 历时性。政府管理文明作为符合社会发展规律的政府管理活动的前进式发展状态，是一个历史范畴，既有它的建设和发展的共时性特征，又有它的历史变迁的历时性。它作为人类文明的重要组成部分，是随着人类社会和人类文明的不断发展而发展、不断进步而进步。在人类社会的不同历史阶段，政府管理文明有着不同的历史内容。因为，在不同历史阶段，人类社会的政府管理文明有不同的物质文明发展基础和不同的政治文明发展环境以及不同的精神文明发展条件。随着人类社会逐步从较低级阶段向较高级阶段发展，政府管理文明发展的物质基础和政治环境以及精神条件在变化，政府管理文明的历史内容、特点和性质必然随之发生相应的变化。尽管其发展变化的过程是曲折和复杂的，其中难免会出现反向运动即历史倒退现象，但人类社会政府管理文明发展变化的总趋势是前进式的，即总是随着社会历史条件的变化，由经济发展的必然性所决定，逐步从较低级形态向较高级形态发展。

从宏观的角度来看，人类社会形态的更替依次为奴隶社会、封建社会、资本主义社会和社会主义社会。同样地，政府管理文明也可依次区分为：奴隶制政府管理文明，封建制政府管理文明，资本主义政府管理文明和社会主义政府管理文明。奴隶制政府管理文明产生于奴隶社会，它体现着奴隶主阶级对奴隶阶级的剥削和统治，为维护奴隶主阶级的经济利益和政治统治而存在。因此，它深深地打上了奴隶制的烙印。尽管如此，它与人类的蒙昧时代、野蛮时代相比较而言，则是人类社会的一大进步。封建制政府管理文明继承、发展了奴隶制政府管理文明，封建制政府管理文明主要表现为封建地主阶级对广大农民的残酷剥削和压迫，并为加强和巩固封建专制统治而存在。封建制政府管理文明代替奴隶制政府管理文明是人类社会的又一大进步，因为农民不再是封建地主阶级的私有财产，虽然农民对地主仍有很大的依附性，但与奴隶比较起来具有了一定的人身自由。经过资产阶级民主革命而建立起来的资本主义政府管理文明以民主政治的政府管理文明彻底取代了封建制政府管理文明。资产阶级以自由、平等、人权、民主、法治等基本管理理念，构建了形式上平等、民主的政府管理体制，形成了以普选制、议会制、政党制为主要支柱的资产阶级民主政治管理制度，所有这些都是对封建专制政府的根本否定。通过无产阶级的民主革命和社会主义革命而建立起来的社会主义政府管理文明是人类历史上最高类型的政府管理文明，它的出现标志着人类历史已经进入了一个崭新的阶段，它为人类文明的深刻变革和发展开辟了广阔道路和光辉前景，在人类文明史上写下了崭新的光辉一页。作为一种新型的政府管理文明，它是对以往剥削阶级政府管理文明的根本性扬弃，从根本上改变了少数人统治和管理多数人的政府权力控制形式。同时，它吸收、继承、发展人类一切优秀的政治文明成果，将社会主义政府管理文明不断推向前进。在中国，共产党的领导，人民当家作主和依法治国的辩证统一和有机结合，能够充分实现政府管理的人本性，这是社会主义政府管理文明区别于以往一切政府管理文明的根本特征。

当然，政府管理文明的历史发展和依次更替的过程，也是一个辩证否定的过程。其本质内容既因社会性质和社会发展特殊规律的改变而改变，也因反映社会发展和进步的一般规律而得以传承和不断发展。

2. 阶级性。政府管理文明是在社会分化出对立阶级社会结构的基础上形成、又是在缓和阶级冲突和控制社会秩序的过程中发展的，阶级性是它的本质特征。政府始终是特定阶级统治的政府。在经济上占统治地位的阶级，同时也必然在政治上占统治地位，必定是统治阶级组织的政府的公共权力的实际执掌者和控制者，任何形态的政府都是统治阶级所主导的政府，因此，任何形态的政府管理文明都体现和维护统治阶级的利益和意志。统治阶级无论采取什么样的政府管理制度、规范，建立什么样的政府运作体制和机制，倡导什么样的主导价值观念，构建何种政府管理模式，其宗旨始终是使自己的统治和管理合法化、固定化，超阶级的政府管理文明是根本不存在的。

如上所述，人类历史上曾经出现过几种政府管理文明类型，然而无论哪一种政府管理文明，都鲜明地带有那个社会占统治地位的阶级的色彩。任何复杂的政府管理文明都可以通过阶级的分析方法予以剖析和说明，无视政府管理文明的阶级性，也就等于否定了政府管理文明的历时性阶级本质属性。

奴隶制政府管理文明尤其是古希腊雅典的民主管理体制，无论就其根本政府制度、政府组织机构，还是具体政府管理规范、政府运行机制，都曾在人类文明史上留下了深刻印记而被后人称道，然而就是这种政府管理文明，从根本上来说，它也仅仅为奴隶主阶级所享有，占人口大多数的奴隶，连做人的起码权利都没有，不仅无法参与政府管理过程，更不用说分享政府管理文明的成果了。因此，这种政府管理文明只是经济上占统治地位的奴隶主阶级的政府管理文明，是为维护奴隶主阶级的政治统治和经济利益服务的。

封建制政府管理文明，是在地主阶级的经济统治和专制主义政治统治的框架内形成和发展的，因而它在本质上是封建地主阶级的政府管理文明。

资本主义政府管理文明，是在反对封建专制制度的基础上建立起来的。这种政府管理文明不仅在反对封建迷信和神学的过程中，创立了一系列的政府管理理念和政府价值观，而且在资产阶级掌握国家政权之后建立起来了一系列政府管理制度，在形式上赋予公民民主和自由权利，较之古希腊雅典的政府管理文明，大大前进了一步。从表面上看，这种政府管理文明体现了“公民意志和利益”，西方学者也极力鼓吹它的超阶级性，但这种政府管理文明实质上只体现资产阶级的意志和利益，对于工人和广大人民群众来说，并不具有任何实质性的意义。因为建立在资本主义生产资料私有制基础上的政府管理文明，必然以保障资本主义私有制不受侵犯为宗旨。尽管它在法律上规定了公民享有平等的广泛的民主权利，在形式上表现出高度的分权和自由化，但它真正保障的是享有经济特权和资本特权的资产阶级的各种政治特权，受赤裸裸的金钱交易关系支配的政府，是根本不会保证广大的工人阶级和人民群众享有政府管理文明成果的。当然，不容否认，随着人类社会进步和文明的发展以及工人阶级的觉醒并不断为争取自身权利而斗争，资本主义政府管理文明的一些具体形式、机制也确实发生了一些变化，政府管理关系也在不断地进行调整，但并未发生根本性变化。也就是说它的阶级内容仍未改变，资本主义政府管理文明始终围绕着资产阶级的利益和意志这个轴心而运转。世界近代以来的历史表明，资本主义的政府管理文明，往往与野蛮的镇压、专制、强权政治和霸权主义联系在一起，一旦谁触及了资产阶级的根本经济利益和政治利益，便会被资产阶级毫不留情地镇压、干预，显示出资产阶级的真实面目，“把共和国的‘自由、平等、博爱’这句格言代之以毫不含糊的‘步兵、骑兵、炮兵’”。①

社会主义政府管理文明是经过社会主义革命建立起来的，它建立在人民群众享有不同形式的生产资料所有权和支配权的基础之上，公民通过各种形式和途径享有管理国家和社会事务、管理经济事业和文化事业的一切权利，人民当家作主，政府在本质上是人民政府。广大人民群众经济上、政治上的平等地位和权利以及政府的本质属性，决定了政府管理关系的和谐。政府管理机构的设置、运转，政府管理制度的建立、运行，政府管理行为的展开以及所有的政府管理规范和准则，都体现和维护最广大人民群众的根本利益，以人民群众的根本利益的实现为出发点和归宿。因而社会主义政府管理文明，尽管还有许多需要通过加强建设和深化改革予以解决的问题，但它的内在要求和本质特征十分明确，那就是广泛的人民性。离开了这一本质特征，社会主义政府管理文明便不复存在。

由此可见，阶级性是政府管理文明的本质特征。不同类型的政府管理文明，具有不同的阶级属性和阶级内容。这也是建设社会主义政府管理文明必须牢记和坚持的重要原则。

3. 社会性。马克思主义认为，“国家就是从人类社会中分化出来的管理机构。”② 作为国家机构的政府的产生、存在和发展与社会是不可分的。政府管理文明不是从外部强加给社会的力量，而是社会发展规律和社会矛盾运动的结果，社会是政府管理文明产生、存在和发展的条件和基础，政府管理文明的存在和发展是面向全社会且同社会文明建设相伴随的，政府管理文明的社会性特征是显而易见的。

首先，政府管理文明仅仅同社会发展的一定阶段相联系，不仅不是从来就有的，也不会永远存在下去。当社会发展到具备消灭阶级的条件时，政府管理文明的本质形态就会随着阶级的消灭而改变。

① 《马克思恩格斯选集》第1卷，第639－640页。

② 《列宁选集》第4卷，人民出版社1972年版，第45页。

这是政府管理文明依赖社会的表现，也是政府管理文明必然呈现在全社会层面的特性。

其次，政府管理文明作为政治文明的一个重要组成部分，不仅其产生是社会发展的需要，而且其对社会作用所形成的政府管理职能，也是以社会的发展需要为基础的。当代政府与近代政府、古代政府的差异，都是因为社会的发展在政府管理文明的各个特性中，注入和融入了不同时代社会的具体发展要求和时代特征所使然。

再次，政府管理文明的价值根源于其社会服务功能。尽管不同性质的政府管理文明的价值取向会迥然不同，但其实现程度都有赖于其为社会提供公共服务的程度。历史上不同类型的政府行使权力的方式和对社会发生作用的范围之所以有所不同，并不完全取决于统治者个人的意志，而是在相当大的程度上体现了社会对统治者的要求。如果一个政府不能有效地吸纳、代表和反映社会对它的要求并提供相应的公共服务，即如果一个政府对社会的要求没有任何回应能力，那么，这个政府就是一个没有能力、无所作为的政府。因此，从某种意义上我们完全可以说，政府的生命力来自于它的社会服务功能。世界古代、中世纪，在农耕经济占主导地位的时候，各国政府政管理中，必须将公共财政的很大一部分投入水利、地力维护、交通运输等公共工程，一方面表现为公共服务，另一方面也是为了保障政府的税收以维持国家政权的存在和运转，亦即农业经济是政府管理不得不承担起公共工程建设这样的公共服务职能。同样，现代西方国家的新公共管理运动强调以社会公众的需求为其行为导向，而不以政府自身规定的规则为行为导向，其目的也是为了增强政府适应社会、服务社会的能力，而不是要削弱它，是把政府从低效率和高成本中解放出来的有效举措。

最后，社会发展规律和趋势决定政府管理文明的发展趋势。政府管理文明作用的性质和形式根据社会发展形态和发展阶段的不同而不同，也就是说，政府管理文明对社会的作用并不是一成不变的。就整体发展趋势和规律而言，社会越向前发展，社会自我管理、自我服务、自我调节的能力越强，政府管理活动对社会发生作用的领域和范围就越小，作用的强度也越弱。这表明政府管理文明对社会作用的总的发展趋势是：在政府的阶级统治职能不变的同时，政府的经济职能、社会事务管理职能和科技文化职能以及公共服务职能将不断扩展，而且政府的政治性、统治性职能越来越依赖于管理性、服务性职能作用的发挥。

总之，政府存在于社会之中，以社会的存在为基础，政府管理文明的社会性是阶级性的基础，阶级性寓于社会性之中，没有社会性就没有阶级性。在看待政府管理文明的阶级性时，一定要明确社会性的这种基础地位与作用，坚持以是否推动社会进步，是否符合社会发展方向作为评价政府先进与落后、文明与野蛮的最后标准。同时政府管理文明的阶级性是社会性的保证，社会性受阶级性支配。在阶级社会和仍存在着阶级与阶级斗争的社会里，忽视阶级性也就很难或者无法体现社会性。实际上，在阶级社会里，如果处于无政府状态，即不靠政府把社会控制在一定的秩序之内，社会不稳定，就有可能发生社会动乱，甚至导致社会解组、社会结构崩坏，社会就难以存在，更不用说文明、进步与发展了。因此，我们既不能抹杀政府管理文明的阶级性，也不能离开社会来谈政府管理文明的存在和作用。

4. 民族性。马克思主义认为，任何事物都是共性与个性的统一，没有个性也就无所谓共性，政府管理文明既有其共性的一面，也有其个性的一面，这种个性主要指的就是它的民族性，即具有民族特色。我们知道，整个世界是由许许多多的民族国家构成的，各个国家都有其独特的历史文化传统和各具特征的民族文化特质，在政府管理文明的发展过程中，必然会受到特定国家或社会的经济基础、政治环境、历史传统等因素的深刻影响而具有其独特性价值，从而使政府管理文明深深地打上了民族的烙印，显现民族国家共同体的特色。这表明政府管理文明不仅具有历史性、阶级性和社会性，还具有民族性。这就是说，在同一历史阶段、具有同样阶级内容的不同民族国家的政府管理文明，都具有由本民族生存发展环境、历史渊源和文化传统赋予的民族特点。例如，古希腊罗马的奴隶制政府管理文明不同于中国古代的奴隶制政府管理文明，中国封建时期的政府管理文明不同于欧洲中世纪封建时期的政府管理文明，欧洲模式的资本主义政府管理文明不同于美国模式的资本主义政府管理文明，有中国特色的社会主义政府管理文明不同于原苏联模式的社会主义政府管理文明，等等。所以，虽然处于同一时代的各民族国家都不可能完全与世隔绝、孤立发展，各国政府管理文明在发展过程中总会发生相互接触和碰撞，同时发生相互渗透、影响和融合，而且在历史上，虽然有些国家及其政府被别国消灭或吞并了，有些民族被别的民族同化了，但是，只要还存在国家利益和民族个性的差异，政府管理文明的民族性就不会消失。因此，那种无视政府管理文明的民族性差异，无视当今世界文化、文明的多样性，误以为某些国家或民族的政府管理文明具有“普世性”或具有“普遍主义”的价值，而盲目崇拜和主张全盘照搬某些国家的政府管理文明模式的观点和主张，从思想认识上说，是一种根本不了解政府管理文明本质和发展规律的幼稚表现，从实践上来说，更是极其有害的。

三、政府管理文明基本结构分析

政府管理文明作为政府遵循客观规律开展公共管理活动的前进式发展状态和所取得的全部进步成果，既有质的规定性，又有在发展程度和水平上的量的积累。就其质的规定性而言，其根本标志在于阶级性；就其量的规定性而言，则主要表明政府管理文明的发展态势和进步程度。从质与量内在统一规律的角度来审视，政府管理文明的基本结构主要通过围绕政府管理的人本性这一核心而形成的内部各种要素的性状及其相互关系状态综合体现出来。那么，以人本性为核心的政府管理文明内在的标志性结构要素有哪些？这些标志性结构要素之间的组合方式及其相互关系是怎样的？这是解析政府管理文明应该而且是必须给予回答的两个基本问题。

（一）政府管理文明标志性结构要素

文明是整体性的，作为文明一部分的政府管理文明也是整体性的。这意味着政府管理文明是由各个不同要素结构而成的一个整体。所谓结构通常是指事物内部各个构成要素之间的组合方式及其相互关系的整体框架。政府管理文明结构就是指政府管理文明内在的各个构成要素之间的组合方式及其相互关系框架。从整体上来看，政府管理文明的结构要素虽然众多而复杂，却也形成了一个完整的系统，其中，必定有一些基本要素是具有标志性意义的。

其实，政府管理文明终究是政府管理实践的积极成果，分析政府管理文明的标志性结构要素也应该从政府管理实践过程入手。而政府管理实践实际上是政府主体与管理对象之间的有机联系和互动过程，是政府主体遵循特定的理念和规范通过协调各种管理关系而实施公共管理行为的过程，这一过程的核心是政府与公民的关系，所包含的内在统一的基本环节主要涉及政府管理主体、管理理念、管理规范、管理行为、管理关系等方面，因此，政府管理文明也就应该主要体现在以人本性为核心的这几个层面上，是这几个层面上的积极合理成分和进步成果的不断积聚和有机综合。这样我们可以将政府管理文明的基本标志概括为：政府管理主体的先进性、政府管理理念的科学性、政府管理规范的合理性、政府管理行为的良善性和政府管理关系的和谐性。

1. 政府管理主体的先进性。政府管理主体的先进性是指作为社会公共事务管理者的政府自身所具有的符合社会发展规律和以人为本要求的与时俱进状态及其始终居于时代前列的进步属性。政府管理主体是相对于管理客体而言的，它主要是指政府机关（包括立法机关、行政机关和司法机关）及其公务员。在现代社会，从政府体系角度而言，也包括执政党、参政党和其他与政府合作的各种社会组织等参与管理主体。在社会公共生活中，政府管理主体在政府管理理念的引导下，从事公共管理活动，维护和实现公共性利益，直接造就政府管理文明。就此而论，政府管理文明首要的是政府管理主体所创造的积极管理成果，因而政府管理主体的先进性是政府管理文明的核心和关键，对于政府管理文明具有决定性的意义，即政府管理主体的性质和特征决定政府管理文明的性质和特征，政府管理主体的文明程度在很大程度上决定政府管理文明的状况，政府管理主体的发展道路与方向决定着政府管理文明的发展路径和路向。离开政府管理主体的先进性，或者说没有先进而文明的政府管理主体，政府管理文明将成为无源之水、无本之木。

当然，就政府管理主体的角色类别而言，也是具有多元性的。即政府管理主体既可以是一个具有特定职位和独立人格的个体，也可以是按照职责性质和等级序列加以区分的各类各级政府组织，还可以是基于共同的利益和目的而参与到政府管理之中的各种团体。这种多元的政府管理主体在不同的国家和社会发展的不同阶段具有不同的表现形式，在政府公共管理活动中处于不同的地位，扮演不同的角色。随着人类社会的发展和文明程度的不断提高，政府管理主体的角色地位都会通过民主制度和法律程序予以确认并加以规范。

无论何种类型的政府管理主体，它自身的把握和认识客观规律的能动性以及综合资质与能力水平如何，以什么样的目的和方法从事政府管理活动或参与政府管理过程，代表、维护什么人的利益，这些都是检验其先进性程度的重要标志。因而，分析、考察一个社会和国家的政府管理文明，首先应当分析其政府管理主体的先进性程度，尤其是应当分析、观察这个社会和国家的执政党及其执掌的政府组织的性质、作用、结构和管理方式，在多大范围、多大程度上代表了最广大劳动群众的利益，是否具有合法性基础，能否得到社会绝大多数社会成员的支持和拥戴，其活动方式、组织化程度、从事公共管理活动的能力如何，代表公民从事公共管理活动的各种管理者如何产生，其行为、后果是否受到有效的制约，能否有效地遵守各种管理规范，以及公民能否参与其管理过程的状况，等等。这些便构成了评价政府管理主体先进性程度的标准体系。

2. 政府管理理念的科学性。政府管理理念的先进性是指政府所奉行的管理理念反映客观规律和以人为本要求的准确程度和不断深化状态以及取得的进步思想成果。政府管理主体都是在特定的管理理念的指导之下开展公共管理活动的。政府管理理念作为政府管理领域的精神现象，是人们对于政府公共管理活动的主观反映形式。从完整的意义上来说，政府管理理念包括政府与公民在特定的社会条件和政府管理实践中形成的相互间的态度、情感、认识、信念、习惯等心理倾向和价值取向的复合存在形式，它构成政府管理系统的社会心理环境和思想基础。在实际的社会生活中，政府管理理念有不同的内容和表现形式。既有人们在政府管理活动中直接形成的不自觉的、不系统的、不定型的、较为零碎的、粗糙和自发的社会心理倾向，也包括人们在政府公共管理实践中形成的超越心理层面和感性认识形态的较为系统的、深刻的、以集中反映阶级和集团根本利益的理性思维为基础的政府管理价值取向，当然也包括以政府管理价值取向为核心的政府道德观念、法律观念以及舆论氛围，等等。而就其主导方面而言，则是政府所奉行的执政理念和施政理念，它代表了政府关于自身的目的、意义以及施政方略的主观体认，是政府公共管理理论、传统及其价值取向的统一，其核心是对于政府与公民的价值定位以及相互权利和义务的确认，因而对于政府开展公共管理活动更具有直接的导向功能。

政府管理理念在一定社会环境和政府管理实践中形成和发展，随着社会历史条件和客观环境因素的变化，它的内容和形式都会发生相应改变。不同性质的社会形态以及同一社会形态的不同历史发展阶段，都会有不同的政府管理理念及其发展变化的轨迹。政府管理理念的最本质特征是其具有鲜明的阶级性，其对于公民的地位与权利的确认在根本上受其阶级立场和统治阶级意志的支配。在每一个具体社会制度中，由于经济关系、阶级关系的多元性和异质性，政府管理理念往往呈现出复杂性和矛盾性。当然，政府管理理念又是一个民族在长期历史过程和管理实践中形成的，一定的民族往往是特定政府管理理念依存的载体，因而政府管理理念作为维系一个民族国家政府管理活动的精神纽带，带有其民族性的特征。

政府管理理念的特性及其功能决定了其科学性程度必然是政府管理文明的基本标志之一。也就是说，公民的政府观念是否理性和客观，占主导地位的政府管理思想能否反映客观发展规律和人类社会的本质要求，是否科学和先进并与时俱进地不断予以丰富和发展，全民族对政府体系有无普遍的认同意识和归属感，全社会是否具有较为一致的政府价值取向、政府规范体系和行为准则以及价值评判标准，政府主体的公民意识以及公民的政府参与意识和参政议政能力达到什么样的水准，等等，都作为一种无形的精神力量，直接制约和影响着政府与公民彼此的价值定位和相关的制度安排以及各自的行为走向，进而表明政府管理文明的发展方向和实现程度。如果没有政府管理理念的科学性，整个政府管理文明既会失去智力支持和精神动力，也会丧失合理性与合法性支撑。

3. 政府管理规范的合理性。政府管理规范的合理性是指政府所确立的管理规范遵循客观规律和以人为本要求的不断完善状态及其进步属性。政府主体开展管理活动总是要遵循特定的原则和规范，没有必要的管理规范，政府管理活动不仅会因无章可循而混乱无序，而且也会导致政府任意妄为而给公民和社会带来损害。所谓政府管理规范是指政府组织根据客观规律的要求和社会发展的需要而提出制定的、用以调节政府管理行为的原则、标准、准则或规则的总和。就其内容而言，主要包括界定和确认政府管理关系的规范、政府的产生方式和组织政府的规范、政府管理权力行使的规范以及政府具体管理行为规范，等等。就其形式而言，主要包括公共政策规范、法律规范、道德规范、制度规范等等，因而，政府管理规范的合理性相应地也包含了政府公共政策的科学性民主性、政府法治的完备性、政府道德的文明性、政府制度的健全性等基本方面。其中，政府管理法治化制度化程度更具有关键性的意义。正如邓小平同志在谈到制度的重要性时所深刻地指出的："……制度问题更带有根本性、全局性、稳定性和长期性。这种制度问题，关系到党和国家是否改变颜色，必须引起全党的高度重视。"[①] 而对于政府而言，政府管理法治化制度化程度，既是政府组织良性运作和持续进步的必要基础，也是整个社会良性运作和健康发展的必要前提，同时也是社会文明程度的重要标志。有关政府公共政策的科学性以及政府道德的文明性等方面的进步成果，都会通过政府管理法治化制度化过程得以确认而固定下来，从而成为政府管理法治文明和制度文明的组成部分，从这个意义上来说，政府管理法治化和制度化综合地体现着政府管理规范合理性程度。

政府主体在社会生活领域所进行的管理实践活动及其所遵循的管理规范，都是围绕政府管理法治和制度这个内在统一的核心问题展开的，培育和巩固政府管理法治与制度是一个国家的政府开展正常和有序管理活动的前提和基础。政府管理法治和制度作为国家政治制度的最主要组成部分，是特定社会占统治地位的管理主体通过组织政府以实现其政治统治和社会管理的原则、规范和方式的总和，是一个社会阶级本质的内在规定和外在表现，直接或间接地反映社会各阶级在政府中的地位和权利关系，反映实际社会生活中各种力量的对比关系，确认和安排社会利益关系格局，确立对于社会矛盾与冲突的调和机制，把冲突纳入法治化制度化的轨道和置于一个可控的范围。政府管理法治和制度由国家权力和法律正式颁布和保障实施，极具强制性与权威性。政府管理法治和制度在具体运行过程中，以国家机器为后盾，贯彻和执行统治阶级的意志，具有特殊强制力，对全社会具有普遍的约束力。政府管理法治和制度对整个社会的影响和作用，无论在广度、深度和强度上，都是其他管理规范

① 《邓小平文选》第二卷，第 333 页。

所无法比拟的。其他管理规范，诸如政策、道德等，必须服从和服务于政府管理法治和制度的内在要求，在政府管理法治和制度允许的范围内发挥自己的作用。

政府管理法治和制度以其特有的结构形式和功能，影响和制约社会其他管理规范发挥作用的程度和范围，以其特有的权威，引导、规约和保证社会发展方向。政府管理法治和制度的功能发挥得如何，取决于政府管理法治和制度能否满足社会客观规律的要求和最广大人民群众的需要，即取决于政府管理法治和制度的文明程度。政府管理法治和制度能否反映客观规律的要求，是否具有广泛的阶级基础，是否集中体现和维护多数人的利益，是否与其他社会制度体系的功能相适应，是否包容和代表社会各方面的利益要求，是否能够根据社会发展的要求进行及时有效的变革和调整，这些无疑是政府管理文明的重要表现形式和标志。

4. 政府管理行为的良善性。政府管理行为的良善性是指政府所开展的实际管理活动与过程遵循客观规律和人的全面自由发展要求而持续前进的状态及其取得的积极成果。所谓政府管理行为是政府管理主体在政府管理理念的驱动之下，在实际的社会生活和管理活动中的诸种外在表现，主要包括决策、规划、组织、用人、领导、协调、控制和创新等一系列环节。正是通过这一系列政府管理行为，政府管理过程及其目标才得以实现。政府管理行为作为社会管理行为的一种，它以各种方式渗透于社会生活的各个领域，对社会经济、政治和文化生活产生重要影响。政府管理行为是社会统治阶级实现阶级统治的重要途径和方法，通过有效的政府管理行为，使得整个社会的运行有利于统治阶级的统治，一旦出现有损于统治阶级利益的现象，统治阶级便会利用各种手段予以干预，以便使其合乎自己的要求。因此，在不同性质的社会和不同的国家，政府管理行为的良善性都是有根本区别的。

由于政府管理主体具有多样性和层级性的特征，不同管理主体的管理职责与任务也各有差异，都会自觉不自觉地通过各种各样的管理行为表达或强化自己的意愿和要求。也由于政府管理对象以及全体社会成员的利益和要求千差万别，使得政府管理行为具体而复杂。随着社会的发展和社会化程度的不断提高，社会生活的方方面面日益与政府管理联系在一起，许多重大问题的解决，都必须借助于政府管理行为。因此，政府管理行为的良善性程度，不仅是政府管理文明的直观标志，而且也是整个社会文明的重要内容和根本保证。

政府总要通过其管理行为，对人类社会生活施加影响。不同的政府管理行为，其作用和效果是不同的。有的政府管理行为能够反映历史发展规律和社会多数人的意愿，能够组织、吸引和凝聚社会力量，能够推动社会发展；有的政府管理行为缺乏理性和科学性，缺乏全局性和组织性，以极不规范的方式进行，不仅妨碍政府整体的正常运转，甚至破坏正常的社会秩序，搅乱稳定局面，阻碍社会的发展；有的政府管理行为仅仅反映某一部门的特殊利益或一部分人的局部利益，甚至谋取个别人的私利，从而滋生腐败；还有的政府管理行为同时产生几种效应。正因为政府管理行为会产生不同的作用，因而每个国家都十分重视对政府管理行为的规范和制约。

从科学发展的眼光来看，凡是能够遵循客观规律和广大人民的意志不断推动社会发展、人类进步和现代化进程的政府管理行为，无论其具体过程和方式如何，都可认为这种管理行为的作用是积极的、进步的，因而就是良善的、文明的。也就是说，判断政府管理行为是否具有积极进步和良善的意义，其一是看政府管理行为是否符合客观规律，其二更关键的是看政府管理行为是否代表了社会中绝大多数人的利益并真正亲民、爱民、为人民服务，其三还要综合考察政府管理行为的理性化程度如何、是否具有优良的政治价值取向和完善的政治行为准则、是否纳入法律化和制度化的轨道、其效能是否与预期的效果和宗旨相统一，等等。这些综合性指标便成为衡量政府管理行为的良善性乃至整个政府管理文明性质和水平的不可缺少的要素。可见，政府管理行为的良善性理应是政府管理文明的重要内容。从某种意义上讲，政府管理文明更多地表现为政府管理行为的良善性，正是通过政府管理行为的良善性，使得政府管理文明得到直观的综合体现。

5. 政府管理关系的和谐性。政府管理关系的和谐性是指政府管理主体之间以及政府主体和管理对象之间的相互关系符合客观规律和以人为本要求的和谐发展状态及其进步属性。在实际社会生活中，政府管理活动过程的基本内容就是承担政府管理职责的各种管理主体与管理对象之间，围绕着实现、获取和维护特定利益而形成的彼此之间的复杂关系。从这个意义上来说，政府管理关系实际上集中地反映着利益关系。能否有效地理顺、妥善处理好各种政府管理关系而达成和谐状态，不仅关系到政府管理主体的合理定位和潜能的发挥，而且关系到各自利益的满足程度和政局的稳定。各种政府管理主体在管理活动中，如果出现缺位、越位、错位或职责不清的状况，势必导致政府管理关系混乱或颠倒，不仅会直接影响到政府管理绩效，而且会激化社会矛盾，影响政局稳定。如果能够按照政府管理规律的要求，对各种管理关系作出较为合理地安排和妥善予以协调，便会形成既调动各管理主体的积极性、主动性、尽职尽责，又安定有序、和谐发展的局面。同时，政府管理关系还全面地反映着其他社会关系。社会关系的多元性和复杂性，决定了政府管理关系的复杂性。社会生活中的各种关系，甚至在特定的条件下超越具体问题之上的带普通性和实质性的矛盾，都有可能在政府管理活动过程中表现出来。特别是在阶级社会中，阶级矛盾和阶级斗争的状况，直接决定着政府管理状态。从阶级社会的历史来看，调整政府管理关系的方法和手段有多种形式，无论是以暴力强制为后盾的行政、法律手段，还是通过意识形态引导以及道德教化，或者是通过政府组织的设置或调整、政府机构的变化、政府功能的转换，都能在一定程度上协调政府管理关系。当然，这些方法和手段能否达到预期目的，不仅在于这些方法是否有效，而且主要在于这些手段和方法在多大程度上反映生产力发展的要求，并在多大程度上代表最广大社会成员的根本利益。

因此，一个社会、一个国家、一个民族的政府管理是否文明以及文明的程度如何，更多地要看这个社会、这个国家或这个民族的政府管理关系是否和谐，管理主体与管理对象之间有无根本利害冲突，矛盾与冲突的调解的自觉程度如何，政府协调各种管理关系的手段和方法是否科学、理性和有效，调和矛盾、化解冲突、消解张力的机制和体制是否健全和完善及其运行成本是否低廉，等等。从这个意义上来说，政府管理关系的和谐性是政府管理文明的综合体现和直观标志。

（二）政府管理文明标志性结构要素之间的内在关联

如前所述，政府管理文明的基本标志主要表现为政府管理主体的先进性、政府管理理念的科学性、政府管理规范的合理性、政府管理行为的良善性、政府管理关系的和谐性等基本要素。但同时也应当看到，这种区分只具有相对的意义。在实际的社会生活当中，这几方面要素围绕着以人为本这一核心形成了既相互渗透、相互交织、紧密联结，又相互印证、相互支撑、相互促进的统一而不可分割的关系。

1. 各要素均以各自的前进式发展形态从不同的侧面综合地表现和促进政府管理文明的发展。政府管理文明是政府管理规律和以人为本要求的综合反映形态，是政府管理活动与过程的全面进步状态，必然要通过政府管理过程的方方面面表现出来。政府管理主体是政府管理过程的直接主导和支配力量，是探索、把握和利用政府管理规律和实现以人为本要求的最主要能动力量，其先进性的本质内容及其实现程度，从根本方面体现着政府管理文明的实体状态和发展形态，直接决定和标志着政府管理文明的性质、状态和发展方向；政府管理理念是政府管理过程的精神支撑力量和价值导向系统，是政府管理规律和人本价值的主观反映形态，其科学性的内容和体现程度从主观的层面构设和展现政府管理文明的整体面貌，并制约和影响着政府管理文明的建设过程；政府管理规范是政府管理过程的客观约束力量和价值定位系统，是对政府管理规律和以人为本要求的确认和固定化形态，其合理性的内容和落实程度从客观层面展示着政府管理文明的基本架构和整体要求，规定着政府管理文明建设与发展的模式和途径；政府管理行为是政府管理过程的实现形式，是政府管理规律和以人为本要求的实际探索和运用过程，其良善性程度从动态层面具体地展现政府管理文明的实现过程和累进轨迹，并以生动的实践形式推动政府管理文明的创新和发展；政府管理关系是政府管理过程内在的本质的必然联系的全方位展现，是政府管理规律和以人为本要求的渊源与再现形态，其和谐性的状态和实现程度从实质的意义上体现着政府管理文明的基本内容和整体框架，表示政府管理文明的现实状态。可见，政府管理主体的先进性、政府管理理念的科学性、政府管理规范的合理性、政府管理行为的良善性、政府管理关系的和谐性等要素均为政府管理文明结构中统一而不可分割的基本方面，无论缺少其中的哪一个要素，政府管理文明都将是不完整或不尽完善完美的。

2. 各要素相互作用共同合力营造政府管理文明。政府管理文明内涵的各个标志性要素，在政府管理文明整体结构中分别占据着不同的地位，发挥着彼此相关而又不可替代的功能和作用。政府管理主体的先进性引领着政府管理文明的发展进程和方向，是政府管理文明体系中最积极、最活跃的因素，是造就政府管理文明的决定性力量，在政府管理文明整体结构中居于主导地位和统领层次。这是因为政府管理主体是政府管理规律的直接探索者和运营者，是政府管理理念的积极倡导者和践行者，是政府管理规范的确认者和捍卫者，是政府管理行为的起动者和精心实施者，是政府管理关系的培育者和协调者，如果没有政府管理主体的先进性，政府管理文明的其他方面就会遭到破坏，甚至无法确立、传承和向前发展。

政府管理理念的科学性是政府管理文明体系的主观理想方面和

预期性前瞻性观念形态，它依托于社会主流意识形态而存在，是政府管理文明体系的隐性结构或“软件系统”，它作为政府内系统的行政文化主导力量，在政府管理文明整体结构中属于最深层次依托的软实力，其功能在于：为政府管理主体的先进性、合理性与合法性进行论证，为政府管理规范的合理性进行设计和界定，为政府管理行为的良善性引导方向，为政府管理关系的和谐性进行梳理和阐释，从而造就政府管理文明体系运转的主观基础和环境。如果没有政府管理理念的科学性，整个政府管理文明体系就会丧失“灵魂”和统一行动目标而陷于盲目，极易导致政府管理这一特殊行业之风陷于“散”、“滥”乃至“蛮”、“乱”状态。

政府管理规范的合理性是政府管理文明体系的定格化，全面地约定政府管理文明的性质、特征、存在样态和发展模式，是政府管理文明的限定结构和组织强制性的“硬件系统”，在政府管理文明整体结构中居于支撑和保障地位，其功能在于：确认和安排政府管理主体的地位、权力、职责及其相互关系，认定和表达政府管理理念，约束和控制政府管理行为，构筑和维系政府管理关系格局，确保政府管理文明体系建设和发展的秩序状态。如果没有政府管理规范的合理性，整个政府管理文明体系就会陷入混乱无序状态。

政府管理行为的良善性是政府管理文明在实际管理活动领域里的动态表现，是实践着的政府管理文明，全面地展示政府管理文明的实现状态与进程，在政府管理文明的整体结构中，政府管理行为的良善性既是其他结构要素作用的结果，又是其他结构要素不断变化和进步的动力。即：一方面，政府管理行为的良善性由政府管理主体先进性水平所决定、由政府管理理念的科学性所引导、受政府管理规范的合理性的制约、受政府管理关系和谐性的影响，是这几种因素综合作用的结果；另一方面，现实政府管理文明又是政府管理行为所创造的，政府管理行为可以造就或改变政府管理文明的其他结构要素，推动它们不断向前发展从而进入更高的文明状态。如果没有政府行为的良善性，整个政府管理文明体系就不会形成也不会发展。

政府管理关系的和谐性是政府管理文明的实体形态，综合地展现政府管理文明体系的结构样态和整体面貌，是政府管理文明的显性结构和互动系统，在政府管理文明整体结构中处于基础地位。政府管理关系的和谐性进一步明确了政府管理主体先进性的价值定位，印证了政府管理理念科学性的实际意义，它既是确立政府管理规范合理性的依据，又是政府管理规范合理性作用的结果，同时它也制约和影响着政府管理行为进步性的实现方式与途径。没有政府管理关系的和谐性，整个政府管理文明体系就会失去其现实基础。

第三章 构建和谐社会进程中政府管理文明环境分析

在构建社会主义和谐社会进程中加强政府管理文明建设，不仅仅需要政府主体的自觉行为和积极努力，更需要与客观环境保持和谐互动关系。事实表明，一切政府管理活动过程都会受到种种环境因素的影响和制约。一方面，政府管理环境是政府管理文明建设赖以发生和发展的条件和根据，对政府管理文明建设具有直接或间接的影响力和推动力；另一方面，政府管理文明建设过程对政府管理环境具有积极的能动作用，它将根据自身建设实践来影响环境、治理环境、改造环境、完善环境。这两方面及其内在的各种因素的交互作用，特别是其中的进步力量和文明成果，在客观上构成了决定和制约政府管理文明建设成效的动力系统。正确认识中国政府管理文明建设的环境动力系统，把握诸动力要素及其相互关系，是中国政府管理文明建设和发展的前提基础和客观根据，更是构建社会主义和谐社会的基本内容和基本与要求。

一、政府管理文明建设环境因素一般分析

政府管理文明建设环境一般是指政府管理主体从事政府管理实践所面对的各种现象和条件的总和，是为政府管理主体提供生存和发展空间并直接或间接影响政府管理主体活动的各种自然因素和社会因素的通称。根据各种因素与政府管理主体联系的程度和方式的

不同，政府管理文明建设环境系统结构可相对地划分为政府管理系统内环境（包括政府管理资源、政府管理模式、政府管理局势等）和政府管理系统外环境（包括自然环境、社会环境和国际环境等）。[①] 而在这一环境系统中，对政府管理文明建设具有巨大影响力和推动力的因素，一般地说主要有自然生态环境因素、社会经济环境因素、社会政治环境因素、社会文化环境因素、国际社会环境因素等，这些基本环境因素构成了政府管理文明建设动力系统的结构框架，综合地作用于政府管理文明建设的全过程，决定着政府管理文明建设的内容性质和前进方向。

（一）自然生态环境因素

自然生态环境是指制约和影响政府管理活动的各种自然生态因素的总和，包括领土面积、天然资源、地势、地形、气候、海洋、海岸、港湾以及人口因素等。各种自然生态要素间相互联系、相互制约、相互渗透、共同构成人类生存空间，是政府开展管理活动的前提和条件。其中，对政府管理文明建设产生作用和影响的因素主要有：

1. 地理条件。一般包括领土、地形、气候、资源等，在自然生态环境诸因素中最具稳定性，在短期内不会产生根本性变化。而这些条件对政府管理活动，尤其对政府经济管理目标的确定和实现有着深远的影响，进而影响政府管理文明的实现范围与程度。例如，就整体而言，我国自然地理呈现出东低西高、东南临海、西北内陆的基本特点，根据这种阶梯性的地理特点，我国政府采取了东南沿海先行开放搞活、继而实施西部大开发等阶段性、梯次性的发展战略，是完全符合实际的。就局部而论，我国不同地区的自然地理条

① 参见张顺：《试论政治环境的内涵与意义》，《长白学刊》2001年第4期，第19页。

件差异很大，需要因地制宜地作出各具特色的发展方针。如西藏自然条件的特点是幅员辽阔，占全国总面积的1/8，但耕地仅有338万亩，占西藏总面积的0.8%，而天然草场则近13亿亩，占西藏总面积66%。根据这一自然生态环境特点，1984年中共中央书记处在北京召开的第二次西藏工作座谈会上确定了“以牧为主，牧农林结合，因地制宜，多种经营，发展商品生产”的经济目标和方针，这是完全符合管理文明要求的。虽然在当今社会，随着科学技术的飞速发展，人们可以在更大程度上认识自然、改造自然，但这种改变是局部，甚至是微不足道的。在政府管理环境因素中，地理状况所具有的这种稳定性，要求政府管理活动既要因地制宜地适应环境、利用环境、改造环境，又要妥善保护自然生态环境，这种客观要求赋予了政府管理活动以建设生态文明的内涵。

2. 人口资源及分布状况。人口资源及其分布状况也直接影响政府管理活动的内容与方式。例如我国人口基数大，控制人口数量、提高人口资源质量就成为政府管理的一项重要内容。而在人口密集地区，政府管理工作除了要注意控制人口数量、并有效开发和利用人力资源以外，还要注意解决好由于人口集中、密度高而带来的一系列社会问题，诸如年龄结构、老龄问题、住房问题、治安问题、犯罪问题等。可见，人口资源及其分布状况要求政府应采取切实有效措施搞好人口管理和人力资源开发工作，进而推动政府管理文明朝着人本化的方向前进。

3. 人造生态系统。既人类按照自身的需求，通过利用和改造自然生态系统而建立起来的新的生态系统，诸如营林、改土、治水、治沙、自然保护区建设以及城市与乡村建设等带来的生态环境人工再造。人造生态系统中许多因素对政府管理活动有着深刻而巨大的影响。例如我国的“三农”问题以及一些大、中型城市存在的人口、住房、生态平衡等问题，都影响和制约着政府管理活动的方式、职能、绩效和目标，进而推动政府管理活动朝着和谐文明的方向发展。

（二）社会经济环境因素

社会经济环境主要是指政府管理活动所面临的物质技术的发展水平和经济制度两方面。具体讲包括生产力发展水平、生产关系性质及经济体制、经济结构和经济形式等。经济环境是构成政府管理环境中最基本、最重要的因素，它决定着政府管理文明建设的基本性质、内容、目标和方向。

1. 经济制度状况决定着政府管理文明的性质。经济是政治的基础，政治是经济的集中表现。一个国家的政府管理文明总是与一定的经济制度相联系，反映占统治地位的生产资料所有制关系。正如恩格斯指出："国家，政治制度是从属的东西，而市民社会、经济关系的领域是决定性的因素"，"国家的愿望总的说来是由市民社会不断变化的需要，是由某个阶级的优势地位，归根到底，是由生产关系和交换关系的发展决定的"。[①] 这也就表明作为国家机构的政府及其管理文明的性质、方向以及存在和发展的原因，只能从经济事实中才能最终得到说明和解释。中国以生产资料公有制为主体的社会主义市场经济制度，在根本上决定了中国特色社会主义政府管理文明建设的性质和方向。

2. 经济结构状况决定着政府管理主体的结构与功能。任何国家的政府管理机构和职能部门的设置，都是与该国的生产力布局、国民经济的结构状况相适应的，如中东某些石油资源丰富的国家，由于石油的开采、加工、提炼和对外贸易，成为国民经济中最重要的部门，因此，在这些国家中政府对石油资源及其相关事物进行管理时，相关机构的设置以及运行职能在政府管理系统内占据着极其重要的地位。中国政府管理文明主体间的结构关系及其功能配置必须与中国社会经济结构状况相适应。

① 《马克思恩格斯选集》第 4 卷，人民出版社 1972 年版，第 247 页。

3. 物质技术和生产力发展水平决定着政府管理文明成果的国际地位。科学技术和生产力发展总体水平和状况是国家综合国力的基础和集中的表现，一个国家的政府在国际体系中的地位与作用最主要的取决于科技和经济实力。一个国家的政府只有掌握先进的科学技术和拥有雄厚的经济实力，才能造就先进的和高水平的政府管理文明，才有可能在国际社会中发挥较大的控制力和影响力。

4. 经济状况决定政府管理文明成果的发展态势。经济结构是否合理配置、经济发展水平的高低、经济发展速度的快慢以及经济发展战略的成败，往往直接反映着政府的管理绩效和管理文明水平，因而也直接关系到政府的稳定和政府管理文明的发展状态。

总的看来，经济环境对政府管理文明建设的制约和影响是深刻而全面的，经济环境的改善与进步以及造就物质文明成果的需要，是推动政府管理文明建设的根本动力。但也必须看到政府管理文明建设也对经济产生巨大的反作用。任何形式的政府管理文明建设过程都要适应一定的经济关系，同时又不断地改变经济关系，使之朝着有利于政府管理文明的方向演化。由于政府是确定经济发展目标、进行经济改革和实行经济管理的主体，因而它要代表统治阶级的经济利益和意志，确立经济发展的阶段目标与总目标，并运用计划、组织、指挥、调节和监督等管理职能对经济进行全面性的统一管理。因此，政府管理文明的实现程度也直接关系到物质文明的实现程度。

（三）社会政治环境因素

政府管理文明建设的政治环境包括政治制度和法律制度，主要指那些直接作用于政府管理文明的政治条件。包括占统治地位的阶级及政党的状况、国体、政体、国内政治气候、法律性质与状况、国家人事制度等。其中，对政府管理文明建设具有关键性作用的因素主要有政治资源、政治模式和政治局势等。[①]

1. 政治资源状况。政治资源即政府管理资源，是指存在于社会政治体系中的一切可以为政府管理主体所享有和利用的物资、设施和力量的总和。其类型主要可以分为输入性资源和输出性资源，输入性资源是指政府管理主体从其外部环境中获得或提取的资源，包括社会支持力、公众参与水平、人口受教育程度和知识水平、人力资源的质量和数量以及政府的财政收入等。这些由社会系统主动输入或政府强制输入的资源，构成了政府管理文明存续和发展的前提和基础，也是政府管理文明获得合法性与合理性的源泉。所谓产出性资源是指直接由政府管理系统的特殊劳动方式而生产出来的政治产品，包括法律、公共政策、体制、机构设施等。政治资源状况是政府管理主体赖以生存和发展的基本条件，是政府管理文明建设的质量与能量的源泉。

2. 政治模式。政治模式是指具有一定典型性和普遍性的政治结构形式及其持续方式，是政府管理模式的直接决定力量。在实际社会政治生活和政治实践中，政治模式最集中地凝结为或表现为政治体制和政治制度，进而规定了政府管理体制和制度以及政府管理关系的基本格局。政府管理体制必定是在一定政治模式所要求的框架内形成的联结和协调政府管理系统各构成要素之间的相互关系机制以及它们在政治生活中的具体运行方式、管理方法的总和，它所体现的主要是特定政治模式所限定的政府管理关系、政府管理秩序和政府管理规则。而这些关系、秩序和规则经过经常性的重复和发挥功能，就会成为一种稳定的带有一般性和方向性的约束力量，这就是政府管理制度。政府管理体制和政府管理制度在根本上是与政治模式相统一的，政治模式规定着政府管理制度和政府管理体制的属性、功能和方向，政府管理制度和政府管理体制贯彻和实现政治模式的内容和指向。

---

① 参见姜安、张顺等：《政治学概论》，高等教育出版社2001年版，第70页。

3. 政治局势。政治局势是指社会政治生活的持续状态和政治关系的发展态势，其基本类型可相对地区分为稳定的政治局势和不稳定的政治局势。政治局势是政府管理主体存在和发展所面临的基本政治形势，其稳定与否直接决定政府管理文明建设的战略策略取向和方式方法选择。

（四）社会文化环境因素

政府管理文明建设的文化环境包括思想道德和科学文化两个方面的内容。主要指社会中占主导地位的伦理道德、社会风尚、公民的理想价值观念、民众的科学文化素质及社会的科学技术、文化教育发展状况等。文化环境作为政府管理文明的“软环境”，以不同的方式、通过不同的渠道作用于政府管理系统，给予政府管理系统和公务员以潜移默化的影响和作用，从而引导着政府创新和政府管理文明建设与发展的方向。

1. 特定社会文化因素制导着政府管理体制与管理行为创新和发展道路。如西方国家近代以来形成的“社会契约”、“天赋人权”、“民主”、“法治”、“公意至上”、“权力制约”、“司法独立与公正”等政治法律思想意识和政治文化价值观念，直接孕育和推动了西方政府管理形式的建立和发展。而中国确立了马克思主义在意识形态中的主导地位，着力建设有中国特色的社会主义文化，这就规定了中国政府坚定不移地建设有中国特色社会主义政府管理文明的大方向。

2. 社会文化变迁往往是政府管理文明变迁的先导。每一场伟大的社会政治变革以及与之相伴随的政府更迭，往往以文化的变革为先导。先进文化的传播所创造的文化氛围，为先进的阶级夺取政权和建立新政府准备了思想武器和舆论基础。近代以来的中国革命历史表明：正是由于“五四”新文化运动以及陈独秀、李大钊、毛泽东为代表的一大批先进知识分子宣传和传播马克思列宁主义，才为中国共产党的创立奠定了思想和理论基础，也正是由于中国共产党带领劳动人民群众推翻了“三座大山”，才建立了人民民主专政的新型政府管理文明系统。

3. 社会政治文化状况直接影响或推动政府管理文明发展进程。政治文化代表着人们特定的政治心理倾向和政治价值取向，孕育人们的政治行为模式。政府创新以及政府管理文明建设是以政府管理主体的地位稳定和富有权威为前提的，而社会政治文化状况对于政府管理主体的地位和权威的认可度和信任度，具有直接而重大的影响力。特别是在“政府失灵”和政府系统不能提供足够的公共产品和优质的公共服务的情况下，往往会导致人们对政府的信任危机，由此也就会导致严重的社会动荡和政府不稳定状态。可见，社会政治文化对于政府创新和政府管理文明建设既有牵引力，又有压力，是不可忽视的动力因素。因此，政府如要造就政通人和、国泰民安的文明发展局面，积极培育和正确调适人们的政治文化观念是重要条件之一。

（五）国际社会环境因素

国际社会环境是指一个国家与世界各国、各地区之间政治、经济、文化、外交、自然地理等方面的关系以及其他国家的相互关系。诸如国际格局、国际关系、国际形势、国际组织、国际压力等。国际社会环境要素的复杂性和多变性是其他政府管理环境要素所无法比拟的，因为在国际舞台上活动着的众多角色所追求的政治价值、经济利益、军事目标、宗教信仰、文化观念、意识形态等方面表现出强烈的差异和对立，在交往和解决问题的方式和手段上变幻莫测，而每个环境要素之间以及某一个环境要素内部之间的关系也错综复杂。国际社会环境与政府管理文明建设的相互影响与动力作用是多方面的，主要表现在以下三个方面：

1. 国际关系格局对政府管理文明的价值取向和实际进程具有重大影响。所谓国际关系格局是指由国际社会各种主要行为主体（国家或国家集团）相互联系、相互作用而形成的一种相对稳定的国际关系总体框架，是反映国际社会整体与部分关系的世界大势。国际关系格局构成了一个国家政府管理文明建设、传播和发展的国际空间和范围，为一个国家确立政府管理文明的价值定位和制定正确的战略与策略提供了基本依据。国际关系格局演变的态势与趋向，极大地影响甚至决定一个国家政府管理文明建设的进程和走向。

2. 重大国际事件会促使一个国家政府管理主体结构发生变化。如战争的爆发、国际范围的经济危机等，往往会使政府行政组织及其职能发生重大变化。随着科学技术的发展，国际交往的增加，在国际社会中出现了许多各国共同遇到的问题，如生态环境保护、关税保护、邮政通讯、外层空间的开发利用，禁止或打击贩卖人口、贩毒、恐怖主义、救济国际难民等方面。为解决这些问题，各国政府一般都要设立相应的机构、强化政府职能并通过加强国际间政府的有效合作来管理和解决这些事务，从而推动管理文明建设朝着国际化的方向发展。

3. 政府管理文明状况对国际社会环境也具有重大的制约力和影响力。如世界上的各国政府，尤其是大国政府选择战争或和平的国际战略，必将对国际形势和世界格局产生重大而深远的影响，政府管理系统出于内部、外部的确定或不确定性因素所引发的政治危机或政治不稳定，也势必对国际形势和区域形势产生深刻的影响，一个国家政府管理文明建设成果，对于其他国家而言也会产生示范或启示作用，进而带动国际社会管理文明建设进程。

二、政府管理文明建设环境动力场作用机理

政府管理文明建设环境因素对于政府管理文明建设有着非常复杂的作用与影响，或单独发生，或交织互动，或起正向推动作用，或起反向阻碍作用，其中，对于政府管理文明建设发挥促进和推动

作用的各种力量的集合，便形成为政府管理文明建设的动力场。如上所述，政府管理文明建设所面临的最为基本、最为重要的环境因素有：自然生态环境因素、社会经济环境因素、社会政治环境因素、社会文化环境因素、国际社会环境因素等。这些环境因素，一方面根据自身的进步和发展而不断造就生态文明、物质文明、政治文明、精神文明、全球文明等成果，另一方面又因相互联结、相互交织、综合作功而造就和谐文明成果，从而共同作用于并全面推动政府管理文明建设过程，实际上形成了政府管理文明建设动力场。

所谓政府管理文明建设动力场的作用机理也就是指政府管理文明动力场内在的各种动力因素之间的相互联结和相互作用的机制、属性与逻辑。对政府管理文明的性质、方向、目标、职能及活动过程等均产生着重要的甚至是决定性的作用和影响，形成了推动政府管理文明建设的基本力量。

（一）政府管理文明环境动力场作用机理形成的根据

政府管理文明作为人类社会文明体系中的一个组成部分，在根本上来说，属于社会上层建筑范畴，其建设和发展离不开社会整体运动，因此，政府管理文明动力场的整体运作及其作用机理，必然根源于人类社会的基本矛盾运动。

根据历史唯物主义的基本观点，人类从自然中分化出来便开始了与自然相互为用的历史，人类社会的存在和发展始终离不开相应的自然基础条件，因而它也就是一个向自然开放的有机系统。人类社会必须不断地从自然界获得持续增长的物质、能量、信息和资源，以维持自身的存在和发展。但自然资源在其现存的形式上，大多是不合乎社会发展需要的。这样，人类社会的持续增长着的需要与自然界所能够提供的有限资源之间就形成了一个永恒的矛盾。为了克服这一矛盾，便需要人类自身采取种种手段去改变自然界物质、能量以及资源的现存形式。人的这种改变自然的力量就是社会的生产力。人又必须组织在一定的生产关系中才能进行生产，即一定的生产力形式要求有与之相适应的生产关系，这就构成了人类社会内部生产力和生产关系的矛盾。同时，由一定的社会生产关系的总和构成的社会经济基础，又要求有与之相适应的上层建筑，这又构成了社会经济基础与上层建筑的矛盾。生产力与生产关系的矛盾、经济基础与上层建筑的矛盾，是社会系统内的基本矛盾。这两对矛盾都是根基于社会与自然的矛盾之上的，这两对矛盾的解决紧密的相互关联，并共同构成解决全部社会矛盾的基础，同样也是政府管理文明动力场运作的基础。

人类社会系统克服自身矛盾的过程，也就是社会系统对其组成部分的整合过程。人类社会系统的各个组成部分必须相互协调才能作为整体而运行。社会矛盾尤其是对抗性矛盾的存在，是倾向于分解或破坏社会系统整体性的。为此，就必须以统一的规范，即法律化制度化了的一整套不同层次的社会生活规范来加以约束和调节。社会统一的法律化制度化规范是为克服特定的社会矛盾而建立的，因而大多也就只是适合于特定的社会历史阶段。这也就是说，在特定的社会法律制度不再适合于克服社会矛盾、保证社会系统的良性运行时，必须根据变化了的客观物质条件，而重新构建适应社会系统生存和发展需要的新的社会法律制度。这种作为支撑和维系社会系统基本结构的社会法律制度的变更，构成了社会系统以及人类社会文明演化发展历史的基本标志，同样也是政府管理文明动力场变化的标志。

人类社会系统演化发展的最终动力在于社会生产力的发展。社会生产力发展水平标志着人类社会与自然界矛盾的克服程度，亦即人类社会向自然界开放的程度。由于人类与自然的矛盾是人类社会内部矛盾的基础，因而作为人类与自然矛盾之解决手段的社会生产力，也就对整个社会系统的演进发展具有决定性作用。社会系统内部各种矛盾的状况及其克服，都决定于社会生产力的发展状况。社会生产力的状况在最为基础的水平上，限定着整个社会系统存在的可能状况和发展的可能前景。社会生产力状况发生了变化，必然使全部社会关系和相关法律制度相继地发生变化，这就使得社会系统的运动、变化和发展表现出一种整体性特征，政府管理文明动力场也不过是这一整体中的一个组成部分，其发挥作用的机理也必然而且必须以社会系统的整体矛盾运动为根据。

（二）政府管理文明环境动力场作用机理的基本内容

从政府管理文明动力场内部各种动力因素的相互关系的角度来看，政府管理文明动力场的作用机理，主要包括如下几个方面内容。

1. 政府管理文明动力场内的源动机理。所谓政府管理文明动力场的源动机理是指政府管理文明动力场的整体运作是由某种动力源启动或支配、并围绕着这个动力源而展开的属性。政府管理文明动力场虽然是由多种动力因素构成的，但这些动力因素的地位并不是完全平列的，作用也不是绝对均衡的，其中，必有一种动力因素占据着源发性和基础性的地位，发挥着根本性和决定性的作用，这种占据着源发性和基础性的地位、发挥着根本性和决定性的作用的动力因素，就是政府管理文明动力场的动力源。那么，政府管理文明动力场的动力源究竟是什么呢？应当看到，在人类社会发展的特定历史时期和特定历史条件之下，政府管理文明动力场内的每一种动力因素都可能会成为动力源，但从人类社会发展的历史长河来看，政府管理文明动力场中的最基本动力源始终存在于社会经济环境动力因素之中。

历史唯物主义认为，经济因素在社会发展中具有决定性作用，主要表现为生产方式的决定作用，表现为社会基本矛盾的决定作用，最终表现为生产力的决定作用。其动力作用机制表现为：生产力根源于人们维持生存的需要和对物质利益的追求，它总是要向前发展的，由此必然导致生产关系的改变、经济基础的变更，并从而或快或慢地引起上层建筑的更替。出于生产力和生产关系之间，经济基础和上层建筑之间的交互作用和矛盾运动，引起整个社会的经济生活、政治生活和精神文化生活的不断变化，社会从而向前发展。这清楚地表明了经济因素的对于整个社会发展的根源性和最终性，同样也表明了经济因素对于政府管理文明建设的源动性和根本性。也就是说，政府管理文明建设的最终根源和最终动力只能从经济因素中去寻找，而不能从精神因素中去寻找。但这并不是说经济因素对其他因素的决定作用都是非常直接的，实际上，经济因素对许多因素的影响是间接的，因此并非任何变化都是由经济原因直接引起的。坚持这一点也就坚持了唯物主义的基本立场。

当然，经济因素在政府管理文明建设中的动力源作用是从总体上、总过程和总趋势上来说的。如果不是从总体上考察，那么便会发现，政府管理文明动力场中的其他动力因素，如自然生态因素、社会政治因素、社会文化因素以及国际社会环境因素等，在一定范围内和一定条件下都可能会起主导性或决定性作用。这就要求我们分析新世纪中国政府管理文明建设动力场时，在高度重视经济因素的最终决定作用的同时，也不能忽视其他因素的作用。

2. 政府管理文明动力场内的互动机理。所谓政府管理文明动力场内互动机理就是指政府管理文明动力场内的各种动力因素之间相互制约、相互作用、相互推动、相互促进的关系和属性。政府管理文明动力场内的各种动力因素的作用和影响，都不是单方面或单向度的，从具体层面看，其中的每两个动力因素之间有着双向的作用与反作用的关系；从总体层面看，每一种动力因素与其他各种动力因素之间都存在着多边多向的作用与反作用的关系。这些动力因素之间的交互作用，交织起了政府管理文明建设动力场网络。在这一网络中，单就政府管理文明与其动力场的综合互动关系而言，主要应把握如下两个方面：

一方面，政府管理文明动力场决定着政府管理文明建设内容和方向。政府管理文明动力场作为一种客观存在，对政府管理文明建设的全过程都发挥着巨大作用力和影响力。它直接构成政府管理文明建设和发展的空间与前提条件，提供了政府管理文明建设和发展的动力资源和合理性根据，对于政府管理主体的先进性、政府管理理念的科学性、政府管理规范合理性、政府管理行为的良善性以及政府管理关系的和谐性等方面，均有着全面和根本性的要求，适应和满足这些要求，始终是政府管理文明建设和发展的基本内容和根本任务。同时，政府管理文明动力场的运动、变化和发展，不断地推动着政府管理文明的运动、变化和发展，使得政府管理文明建设获得了不竭的动力支持。

另一方面，政府管理文明对其环境动力场也有巨大的能动作用。虽然环境动力场对政府管理文明建设具有巨大的影响力和决定性作用，但这并不是说政府管理文明系统就是消极、被动的。政府管理文明系统的一个重要特征即在于它的积极能动性，它对环境动力因素具有很大的调适性、指导性和影响力。这种反作用机制主要体现在：政府管理主体可以根据自身的需要对环境动力场输入的各方面动力信息资源进行加工、梳理和整合，进而调整、确定政府管理目标及目标实现的方案，从而实现政府管理系统对环境动力因素的利用和改造，最终实现政府管理文明建设目标。

可见，政府管理文明与其环境动力场的关系是十分密切的。环境动力场制约、推动政府管理文明建设；同时，政府管理文明也通过自身的积极作为，主动地适应、改造环境动力场。只有正确认识和把握好二者之间的关系，才能充分地利用环境动力、改造环境动力因素，从而提高政府管理效率，实现政府管理文明建设目标。

3. 政府管理文明动力场内的合力机理。所谓政府管理文明动力场内的合力机理就是指各种动力因素在充分发挥动力作用的基础上而聚合成同向作用力的机制和属性。政府管理文明动力场的作用既不是单因素的，也不是孤立的，而是全面综合发挥作用的。当然，各种动力因素所发挥的作用彼此之间可能是相互冲突或相互对抗而形成斥力的，也可能是相互协同、相互融合而形成合力的。而即使是合力，也会因性质的不同，要么成为政府管理文明建设的逆向阻力，要么成为政府管理文明建设的同向推动力。只有在政府管理文明动力场内各种动力因素都沿着符合社会发展客观规律的方向发挥作用的前提下，才能最终形成完全的推动政府管理文明建设的同向合力，这也是最有利于政府管理文明建设的理想状态。

相对于政府管理系统而言，推动政府管理文明建设的同向合力形成的基础，就是政府管理系统真正按规律办事，并全面重视和有效发挥对于环境动力场中所有动力因素协同并进的整合作用。从横向上说，要遵循人类社会全面进步和发展的规律，对于自然生态环境保护与建设、社会经济建设、社会政治建设、社会思想文化建设以及国际社会环境建设等都要予以重视，并努力培育和引导其中的文明因素，造就出自然生态文明、物质文明、政治文明、精神文明乃至全球文明同步和协调发展的局面，这既是政府管理文明建设最深厚的动力资源，又是政府管理文明建设的根本目的与任务。从纵向上说，要遵循人类社会历史发展的一般规律，既要重视生产力的发展，充分把握和代表先进生产力的发展要求，又要及时调整和变革生产关系，努力培育和建设与先进生产力相适应的先进生产关系；既要重视经济基础的巩固和完善，建立健全有利于先进生产力发展的经济制度和经济形式，又要重视社会上层建筑与经济基础的适应性，并充分发挥上层建筑能动的反作用。从动力的类型来说，要遵循各种动力类型相互作用的规律，既要重视政府管理文明动力场中的基本动力，即生产力和生产关系、经济基础和上层建筑的矛盾运动，也要重视政府管理文明动力场中的直接动力，如社会转型与体制改革、社会主体对社会行为的调节等，还要重视社会进步与发展的动力杠杆——科技革命，等等，即依照社会发展客观规律的要求，努力寻求各种动力类型的平衡点和结合点，在满足社会发展规律要求的基础上，形成推动政府管理文明建设的同向合力。

综上所述，政府管理文明动力场的作用机理可简要概括为：由动力源引发、各种动力因素互动、在符合客观规律的基础上形成合力的过程与属性。正确认识和把握这种作用机理，要求我们在政府管理文明建设的全过程中，既要重视分析动力源以及各个动力因素的作用，更要研究各种动力因素之间相互作用的机制、规律，从而调控和引导它们作用的方向与速率，尽可能地形成同向合力，使动力场发挥出最大的整体效果和协同功能，以便促进政府管理文明建设的良性运行和协调发展。

三、构建和谐社会进程中政府管理文明环境动力场的新特点与新要求

在构建社会主义和谐社会进程中，政府管理文明环境动力场的基本构成因素，从总体上来看，仍然是自然生态环境动力因素、社会经济环境动力因素、社会政治环境动力因素、社会文化环境动力因素、国际社会环境动力因素等，但这些动力因素的内部构成及其作用方式，却都出现了一些新变化、新情况和新特点，对中国政府管理文明建设也都提出了一些新要求。这些新特点、新要求主要表现在中国特色社会主义社会文明体系建设全面推进、社会主义市场经济体制渐趋完善、世界贸易组织运行机制全面展开、经济全球化趋势加强以及社会信息化和知识化时代的到来等方面，它们是构建社会主义和谐社会与政府管理文明建设的基本根据。

（一）中国特色社会主义社会文明体系建设全面推进

自中国共产党“十六大”确立社会主义政治文明建设目标以及十六届六中全会作出构建社会主义和谐社会战略部署以来，标志着中国特色社会主义社会文明体系建设走上了物质文明、政治文明、精神文明和社会文明全面协调发展的轨道，这为中国政府管理文明建设提供了最为强大的综合动力支持。这不仅是因为政府管理文明建设是中国特色社会主义社会文明体系建设中的应有之义，理应同

步建设和发展，而且因为中国特色社会主义社会文明体系建设成果奠定了政府管理文明建设的基础和发展方向，更是因为政府管理文明建设是中国特色社会主义社会文明体系建设的重要条件和保障。政府管理文明建设与整个中国特色社会主义社会文明体系建设是紧密联结、统一而不可分割的。随着中国特色社会主义社会文明体系建设的全面推进，政府管理文明建设必然会开创出新的局面。鉴于政府管理文明建设与中国特色社会主义社会文明体系建设的互动关系在本文其他部分中已有所论及，在此不再赘述。

（二）社会主义市场经济体制渐趋完善

社会主义市场经济体制是市场经济与社会主义制度的有机结合，是在积极有效的国家宏观调控下，市场对资源配置起基础性作用，能够实现效率与公平的经济体制。其基本特征主要表现在：一是在所有制结构上，以公有制为主体，多种所有制经济共同发展，一切符合“三个有利于”的所有制形式都可以而且应该用来为社会主义服务。二是在分配制度上，坚持按劳分配为主体，多种分配方式并存的制度。把按劳分配和按生产要素分配结合起来，坚持效率与公平有机结合的原则。三是在宏观调控上，由于公有制为主体，因而国家对市场的调控具有较雄厚的物质基础，又有牢固的政治基础和广泛的群众基础，所以能够把人民的当前利益与长远利益、局部利益和整体利益结合起来，发挥计划与市场两个手段的长处，把市场调节和宏观调控结合起来。同时，社会主义市场经济也具有一般市场经济的自主性、平等性、竞争性、开放性和法治性等共同特征。社会主义市场经济体制的本质特性，决定了新世纪中国政府管理文明建设的基本内容和发展方向。

自中国共产党十一届三中全会开始以市场为取向的改革开放以及党的十四大确定社会主义市场经济体制改革目标以来，经过长期不懈的努力，我国经济体制改革在理论和实践上取得重大进展，到

21世纪之初社会主义市场经济体制已经初步建立。及至2003年党的十六届三中全会作出《关于完善社会主义市场经济体制的若干问题的决定》，标志着我国的社会主义市场经济体制框架已经建立并正在走向完善。在这一过程中，建立社会主义市场经济体制的需要，已经不断地推进了政府管理文明建设的进程，同样，完善社会主义市场经济体制的需要，也必将会对政府管理文明建设提出新的更高的要求，这将是构建社会主义和谐社会进程中政府管理文明建设的不竭动力源泉。当然，在社会主义市场经济体制走向完善的过程中的某个具体时段或特定的条件下，对政府管理文明建设也会有一些具体的、特殊的或不同的要求，但从其全过程来看，贯彻始终的应该有如下一些基本要求。

1. 以尊重社会主义市场经济规律为基本准则。恩格斯曾经指出："一切政府，甚至最专制的政府，归根到底都只不过是本国状况所产生的经济必然性的执行者。"[①] 这表明，积极探索、遵循客观经济规律，更应是中国政府管理文明建设的应有之义和基本标志。在市场经济条件下，资源的市场调节是首要的或者说是第一位的，是优化资源配置的基础。马克思主义政治经济学认为，市场是一切经济关系的总结合部。这些关系集中表现为总供给和总需求的关系及供需双方结构关系，而供需中的诸类关系又以价格的变动反映出来，并进行自发地调节，成为一种波动中的自然制衡机制。这种"无形的手"，表现了供求规律、价值规律和竞争规律的合力，是商品经济所具有的基本调节功能。市场调节虽然是自发的，但它是自然进行的基础性的调节，任何以社会生产力为基础的社会经济如果离开市场调节，就必然脱离实际。因此，在市场经济条件下，政府管理文明建设的首要任务是必须尊重市场经济发展规律，这就要求政府要从盲目的"管制"转向理性的调控和更好地"服务"，而要调控好和服务到位，就必须按市场经济规律来决策和办事。特别是其中的按

① 《马克思恩格斯选集》第4卷，第495页。

市场经济规律进行决策的问题显得尤为重要。从目前情况看，在这方面仍有三点比较突出：一是政府职能的“越位”现象尚未得到根本解决，政府干预正常的经营活动现象仍然过多，仍管了一些自己不该管也管不好的事。二是对市场尚缺乏科学的、理性的分析，决策上的随意性较大；三是责任意识淡漠。对造成重大经济损失的行为后果，很少去追究决策者的责任。从政府管理文明的角度来分析，只有尊重市场经济发展规律，政府的计划调控等管理行为才会具有科学性、规范性，才能管好自己应该管的，切实履行其职能，承担其责任。这是完善中国社会主义市场经济体制的迫切要求，是政府管理文明建设必备的基础性条件。

2. 以宏观调控克服“市场失灵”为主要责任。市场不是万能的，在资源配置和实际运作方面有其自身无法克服的天然的缺陷，极容易导致“市场失灵”，需要政府的宏观调控和有效调节，这既是政府的基本职能，同时又是一种责任。当然，政府干预经济的范围和程度与市场发育程度有很大关系。就中国目前来说，由于社会主义市场经济体制正在走向完善，市场发育尚不够成熟，市场运作还有待规范，在这种情况下，政府可能干预的事情就相对多一些，甚至原本就应该由市场去做的事，有时也不得不由政府来暂时承担，等市场发育到一定程度后，再转交市场去承担。即使是在完善的市场经济体制下，也同样需要政府的宏观调控和积极服务，承担起克服“市场失灵”或弥补市场缺陷的责任。实践也有力证明，市场经济发展到今天，迫切需要一个强有力的决策科学的政府来引导和调控，需要一个具有强烈的责任意识的政府来引导和提供服务。

在中国社会主义市场经济走向完善的过程中，需要政府通过宏观调控手段承担起的责任是多方面的，其中主要有：首先，应健全和完善与社会主义市场经济体制相适应的法治体系，确保政府依法实施宏观调控行为。即政府要通过制定法律法规、执行法律法规来规范市场秩序、企业和中介组织的行为，引导消费者。例如，通过健全和完善市场法、反垄断法、反不正当竞争法等，创造平等竞争环境，限制和制止恶性竞争及垄断行为；通过健全和完善质量法、合同法等保护名优产品，打击假冒伪劣产品和各种非法经营，等等。其次，要努力培育和造就统一、规范的市场体系。一方面，要引导国内各地区、各经济主体加强交流与合作，要尽力避免和打破地区、部门和市场分割的局面，遏制地方保护主义的泛滥，确保全国市场的统一。另一方面，要充分利用世界贸易组织的平台和其他途径，参与和开拓世界统一市场。最后，政府要着力解决公正与效率的关系，调节分配领域中的利益悬殊问题、保障最低生活标准的问题，特别是要尽快建立社会保障体系，以及就业问题、医疗、义务教育、创造良好的人文环境、生态环境等。因为单靠市场很难使经营者顾及全局利益，特别是自然资源的保护、生态平衡、公共卫生的维护以及治安环境的维持等。为克服和弥补市场的盲目性和短期性，政府必须从整个社会发展出发，根据科学发展的要求，制定长期发展规划和年度发展计划，作为整个经济的导向。为克服"市场失灵"而对政府提出的这些要求与责任，无疑是推动政府管理文明建设的强大动力。

3. 以维护最广大人民的根本利益为出发点和归宿点。政府作为宏观调控的主体，作为人民所赋予的公共权力的主体，它是代表广大人民的共同利益和意志的。维护最广大人民的根本利益，是政府的首要道德要求。但是，我们必须清醒地看到，在社会主义市场经济体制走向完善的过程中，还存在着一些政府部门的利益取向和职能行为发生扭曲的现象，导致个人利益、部门利益与人民利益、国家整体利益之间的关系出现了紧张或矛盾状况，不仅给经济生活带来了混乱，也直接危害了国家和广大人民的利益。特别是地方保护主义以及片面强化部门利益的现象，就是近年来一直努力解决但还并未根治的突出问题。地方保护主义是市场经济体制走向完善过程中的地方政府利益取向和职能行为畸形化的表现。出于地方的眼前利益，加上某些地方官员为创造"政绩"的需要，特别是与腐败现象直接联系（权钱交易），一些地方政府不执行国家的统一的法规，不维护统一市场的秩序，却致力于保护地方上小规模经营甚至于违法经营。这种地方保护主义的盛行，是当前我国市场秩序混乱的原因，它严重破坏了市场的环境，阻碍了公平、开放、统一、竞争的市场体系的建立，已经成为一大公害。除了地方保护主义之外，还有片面追求和强化部门利益的现象。一些政府部门靠权力性垄断，谋求本行业、本部门、本集团的利益最大化，而不是人民福利的最大化。不仅造成企业和消费者负担加重、成本提高、效益下降、扭曲经济关系等严重危害，而且导致执法不严、秩序混乱、经济杠杆失灵、政府形象和公信力下降等严重后果，从根本上违背了广大人民群众的利益。着眼于最广大人民的根本利益，努力消除破坏社会主义市场经济秩序和危害最广大人民根本利益的一切不良现象，正是新世纪中国政府管理文明建设的根本目的和任务。

4. 以构筑政府信用为核心的社会信用体系为重点。市场经济是法制经济，是信用经济，是道德经济。构筑社会信用体系，包括信用制度体系，也包括与信用经济相适应的信用，成为市场经济健康运行的前提和保证。社会主义市场经济体制更是建立在稳定的信用关系基础之上的法制经济，稳定可靠的社会信用体系是社会主义市场经济体制有效运行的重要基础条件之一。但目前的情况是，与社会主义市场经济体制相适应的社会信用体系尚处于起步阶段。企业信用制度没有完全建立起来，个人信用制度刚刚出现，政府信用制度也未真正确立，使得政府、企业、个人行为方面都存在着一定程度上的信用缺损，在一定程度上发生了信用危机。由于市场经济活动主体缺乏信用理念和诚信心理保证，也就缺乏了经济活动中的“自律”，直接造成了市场秩序的混乱。因此，信用问题已日益成为阻碍国民经济市场化进程的“瓶颈”，成为依法治国和以德治国中的一个十分突出的问题。解决这一问题的关键，就是要把政府信用置于社会信用体系的核心位置大力加以建设。通过政府信用建设，使得政府及其公务员首先成为讲信用、守信用的表率，特别是表现在政府对经济活动的干预和调节方面，更应反映出政府的诚信形象。

在此基础上，通过政策引导和调控，尽快建立与社会主义市场经济体制相适应的国民信用体系。这是社会主义市场经济体制所要求的、新世纪中国政府管理文明建设的重要内容。

（三）世界贸易组织运行机制全面展开

2001年12月11日，世界贸易组织（WTO）多哈会议决定，接纳中国为该组织的第143个成员。WTO是处理成员国之间贸易关系的唯一国际机构，其核心是成员国多边谈判后所签订的世贸协议，它为国际商务活动提供了法律依据。WTO的宗旨是倡导经济活动自由化，促进国际经贸领域的分工协作，从而推动世界经济发展。加入WTO，就必须接受它的一整套规则体系的约束，这是分享国际经贸自由化所带来的巨大利益的必要代价。中国政府在“入世”谈判中早就做出了七项承诺：农产品关税将降低一半；4年内咨询科技产品实现零关税；在服务业上，中国承诺5年后，中国的物流、运输、银行等服务业要自由化。5年后，外国银行可以进入中国，并允许金融和人寿保险业外资股权达到50％；继续国有企业的改革；改革价格控制制度，逐步实现按市场调节价格，而非政府的价格；继续法律改革，承诺全国建立统一的《行政法》，加强法律的透明度；尊重知识产权法。随着中国政府“入世”承诺的完全兑现和履行，世界贸易组织的一整套规则体系及其运行机制将会在中国全面展开和发挥作用与影响，对中国政府管理活动也提出了更加严格和更高的要求，这既是对中国政府提出的又一更严峻的挑战，也是中国政府管理文明建设的重要推动力。

WTO规则及其运行机制的全面展开和发挥作用，对中国政府管理活动提出的新要求是多方面，其中，主要应有如下几点：

1. 政府管理理念的国际性。加入WTO，并不仅仅意味着中国以更加开放的姿态融入世界经济，更意味着政府应在国际性视角下审视其管理行为。随着WTO运行机制的全面展开和中国经济与世界经济的进一步融合，政府间的交融、沟通进一步加强，政府所开展的经济管理活动，包括政府的决策、计划、协调、控制等行为，都不仅仅是国家内部的事情，而是一个与WTO规则相适应、相一致和与其他国家政府相协调的过程。这就要求政府必须具有国际性眼光，树立国际性的管理理念，保证和促进经济资源在世界范围内尤其是国家与国家之间按WTO规则和市场规则的合理流动，协调纠纷，化解摩擦，实现共赢，并善于学习、借鉴他国政府管理行为所体现出的有益经验和积极成果，为本国经济的健康发展创造和谐的国际市场环境和有利条件。

2. 政府管理过程的民主性。WTO规则提供的是公开、自由、平等、民主的运行机制，这就要求政府管理过程必须具有民主性。具体而言，首先，WTO要求政府透明、开放，政府的法律、政策以及管理信息都应是公开的，不仅向国民公开、向企业公开，而且向全世界公开，这是平等竞争的基础。其次，WTO要求切实理顺政府与企业的关系，主要指国有企业和政府的关系，确保企业的经营自主权。政府应把精力集中在少数与国计民生有关的重要领域上，其他领域放开经营，不要再加以过多的限制。因为入世后，只有企业而不是政府才是唯一的经济主体，企业的经营自主权是其主体地位的真正体现。政府应将企业的自主经营的权利真正还给企业，政府管理过程的价值定位应是追求民主。通观历史，政府管理权力重心下移是历史的必然潮流和内在选择。入世后，中国的这一历史进程大大加快。民主在经济维度上表现为企业主位，政府管理过程的民主性是其经济民主性的集中体现。最后，WTO要求包括公共经济事务在内的国家公共事务应由政府和社会共同管理。在新的世纪，社会问题将越来越复杂，单靠政府不可能承担起全部治理国家的艰巨任务，需要在政府和社会组织之间建立伙伴关系来共同治理。实践表明，加入WTO以后，许多社会事务，都需要由政府、企业和介乎政府与企业之间的中间部门共同承担。例如，企业如何应对入世挑战？这既是每个企业都在考虑的问题，也是政府一直在关心的问题，同时，很多企业可在通过建立自己的组织，联合起来，制定自己的标准，利用WTO的一些规则，采取统一行动。总之，WTO规则及其运行机制全面展开之后，给我们带来的影响以及提出的一些新要求，绝非仅限于经济范围和领域，它给我们带来的更是政府管理观念、管理体制及管理行为等方面的一系列变革要求。政府管理过程的民主性就是这些要求和入世后经济民主的集中体现。

3. 政府管理行为的法治性。WTO要求的所有成员都要遵守共同游戏规则。政府管理行为的法治性是入世后特别WTO规则及其运行机制全面展开之后对政府管理行为提出的必然要求，也是政府面临的严峻挑战。不论是具体政府管理行为，还是抽象政府管理行为，不但要符合形式法治的要求，更要符合实质法治的要求；不仅要符合实体正义的内涵，更要符合程序正义的内涵。政府管理行为的法治性要求政府在立法、司法、执法、普法等诸环节上，都要加强法治建设，树立法律在社会生活中的最高权威和终裁的法治意识。政府公务人员更应率先垂范，任何对法治的破坏都是对正义的违背。政府管理行为的法治性应在开放性、全球性的视角下，面向世界，面向现代化，更多地与国际接轨，从形式法治到实质法治，这对于我们而言仍有很长的路要走，当务之急是做好如下工作：首先，政府要依法行政。在制定和确立完备的法律体系的基础上，严格依法办事，不能有随意性，其核心是保证政府管理主体在法律的范围内开展管理活动，以发挥其对于社会的良好示范作用。其次，要创造一个良好的司法公正的环境。随着国际交往增多，法律冲突会越来越多，这不仅会发生在中国的公民、企业、政府之间，而且也会发生在与外国人、外国企业和外国政府之间。同样案件，在中国法院或在外国法院，都应该得到公正的裁决。WTO规则及其运行机制专门规定了政府管理行为应当接受司法审查的内容，要求建立独立于有行政执行权的行政机构之外的、并与裁判结果没有实质性利益关系的公正的裁判机构和裁决程序，保证能够及时对有关政府管理行为进行及时审查，同时也要保证受到各种政府管理行为影响的当事人，有机会将案件最后诉至司法机构、享有请求司法审查的权利。可见，实现政府管理行为法治化，有效地控制政府管理权力、规范政府管理行为、构筑社会权利的保障机制，是WTO规则及其运行机制对政府管理文明建设提出的基本要求。

总的来说，WTO规则及其运行机制全面展开以后，中国将面临更加激烈的国际市场竞争，国际经济市场化的集中要求是政治民主化、法治化及社会多元化，对政府管理职能、管理模式、管理理念的准确定位是经济市场化生存和发展的基本需要。从政府管理理念的国际性、政府管理过程的民主性和政府管理行为的法治性的相互关系而言，政府管理理念的国际性是前提和基础，政府管理过程的民主性是核心内容与灵魂，政府管理行为的法治性是基本条件和保障，它们之间的内在统一和有机结合，无疑也是推动中国政府管理文明建设的强大动力。

（四）经济全球化趋势加强

在20世纪末期随着人类交往的深度和速度发生了质的飞跃，已经形成了一个全球化的大趋势。在21世纪，全球化趋势将进一步加强。全球化一般是指人类的活动空间日益超越民族国家主权版图的界限，在全球范围内展现出全方位的沟通、联系和互动的客观历史进程及趋势。它正以一种不以任何人的意志为转移的发展逻辑和严峻现实而受到国际社会的普遍关注。无论乐观主义者视全球化为“人类福音”也好，抑或是悲观主义者视全球化为“洪水猛兽”也罢，它深刻影响人类社会的发展却是不争的事实。它带给人类社会的远不止是对经济生活的改造，它还深深地触及到社会、政治、文化、安全、环境等各个领域。全球化使得各个民族国家的生产经济结构、金融贸易体系超越了原有的疆界，具有全球性特点，传统的边界正在变得模糊，国家的主权地位面临挑战，各国政府管理体制越来越明显地受到影响。

客观地讲，全球化是一柄双刃剑，既为各国的发展创造了有利的条件和良好的机遇，同时，也对世界各国尤其是发展中国家提出了各种挑战，无论是机遇，还是挑战，都表现为对各国的政府提出各种各样的要求。全球化的趋势越加强，对各国政府提出的要求越强烈，从而也就越需要各国政府做出快速的选择和积极的回应。在构建社会主义和谐社会进程中，全球化趋势对中国政府管理文明建设提出的要求也将是全面的，尤其是如下几个方面要求是更为值得关注的：

1. 积极参与“全球治理”机制的构建，促进世界和谐。全球化是全面的，涉及政治、经济、文化等各个领域，尤其是经济全球化，世界各国都被纳入到全球范围的大市场中开展资源配置，世界经济的整体性空前突出。因为。目前世界大部分国家都实行市场经济，所以，可以说全球化时代就是市场化时代。面对市场化的日益发展，经济全球化并不意味着政府管理作用的淡化或弱化。各国政府不仅要努力治理本国范围内的市场失灵，承担维护本国社会政治稳定的职能和“经济安全”的职责，而且还要积极参加治理世界市场失灵的“全球集体行动”，承担起维护国际经济秩序稳定和国际社会和谐发展的责任，从而形成有效的“全球治理”机制。

2. 转变与更新政府管理职能。全球化趋势的加强，一方面，要求政府管理主体必须弱化乃至让渡某些职能。随着跨国公司、市民社会与非政府性组织等角色的强化，政府的公共管理角色在相当程度上受到冲击而弱化。市场或第三部门能解决的事项或能行使的功能应尽可能交由其去处理，但在此过程中，政府管理部门又必须在充分发挥企业和第三部门的力量的前提下，加强规制和监管，防止下放的权力被滥用。另一方面，要求政府管理主体强化某些职能。目前，所有国际间的经济交往都是依靠具体国家和政府的协调和推动进行的，并且只有依靠政府的协调和推动，才能达到持续的经济繁荣与发展。政府管理机构弱化乃至让渡部分职能的目的，在于集中精力于自己做得了也做得好的事，而不是不做事。对于只能由政府管理机构来做的事务与行使的职能，必须强化。政府管理机构必须通过对这类事务的管理与职能的行使，向民众证明政府存在的合法性与合理性。同时，政府管理主体还需要增添新的职能，如承担全球性环境保护职能等。尤其是对于像中国这样市场发育不完全的发展中国家而言，更需要依靠政府来克服市场缺位，通过制度创新和制度供给来培育市场，替代一部分尚未发育的市场机制。

3．改革和创新传统政府组织结构。传统政府的官僚型组织的臃肿和僵化，使得其在全球化的剧变中反应呆滞、行动迟缓，其结构的封闭性和等级的森严性，严重压抑组织的活力和创造精神，传统政府组织结构的这种管理模式已经无法适应全球化时代的要求。为此，许多国家展开了政府创新运动，在政府管理部门内部引入私营部门的管理理论、原则、方法、技术来“重塑”政府管理机构，建立公共物品和服务买方市场或“顾客主权”的市场结构模式；扁平金字塔组织结构，减少中间层次，从组织上保证下层自主权，实现组织内部的参与管理的结构模式；以及在政府组织内部，设立临时性机构来实现政府职能的灵活的政府管理模式等多种有益的尝试。中国的政府机构改革也在积极探索适应全球化要求的有效模式。

4．建立新型政府管理模式。在全球化背景下，政府组织作为公共物品与公共服务的唯一生产者与提供者的局面被打破，私人企业、非赢利性公共机构、公民自治组织等其他类型的组织也可以、甚至更好地提供公共物品与公共服务。此外，由于地理疆域的限制，一国的政府组织并不能有效地提供跨越地理疆界的公共物品与公共服务。全球化趋势的基本特征在于，许多公共性问题已不可能仅局限在民族国家的层面，这些公共性问题必须放在全球化的视野里予以考量。新型的政府管理模式应该是能够将跨越国界的“外部性”问题，通过区域联合或某种集体行动而有效内部化的管理模式。这意味着政府组织不能再简单以一国疆界划分管理范围，而要形成一种以公共事务为中心的复合管理结构。

总之，伴随着全球化趋势在世界范围的展开与深入，各国政府都已经开始与各国国情相适应的变革，全球化是当前各国政府管理环境变迁的一个日益显著的特征，它为诸多文明的传播、碰撞、交融提供了前所未有的广阔舞台，使各国能充分利用全球化提供各种资源，为自身发展创造更有利的条件，让世界越来越紧密地成为一个命运共同体。全球化带来这大好机遇的同时，各国也正承受着全球化负效应的冲击，全球化带来了经济震荡与压力、政治压力与困惑、文化挑战与社会问题，对各国政府的地位、作用、职能、权力、自主性及政府管理行为的灵活性等提供了前所未有的挑战。抓住和利用机遇、正视挑战和化解压力的努力，都可以转化为推动中国政府管理文明建设的动力。

（五）社会信息化和知识化的时代已经到来

人类社会正在进入信息社会，人们也正在进行进入知识经济时代的变革，这成为新世纪中国政府管理文明建设面临的又一新环境动力因素。信息社会是一种以知识阶层为社会主体的、知识和信息为主要资源的、以高技术产业和服务业为支柱产业的、以人力资源和科技创新为动力的、以可持续发展为宏观特征的新社会形态。社会信息化、知识化在政府管理文明动力场中具有独特的地位与作用：首先，社会信息化、知识化是以科技创新为前提和基础的，而科学技术是第一生产力，对整个社会生产力的发展起着决定性的作用，它必然会使生产力的素质、内在结构和整体发展水平都得到极大改善和提高，从而使社会生产力转变为知识密集型的，使知识、智力在政府管理文明动力场中起着越来越重大的作用。其次，社会信息化、知识化既是人类社会精神形态的变革，又是物质形态的变革，尤其是被这种双重变革所不断开发的信息技术、知识和智力的作用正日益增强，对整个社会各基本要素都产生广泛性的渗透和直接影响，促使各基本要素发生巨大变化，推动社会的全面进步，进而对政府管理文明建设起着直接动力的作用。因此，社会信息化、知识化时代的到来，不仅实实在在地改变着社会结构形态和人们的生活习惯、工作方式以及思想观念，而且改变着政府管理文明动力场的作用方式，对政府管理文明建设提出了更为全面、更为具体的新要求。

1. 创新政府管理技术。计算机信息技术、卫星通信技术和光纤通信技术的进步，尤其是电子计算机技术与通信技术的密切结合，使人类对信息的提取、传递、存储和处理以令人难以置信的速度提高。信息社会的发展需要政府管理技术的创新，为其奠定强有力的技术支持和物质基础。通过政府管理技术创新，一方面可以减少人的手工劳动，促使政府机构和人员减缩，因而会降低政府成本；另一方面也可以带来一系列新的政府管理方式和组织方法，从而极大地提高了政府效率，并可以改善政策制定者和执行者之间的关系，增强政府管理工作的经济效益。

2. 变革政府管理理念和价值观。社会的信息化、知识化要求政府应由传统的管理理念和管理价值观向新型的管理理念和价值观转变。在信息社会中，由于信息传接的方便与快捷，各种新技术、新产品、新事务、新问题层出不穷、国际竞争日趋激烈，战略决策更为复杂。这要求政府管理活动必须注重时效性、合理性、前瞻性，追求政府管理的效率与效益，确立高效管理的理念。在信息社会，绝大多数人拥有知识和信息，公众的民主意识、权利意识增强，对社会公平更为敏感，要求的表达也更加强烈，越来越多的人希望公平公正在更大的范围内得到体现，尤其是在利益分配上，这就要求政府管理工作应把实现社会公平正义作为追求目标。在信息社会，随着组织成员受教育程度和素质的提高，人的要求也日益多样化，人的个性化特征也越来越明显，尤其是网络信息技术使组织管理更多建立在知识和能力之上，只有充分调动工作人员的积极性、创造性，才能取得更好的组织绩效。这就要求政府管理更应强调以知识和人才为中心的治理，重视发挥政府组织内部人员和专家学者的智囊作用，树立“以人为本”的管理理念。特别是随着信息社会的发展和知识普及，公众对政府提供公共服务的要求将愈来愈强烈，社会信息化、知识时代的到来为政府提供高效和优质的服务，提供了基础性平台和有利条件，这就要求政府管理应以服务为核心价值理念。可见，政府只有变革传统的管理理念，牢固树立高效、公平、以人为本以及服务等核心价值理念，才能适应社会信息化、知识化时代的要求。

3. 合理配置政府职能结构。社会信息化、知识化时代的到来，首要造就的就是知识经济形态的形成。知识经济形态以发达、成熟的市场经济形式，使知识和信息在资本运营和商品流通过程中占有越来越重要的地位。这要求政府管理活动应按照知识经济和成熟市场经济的本质要求调整其职能结构，强化对知识和信息的管理和调控职能，以加强知识产权保护为重点，引导、培育和扶持高科技产业的发展为基础。在信息技术社会，知识创新和技术发明是经济发展的推动力量，知识的传播、变化和提炼则成为经济增长的关键。这就要求政府管理机构应以推动知识创新为价值导向，以科技和教育职能为中心，对政府管理职能体系结构进行有机配置。

4. 有效调整政府组织结构。社会信息化、知识化时代的到来，使得信息和知识在全球范围内飞速传播开来，社会生活的要求也日益多元化，一方面公民要求得到高质量、多样化、快速高效的公共服务，另一方面信息技术与生产能力的发展也导致社会公共事务的极度复杂化和快速变化，从而要求政府管理应大幅度减少中间环节，扩大管理幅度，推动传统科层制组织形式向扁平网络化组织形式转变，政府机构应呈现为一种柔性化的有机组织，纵向与横向的信息沟通同时发生，减少不必要的层次环节、代之以网上的虚拟性活动，这样就会大大提高政府组织的反应能力和工作效能，进而逐渐形成与信息社会相适应的一种弹性灵活的、适应性强的、高效率的政府组织结构。

5. 创新政府管理方式。信息与互联网技术在政府管理机关的应用，将政府管理工作流程建立在信息网络通道和信息平台的基础上，大大提高了流程的重组和再造，使之发生从技术性到实质性的变革，使政府管理事务更直接、便捷、通畅和公平。同时，信息网络技术也将大大提高政府管理活动的透明度和公开性，这将推动政府管理机构的廉洁、法制和民主建设，最终为建立高效、精干的公务员队伍和提高政府管理效能创造条件，并通过改变政府管理机构的工作方式和行为取向，提高工作效率及其社会价值，最终提高政府管理能力和创新政府管理方式。

第四章　构建和谐社会与政府管理文明实践探索

马克思主义文明观告诉我们：文明是实践的事情，是人类实践活动创造的成果。构建社会主义和谐社会进程中政府管理及其改革和创新的实践，必定是创造和发展政府管理文明的基础和动力。事实上，实现社会和谐是中国共产党不懈追求的一个社会理想，新中国的建立，为这一理想的实现奠定了坚实的基础，改革开放的伟大实践，开创了建设中国特色社会主义和谐社会的新局面。自中共十一届三中全会开启中国改革开放进程以来，中国社会的经济、政治和文化生活发生了全面而深刻的巨大变革，与此同时，政府管理改革与创新的实践全面展开，使得政府的结构形态及其价值取向都发生了巨大的变化。特别是随着中国社会的政治发展路线实现了由以阶级斗争为纲到以经济建设为中心的重大转变之后，党和国家的工作重心逐步转移到经济建设上来，这标志着中国共产党和中国政府对于社会主义社会建设和发展规律的认识和探索进一步深化，进而明确了在社会主义建设时期政府管理的首要的中心的职能不再是政治职能，而是对于社会经济的管理职能，从而确立了中国政府走向管理文明的改革与创新的道路和方向，开启政府管理文明建设实践探索历程。梳理中国政府改革与创新的实践过程，总结其中的政府管理文明建设的积极成果和有益经验，是构建社会主义和谐社会进程中政府管理文明建设的逻辑起点和基本前提。

一、构建和谐社会与政府管理文明实践探索的逻辑脉络

构建社会主义和谐社会要求社会政治关系的协调统一，政府管理文明建设的实践探索必须从中国社会政治关系基本格局出发。由于中国实行的是人民民主专政的国体和人民代表大会制的政体，中国共产党居于领导地位和执政地位，各民主党派居于参政地位，这种根本政治制度和基本国情决定了中国政府管理系统的复合性结构，即既包括立法、行政和司法等所有国家机关，也包括执政党和参政党的组织机构在内。因此，伴随着中国社会转型和体制改革的进程，中国政府管理文明建设实践探索是全方位的，包含着非常丰富的内容，涉及到诊治关系和政治体制内相互关联的各个方面。不过，从其核心内容来看，主要地表现为行政管理体制改革与创新，即围绕着如何形成权责一致、分工合理、决策科学、执行顺畅、监督有力的行政管理体制而展开全方位改革与创新。其基本逻辑线索主要表现为始终适应社会主义市场经济体制和政治体制改革与发展的需要，以党政关系和政府职能定位为关键点、以政府机构改革为切入点、以干部人事管理制度改革为突破口的逐步推进策略。其具体实践历程则表现出了鲜明的中国特色：即基本上以五年为间隔，在中国共产党与民主党派协商的基础上，由中国共产党全国代表大会作出战略决策，由全国人民代表大会通过改革方案，再由各政府部门负责具体实施。从这个角度来看，中国政府管理文明建设实践探索历程，实际上是一个由中国共产党启动的、并与中国经济体制和政治体制改革相协调而逐步推进的过程。

二、走向政府管理文明的实践探索历程

中国政府管理文明建设实践探索历程实际上是一个以管理文明为取向而不断进行政府管理改革与创新的过程。这一过程的稳步推进及其阶段性深化，主要是以中国共产党“十三大”以后的历次代表大会为标志的。

（一）中共“十三大”前后的政府管理改革与创新的主要内容

在1987年之前，中国已经进行过多次以机构改革为切入点的政府改革，但政府机构改革基本上都重复了“精简——膨胀——再精简——再膨胀”的怪圈，导致整个政府改革的非良性循环，这就促使人们不断地思考机构改革乃至整个政府改革的核心问题以及与此相关的基本内容究竟是什么？

早在1984年10月，党的十二届三中全会通过了《中共中央关于经济体制改革的决定》，经济体制改革在我国全面展开，改革开放的重心也从农村转移到了城市。随着经济体制改革的不断深入，过去传统计划经济体制下所形成的政府管理体制，已经越来越不能适应经济发展的需要，成为经济发展和改革开放的阻碍因素。因此，《决定》明确指出政府管理经济的机构、职能、方式以及人员的配置等，都需要按照社会主义商品经济的要求，重新调整并设计新的改革方案，从而开始了政府改革与创新的探索。到了1987年党的“十三大”，在总结经验的基础上，以社会主义初级阶段理论为指导，抓住政府职能定位这个核心问题，对政府改革与创新作出了全面的战

略部署，其要点可概括为：[1]

1. 定位政府职能的关键是实行党政分开。“十三大”把党政分开作为政治体制改革的关键环节，明确指出党政分开即党政职能分开。党领导人民制定了宪法和法律，党应当在宪法和法律的范围内活动。党领导人民建立了国家政权、群众团体和各种经济文化组织，党应当保证国家政权组织充分发挥其职能，充分尊重而不是包办群众团体以及企事业单位的工作。党的领导是政治领导，即政治原则、政治方向、重大决策的领导和向国家政权机关推荐重要干部。党对国家事务实行政治领导的主要方式是：使党的主张经过法定程序变为国家意志，通过党组织的活动和党员的模范作用带动广大人民群众，实现党的路线、方针、政策。党和国家政权机关的性质不同，职能不同，组织形式和工作方式不同。应当改革党和国家的领导制度，划清党组织和国家政权组织的职能，理顺党组织与人民代表大会、行政机关、司法机关、群众团体、企事业单位和其他各种社会组织之间的关系，做到各司其职，并且逐步走向制度化。

为了适应党的领导方式和活动方式的转变，“十三大”对于党的组织形式和工作机构的调整，也做出了部署，要求各级党委不再设立不在政府任职但又分管政府工作的专职书记、常委。党委办事机构要少而精，与政府机构重叠对口的部门应当撤销，它们现在管理的行政事务应转由政府有关部门管理。政府各部门现有的党组各自向批准它成立的党委负责，不利于政府工作的统一和效能，要逐步撤销。党的纪律检查委员会不处理法纪和政纪案件，应当集中力量管好党纪，协助党委管好党风。由上级行政部门党组织垂直领导的企事业单位的党组织，要逐步改由所在地方党委领导。

从党政不分到党政分开，是中国共产党基于对社会主义国家党政关系的重新认识而提出的一项重大改革措施。这对于更好地实现

① 见赵紫阳：《沿着有中国特色的社会主义道路前进——在中国共产党第十三次全国代表大会上的报告》，(1987年10月25日)。

党的领导作用，提高党的领导水平，使党真正发挥驾驭矛盾、总揽全局、协调各方的作用具有重要意义，特别是对于理顺党政关系，明确界定政府职能更具有关键性的意义。

2. 定位政府职能的前提是调整政府权力结构。“十三大”分析了权力过分集中现象的弊端和解决措施，指出权力过分集中的现象，不仅表现为行政、经济、文化组织和群众团体的权力过分集中于党委领导机关，还表现为基层的权力过分集中于上级领导机关。一方面，领导机关管了许多不该管、管不好、管不了的事，陷于事务主义而不能自拔；另一方面，基层缺乏自主权，人民群众的积极性难以充分调动。克服这一弊端的有效途径是调整权力结构，进一步下放权力。总的原则是凡是适宜于下面办的事情，都应由下面决定和执行。在中央和地方的关系上，要在保证全国政令统一的前提下，逐步划清中央和地方的职责权限，做到地方的事情地方管，中央的责任是提出大政方针和进行监督。在政府同企事业单位的关系上，要按照自主经营、自主管理的原则，将经营管理权下放到企事业单位，逐步做到各单位的事情由各单位自己管，政府的责任是按照法规政策为企业服务并进行监督。在党和政府同群众组织的关系上，要充分发挥群众团体和基层群众性自治组织的作用，逐步做到群众的事情由群众自己依法去办。地方、部门和单位，都要树立全局观念，严格依照法规和政策办事。为了使企业具有充分活力，为了更好地发挥城市在发展社会主义商品经济中的作用，下放权力必须以扩大中心城市和企事业单位的权力为重点。凡是规定下放到城市和企事业的权力，各中间层次一律不得截留。这些关于调整政府权力结构的原则性措施，对于界定政府职能和改善政府管理关系，都具有重要意义。

3. 转变政府职能是改革政府工作机构的关键。“十三大”指出，为了避免重走过去“精简——膨胀——再精简——再膨胀”的老路，政府机构改革必须抓住转变职能这个关键。要按照经济体制改革和政企分开的要求，合并裁减专业管理部门和综合部门内部的专业机构，使政府对企业由直接管理为主转变到间接管理为主。要从机构配置的科学性和整体性出发，适当加强决策咨询和调节、监督、审计、信息部门，转变综合部门的工作方式，提高政府对宏观经济活动的调节控制能力。要贯彻精简、统一、效能的原则，清理整顿所有行政性公司和近几年升格的机构，撤销因人设事的机构，裁减人浮于事部门的人员。从总体上说，政府机构改革在人员问题上要解决的，主要是调整结构，提高素质。要把人员的调整和培训密切结合起来，有计划分步骤地将一部分人员调整到需要加强的国家机关以及经济、文化组织。

为了巩固机构改革的成果并使行政管理走上法制化的道路，必须加强行政立法，为行政活动提供基本的规范和程序。要完善行政机关组织法，制定行政机关编制法，用法律手段和预算手段控制机构设置和人员编制。要层层建立行政责任制，提高工作质量和工作效率。要制定行政诉讼法，加强对行政工作和行政人员的监察，追究一切行政人员的失职、渎职和其他违法违纪行为。

4. 提高政府职能的保证是改革干部人事制度。“十三大”指出政府的活力、效率、积极性的提高，离不开干部人事制度的改革。进行干部人事制度改革的主要目标，就是要改变集中统一管理的现状，建立科学的分类管理体制；改变用党政干部的单一模式管理所有人员的现状，形成各具特色的管理制度；改变缺乏民主法制的现状，实现干部人事的依法管理和公开监督。干部人事制度改革的重点，是建立国家公务员制度，即制定法律和规章，对政府中行使国家行政权力、执行国家公务的人员，依法进行科学管理。国家公务员分为政务和业务两类。政务类公务员，必须严格依照宪法和组织法进行管理，实行任期制，并接受社会的公开监督。党中央和地方各级党委，依照法定程序向人大推荐各级政务类公务员的候选人，监督管理政务类公务员中的共产党员。业务类公务员按照国家公务员法规进行管理，实行常任制。凡进入业务类公务员队伍，应当通过法定考试，公开竞争，择优录用；他们的岗位职责有明确规范，对他们的考核依法定的标准和程序进行，他们的升降奖惩应以工作实绩为主要依据；他们的培训、锻炼、工资、福利和退休的权利由法律保障。实行国家公务员制度，有利于加强和改善党对人事工作的领导，有利于造就德才兼备的政务活动家和行政管理家，有利于提高政府的工作效率和国家行政管理的稳定性。

在建立国家公务员制度的同时，还要按照党政分开、政企分开和管人与管事既紧密结合又合理制约的原则，对各类人员实行分类管理。主要有：党组织的领导人员和机关工作人员，由各级党委管理；国家权力机关、审判机关和检察机关的领导人员和工作人员，建立类似国家公务员的制度进行管理；群众团体的领导人员和工作人员、企事业单位的管理人员，原则上由所在组织或单位依照各自的章程或条例进行管理。

无论实行哪种管理制度，都要贯彻和体现注重实绩、鼓励竞争、民主监督、公开监督的原则。竞争机制引入企业管理，为优秀企业家和各种专门人才的脱颖而出创造了前所未有的条件，引起企业人事制度的一系列变化，使新的企业人事制度建立和完善起来。竞争机制还引入对其他专业人员的管理。各行各业，都要按照各种人才成长的不同规律，形成各具特色的管理方式和制度，使各种专家和事业家能够成批涌现并且迅速成长为各方面的骨干和中坚。党内党外，都要创造人员能合理流动、职业有选择余地的社会条件，破除论资排辈等压抑进取心和创造性的陈腐观念。这样，人尽其才，各展所长，大家都有奔头，增强党和国家机关以及全社会的生机和活力就有了希望。

可见，中国共产党“十三大”对中国政府改革与创新所做出的战略部署，形成了政治上的巨大推动力量，促进了政府各个方面的改革，特别是直接促成了 1988 年的政府机构改革和政府职能的转变。

1988 年政府机构改革的基本要求是：减少政府机构直接干预企业经营活动的职能，增强宏观调控职能，初步改变机构设置不合理和行政效率低下的状况。这次改革转变政府职能的核心是政企分开、下放权力，以政府职能的转变为经济体制改革创造良好条件。具体来说，这次转变职能主要有以下五个方面的内容：(1) 由微观管理转向宏观管理。要求政府退出企业的微观经营，转向对经济的宏观调控；(2) 由直接管理转向间接管理。要求政府改变过去使用单一指令性计划或者行政手段管理经济的方式，转向运用经济、法律等间接方式；(3) 由部门管理转向全行业管理。改变过去政府对经济的分部门专业管理，转向实行行业管理，制定行业性规范；(4) 由"管"字当头转向服务监督。要求政府经济管理部门从管制企业转向为企业服务并进行监督；(5) 由机关办社会转向机关后勤服务工作社会化。分离政府机构中的后勤工作，逐步实现后勤社会化、企业化。

尽管从现在看来，这一时期关于政府改革和创新特别是关于政府职能定位与转变的认识比较到位，但由于当时的经济体制基本上还是处于计划经济模式的影响下，以及后来中国改革开放受到的延滞，政府改革和政府职能的转变在很大程度上没有真正实现。尽管如此，但也不可否认这次机构改革具有里程碑的意义，因为它与以往中国政府任何一次改革的不同之处，就在于认识到了政府职能定位与转变在政府改革与创新中的核心地位。这为以后的历次政府改革和政府职能定位提供了指导思想，在认识上实现了对于中国政府全面改革与创新的质的飞跃。

（二）中共"十四大"以后的政府管理改革与创新的主要内容

随着改革开放实践和认识的进步，1992 年的中国共产党第十四次代表大会以邓小平同志建设有中国特色社会主义的理论为指导，认真总结十一届三中全会以来十四年的实践经验，提出了把建立社会主义市场经济体制作为经济体制改革的目标，并从适应建立社会主义市场经济要求的角度对政府改革与创新的主要环节进行了系统阐述和工作部署。[①]

1. 通过深化政治体制改革，加强政府管理主体的民主化和制度化建设。“十四大”指出同经济体制改革和经济发展相适应，必须按照民主化和法制化紧密结合的要求，积极推进以建设有中国特色的社会主义民主政治为目标的政治体制改革。进一步完善人民代表大会制度，加强人民代表大会及其常委会的立法和监督等职能，更好地发挥人民代表的作用。完善共产党领导的多党合作与政治协商制度，巩固和发展新时期的爱国统一战线，充分发挥人民政协在政治协商和民主监督中的作用。加速建立一套民主的科学的决策制度。加强基层民主建设，切实发挥职工代表大会、居民委员会和村民委员会的作用。强化法律监督机关和行政监察机关的职能，重视传播媒介的舆论监督，逐步完善监督机制，使各级国家机关及其工作人员置于有效的监督之下。这表明通过深化政治体制改革，既可以为政府管理的民主化、制度化创造良好的社会主义民主政治环境，又可以为政府管理主体在民主化和制度化的轨道上开展管理活动提供保证。

2. 通过加强法制建设，提高政府依法管理水平。“十四大”指出要高度重视法制建设，按照建立社会主义市场经济体制的迫切要求，加强立法工作，特别是抓紧制订与完善保障改革开放、加强宏观经济管理、规范微观经济行为的法律和法规。同时，要保证党和政府严格执行宪法和法律，加强执法监督，坚决纠正以言代法、以罚代刑等现象，保障人民法院和检察院依法独立进行审判和检察。加强政法部门自身建设，提高人员素质和执法水平。要把民主法制实践和民主法制教育结合起来，不断增强广大干部群众的民主意识和法制观念。通过加强法制建设，为政府管理工作创造良好的法治

① 见江泽民：《加快改革开放和现代化建设步伐夺取有中国特色社会主义事业的更大胜利——在中国共产党第十四次全国代表大会上的报告》（1992 年 10 月 12 日）。

环境，进而提高政府依法管理水平。

3. 加快政府职能的转变。“十四大”指出政府职能转变是上层建筑适应经济基础和促进经济发展的大问题。不在这方面取得实质性进展，改革难以深化、社会主义市场经济体制难以建立。政府职能转变的根本途径是政企分开。凡是国家法令规定属于企业行使的职权，各级政府都不要干预。下放给企业的权利，中央政府部门和地方政府都不得截留。政府的职能，主要是统筹规划，掌握政策，信息引导，组织协调，提供服务和检查监督。进一步改革计划、投资、财政、金融和一些专业部门的管理体制，同时强化审计和经济监督，健全科学的宏观管理体制与方法。合理划分中央与省、自治区、直辖市的经济管理权限，充分发挥中央和地方两个积极性。这就明确界定了政府职能的范围、转变的方向和行使方式，为深化政府管理体制改革奠定了基础。

4. 切实加强以机构改革为重点的政府管理体制改革。“十四大”指出机构改革，精兵简政，是政治体制改革的紧迫任务，也是深化经济改革、建立市场经济体制和加快现代化建设的重要条件。党政机构臃肿，层次重叠，许多单位人浮于事，效率低下，脱离群众，阻碍企业经营机制的转换，已经到了非改不可的地步。各级党委和政府必须统一认识，按照政企分开和精简、统一、效能的原则，下决心对现行行政管理体制和党政机构进行改革。综合经济部门的工作重点要转到加强宏观调控上来。撤并某些专业经济部门和职能交叉重复或业务相近的机构，大幅度裁减非常设机构。精简机关人员，严格定编定员。同时，加快人事劳动制度改革，逐步建立健全符合机关、企业和事业单位不同特点的科学的分类管理体制和有效的激励机制。这方面的改革要同机构改革、工资制度改革相结合。尽快推行国家公务员制度。通过政府管理体制和机构改革，切实做到转变职能、理顺关系、精兵简政、提高效率。

按照中国共产党“十四大”提出的要求，1993 年 3 月 7 日，中共十四届二中全会审议通过了《党政机构改革的方案》。3 月间，八届全国人大一次会议指出这次政府机构改革的指导思想是：着重搞好转变政府职能，精简内设机构和人员，加强宏观调控和监督职能，弱化微观管理职能，以适应建立社会主义市场经济的需要。改革的重点是转变政府职能，转变政府职能的根本途径是政企分开。要加强中央政府宏观调控和监督部门，强化社会管理职能部门，分步撤并专业管理部门。减少具体审批事务和对企业的直接管理，做到宏观管好，微观放开。要坚决把属于企业的权力放给企业，把应该由企业解决的问题，交由企业自己去解决。政府的管理职能，主要是统筹规划、掌握政策、信息引导、组织协调、提供服务和检查监督。在此基础上，开始了以新一轮机构改革为标志的深化政府改革的进程。

这一时期的政府改革在以往政府改革的基础上，深化了对政府职能转变的认识，大力推进了财政、税收、金融、外贸、外汇、计划、投资、价格、流通、住房和社会保障等体制改革，市场在资源配置中的基础性作用明显增强，宏观调控体系的框架初步建立。但由于当时历史条件的限制，有些方面的改革效果仍然不明显，尤其是并没有彻底解决中国政府职能转变中出现的问题。

（三）中共“十五大”之后的政府管理改革与创新的主要内容

随着中国社会主义市场经济体制的逐步建立和不断完善，对政治体制改革，尤其是对政府管理体制适应市场经济需要进行改革的要求越来越迫切。1997 年 9 月召开的中国共产党第十五次代表大会高举邓小平理论的伟大旗帜，在阐明社会主义初级阶段的基本路线和纲领的基础上，进一步明确了政府改革与创新的关键性问题。[①]

---

① 见江泽民：《高举邓小平理论伟大旗帜，把建设有中国特色社会主义事业全面推向二十一世纪——在中国共产党第十五次全国代表大会上的报告》（1997 年 9 月 12 日）。

1. 明确提出了依法治国，建设社会主义法治国家的基本方略。“十五大”指出：我国经济体制改革的深入和社会主义现代化建设跨越世纪的发展，要求我们在坚持四项基本原则的前提下，继续推进政治体制改革，进一步扩大社会主义民主，健全社会主义法制，依法治国，建设社会主义法治国家。社会主义民主的本质是人民当家作主，发展社会主义民主必须同健全法制紧密结合，实行依法治国。所谓依法治国，就是广大人民群众在党的领导下，依照宪法和法律规定，通过各种途径和形式管理国家事务，管理经济文化事业，管理社会事务，保证国家各项工作都依法进行，逐步实现社会主义民主的制度化、法律化，使这种制度和法律不因领导人的改变而改变，不因领导人看法和注意力的改变而改变。依法治国，是党领导人民治理国家的基本方略，是发展社会主义市场经济的客观需要，是社会文明进步的重要标志，是国家长治久安的重要保障。党领导人民制定宪法和法律，并在宪法和法律范围内活动。依法治国把坚持党的领导、发扬人民民主和严格依法办事统一起来，从制度和法律上保证党的基本路线和基本方针的贯彻实施，保证党始终发挥总揽全局、协调各方的领导核心作用。为贯彻和落实依法治国方略，要进一步加强法制建设。加强立法工作，提高立法质量，到2010年形成有中国特色社会主义法律体系。努力维护宪法和法律的尊严，坚持法律面前人人平等，任何人、任何组织都没有超越法律的特权。一切政府机关都必须依法行政，切实保障公民权利，实行执法责任制和评议考核制。推进司法改革，从制度上保证司法机关依法独立公正地行使审判权和检察权，建立冤案、错案责任追究制度。加强执法和司法队伍建设。深入开展普法教育，增强全民的法律意识，着重提高领导干部的法制观念和依法办事能力。使有法可依、有法必依、执法必严、违法必究的原则要求落到实处。这就为中国政府在社会主义民主的基础上依法治理国家和社会公共事务，提出了更为明确的方向和要求。

2. 明确指出了中国共产党执政和政府管理关系的实质。“十五大”指出共产党执政就是领导和支持人民掌握管理国家的权力，实行民主选举、民主决策、民主管理和民主监督，保证人民依法享有广泛的权利和自由，尊重和保障人权。在这方面，制度更带有根本性、全局性、稳定性和长期性。要坚持和完善人民代表大会制度，保证人民代表大会及其常委会依法履行国家权力机关的职能，加强立法和监督工作，密切人民代表同人民的联系。要把改革和发展的重大决策同立法结合起来。逐步形成深入了解民情、充分反映民意、广泛集中民智的决策机制，推进决策科学化、民主化，提高决策水平和工作效率。要坚持和完善共产党领导的多党合作和政治协商制度。坚持“长期共存、互相监督、肝胆相照、荣辱与共”的方针，加强同民主党派合作共事，巩固我们党同党外人士的联盟。继续推进人民政协政治协商、民主监督、参政议政的规范化、制度化，使之成为党团结各界的重要渠道。巩固和发展广泛的爱国统一战线。要全面贯彻党的民族政策，坚持和完善民族区域自治制度，切实加强民族工作，巩固和发展平等、团结、互助的社会主义民族关系，促进各民族共同繁荣进步。要认真贯彻党的宗教政策、侨务政策。工会、共青团、妇联等群众团体要在管理国家和社会事务中发挥民主参与和民主监督作用，成为党联系广大人民群众的桥梁和纽带。要扩大基层民主，保证人民群众直接行使民主权利，依法管理自己的事情，创造自己的幸福生活，这是社会主义民主最广泛的实践。城乡基层政权机关和基层群众性自治组织，都要健全民主选举制度，实行政务和财务公开，让群众参与讨论和决定基层公共事务和公益事业，对干部实行民主监督。坚持和完善以职工代表大会为基本形式的企事业民主管理制度，组织职工参与改革和管理，维护职工合法权益。坚决纠正压制民主、强迫命令等错误行为。要完善民主监督制度。我们的权力是人民赋予的，一切干部都是人民的公仆，必须受到人民和法律的监督。要深化改革，完善监督法制，建立健全依法行使权力的制约机制。坚持公平、公正、公开的原则，直接涉及群众切身利益的部门要实行公开办事制度。把党内监督、法律监督、群众监督结合起来，发挥舆论监督的作用。加强对宪法和法律实施的监督，维护国家法制统一。加强对党和国家方针政策贯彻的监督，保证政令畅通。加强对各级干部特别是领导干部的监督，防止滥用权力，严惩执法犯法、贪赃枉法。这些关于中国共产党执政的实质及其制度化要求的论述，为中国政府正确处理各种管理关系指明了方向，提出了具体要求。

3. 进一步强调了包括机构改革在内的政府管理体制改革的重点内容。“十五大”指出机构庞大，人员臃肿，政企不分，官僚主义严重，直接阻碍改革的深入和经济的发展，影响党和群众的关系。这个问题亟待解决，必须通盘考虑，组织专门力量，抓紧制订方案，积极推进。要按照社会主义市场经济的要求，转变政府职能，实现政企分开，把企业生产经营管理的权力切实交给企业；根据精简、统一、效能的原则进行机构改革，建立办事高效、运转协调、行为规范的行政管理体系，提高为人民服务水平；把综合经济部门改组为宏观调控部门，调整和减少专业经济部门，加强执法监管部门，培育和发展社会中介组织。深化行政体制改革，实现国家机构组织、职能、编制、工作程序的法定化，严格控制机构膨胀，坚决裁减冗员。深化人事制度改革，引入竞争激励机制，完善公务员制度，建设一支高素质的专业化国家行政管理干部队伍。

“十五大”的这些论述直接推动了1998年启动的新一轮政府改革。在1998年3月5日召开的九届全国人大一次会议上，国务院秘书长罗干作了《关于国务院机构改革方案的说明》，对这次机构改革的必要性和紧迫性，改革的目标、原则、内容和实施步骤等做出了详细的说明。

这次机构改革的目标是：建立办事高效、运转协调、行为规范的行政管理体系，完善国家公务员制度，建立高素质的专业化行政管理干部队伍，逐步建立适应社会主义市场经济体制的有中国特色的行政管理体制。改革要遵循以下几项原则：（1）按照发展社会主义市场经济的要求，转变政府职能，实现政企分开。要把政府职能切实转变到宏观调控、社会管理和公共服务方面来，把生产经营的权力真正交给企业；（2）按照精简、统一、效能的原则，调整政府组织结构，实行精兵简政。加强宏观经济调控部门，调整和减少专业经济部门，适当调整社会服务部门，加强执法监督部门，发展社会中介组织；（3）按照权责一致的原则，调整政府部门的职责权限，明确划分部门之间的职能分工，相同或相近的职能交给同一个部门承担，克服多头管理、政出多门的弊端；（4）按照依法治国、依法行政的要求，加强行政体系的法制建设。

按照上述改革目标和原则，国务院将其组成部门划分为宏观调控部门、专业经济管理部门、教育科技文化、社会保障和资源管理部门及国家政务部门四大类，并明确了各个部门的职责。具体来说，这些部门在改革后分别承担以下一些职能：（1）宏观调控部门。主要职责是：保持经济总量平衡，抑制通货膨胀，优化经济结构，实现经济持续快速健康发展；健全宏观调控体系，完善经济、法律手段，改善宏观调控机制。（2）专业经济管理部门。主要职责是：制定行业规划和行业政策，进行行业管理；引导本行业产品结构的调整；维护行业平等竞争秩序。（3）教育科技文化、社会保障和资源管理部门。将国家科学技术委员会更名为科学技术部；国家教育委员会更名为教育部；在劳动部基础上组建劳动和社会保障部；由地质矿产部、国家土地管理局、国家海洋局和国家测绘局共同组建国土资源部。相应地，对这些部门的职能和内部管理体制进行了调整。（4）国家政务部门。对国务院组成部门、国务院直属机构和办事机构进行了重组和改革，调整了部门结构，理顺了相互之间的关系。

这次机构改革是新中国建立以来规模最大、力度最大、难度最大的一次改革。与以往的几次机构改革相比，有几个明显的新变化：一是通过“三定”（定职能、定机构、定编制）的制度方式，切实转变政府职能、调整政府规模、协调政府内部关系，为高效行政体系的建构和进一步深化政治体制改革创造了良好条件。二是强调了政府职能转变的整体性，确立了政府职能的多元转变方向，全方位地转变和调整了政府的社会管理职能和管理方式，使政府职能转变成为经济职能转变与其他各项政府职能转变相衔接和相配套的系统工程。三是实行了国家局的制度，弱化专业经济部门直接管理经济、社会的职能，强化行业管理，并把一些职能转给社会中介组织去担当。这些新变化为实现中国政府在新的历史条件下的全面转型和创新提供了契机。

（四）中共“十六大”以后的政府管理改革与创新的主要内容

2002 年 11 月召开的中国共产党“十六大”是党在新世纪召开的第一次代表大会。大会以“三个代表”重要思想为指导，继往开来，与时俱进，提出了全面建设小康社会的奋斗目标，并在总结以往建设成果和基本经验的基础上，对新世纪中国政府改革与创新作出了更为明确的战略安排。①

1. 明确了中国社会主义政治文明建设的基本格局。“十六大”明确提出了发展社会主义民主政治，建设社会主义政治文明的战略目标。强调要实现这一目标，最根本的是要把坚持党的领导、人民当家作主和依法治国有机统一起来。党的领导是人民当家作主和依法治国的根本保证，人民当家作主是社会主义民主政治的本质要求，依法治国是党领导人民治理国家的基本方略。中国共产党是中国特色社会主义事业的领导核心。共产党执政就是领导和支持人民当家作主，最广泛地动员和组织人民群众依法管理国家和社会事务，管理经济和文化事业，维护和实现人民群众的根本利益。宪法和法律是党的主张和人民意志相统一的体现。必须严格依法办事，任何组织和个人都不允许有超越宪法和法律的特权。同时指出建设社会主义政治文明要着重加强制度建设，实现社会主义民主政治的制度化、

① 江泽民：《全面建设小康社会，开创中国特色社会主义事业新局面——在中国共产党第十六次全国代表大会上的报告》（2002 年 11 月 14 日）。

规范化和程序化。坚持和完善人民代表大会制度，保证人民代表大会及其常委会依法履行职能，保证立法和决策更好地体现人民的意志。优化人大常委会组成人员的结构。坚持和完善共产党领导的多党合作和政治协商制度。坚持“长期共存、互相监督、肝胆相照、荣辱与共”的方针，加强同民主党派合作共事，更好地发挥我国社会主义政党制度的特点和优势。这实际上确立了中国建设社会主义政治文明的基本格局，提供了中国政府改革与创新以及政府管理文明建设的基本框架和指导原则。

2. 进一步明确了党的领导方式和执政方式。“十六大”指出：改革和完善党的领导方式和执政方式，对于推进社会主义民主政治和政治文明建设，具有全局性作用。党的领导主要是政治领导、思想领导和组织领导，通过制定大政方针，提出立法建议，推荐重要干部，进行思想宣传，发挥党组织和党员的作用，坚持依法执政，实施党对国家和社会的领导。党委在同级各种组织中发挥领导核心作用，集中精力抓好大事，支持各方独立负责、步调一致地开展工作。进一步改革和完善党的工作机构和工作机制。按照党总揽全局、协调各方的原则，规范党委与人大、行政机关、司法机关、政协以及人民团体的关系，支持人大依法履行国家权力机关的职能，经过法定程序，使党的主张成为国家意志，使党组织推荐的人选成为国家政权机关的领导人员，并对他们进行监督；支持行政机关履行法定职能，依法行政；支持政协围绕团结和民主两大主题履行职能。加强对工会、共青团和妇联等人民团体的领导，支持他们依照法律和各自章程开展工作，更好地成为党联系广大人民群众的桥梁和纽带。这对于进一步改善党政关系以及整个政府管理关系，同样具有全局性意义。

3. 高度重视对政府权力的监督和制约。“十六大”指出要加强对权力的制约和监督，建立结构合理、配置科学、程序严密、制约有效的权力运行机制，从决策和执行等环节加强对权力的监督，保证把人民赋予的权力真正用来为人民谋利益。重点加强对领导干部特别是主要领导干部的监督，加强对人财物管理和使用的监督。强化领导班子内部监督，完善重大事项和重要干部任免的决定程序。改革和完善党的纪律检查体制，建立和完善巡视制度。发挥司法机关和行政监察、审计等职能部门的作用。实行多种形式的领导干部述职述廉制度，健全重大事项报告制度、质询制度和民主评议制度。认真推行政务公开制度。加强组织监督和民主监督，发挥舆论监督的作用。这对于规范政府管理权力运作、预防和治理政府权力腐败，具有重要意义。

4. 对于推进司法体制改革提出了新的要求。“十六大”指出：社会主义司法制度必须保障在全社会实现公平和正义。按照公正司法和严格执法的要求，完善司法机关的机构设置、职权划分和管理制度，进一步健全权责明确、相互配合、相互制约、高效运行的司法体制。从制度上保证审判机关和检察机关依法独立公正地行使审判权和检察权。完善诉讼程序，保障公民和法人的合法权益。切实解决执行难问题。改革司法机关的工作机制和人财物管理体制，逐步实现司法审判和检察同司法行政事务相分离。加强对司法工作的监督，惩治司法领域中的腐败。建设一支政治坚定、业务精通、作风优良、执法公正的司法队伍。

5. 进一步明确了行政职能转变和行政管理体制改革的方向。“十六大”指出：政府（行政）职能转变的方向是完善政府（行政机关）的经济调节、市场监管、社会管理和公共服务的职能，减少和规范行政审批。要在这一方向上进一步转变政府职能，改进管理方式，推行电子政务，提高行政效率，降低行政成本，形成行为规范、运转协调、公正透明、廉洁高效的行政管理体制。依法规范中央和地方的职能和权限，正确处理中央垂直管理部门和地方政府的关系。按照精简、统一、效能的原则和决策、执行、监督相协调的要求，继续推进政府机构改革，科学规范部门职能，合理设置机构，优化人员结构，实现机构和编制的法定化，切实解决层次过多、职能交叉、人员臃肿、权责脱节和多重多头执法等问题。按照政事分开原则，改革事业单位管理体制。同时，进一步深化干部人事制度改革。努力形成广纳群贤、人尽其才、能上能下、充满活力的用人机制，把优秀人才集聚到党和国家的各项事业中来。以建立健全选拔任用和管理监督机制为重点，以科学化、民主化和制度化为目标，改革和完善干部人事制度，健全公务员制度。扩大党员和群众对干部选拔任用的知情权、参与权、选择权和监督权。实行党政领导干部职务任期制、辞职制和用人失察失误责任追究制。完善干部职务和职级相结合的制度，建立干部激励和保障机制。探索和完善党政机关、事业单位和企业的干部人事分类管理制度。改革和完善干部双重管理体制。打破选人用人中论资排辈的观念和做法，促进人才合理流动，积极营造各方面优秀人才脱颖而出的良好环境。这就为整个政府管理体制的改革指明了进一步发展的方向。

依据中共“十六大”提出的深化行政管理体制改革和政府职能转变的要求，以及十六届二中全会通过的《关于深化行政管理体制和机构改革的意见》，2003 年国务院开展新一轮政府机构改革和政府职能转变的实践，其核心内容包括：深化国有资产管理体制改革，设立国务院国有资产监督管理委员会；完善宏观调控体系，将国家发展计划委员会改组为国家发展和改革委员会；健全金融监管体制，设立中国银行业监督管理委员会；继续推进流通管理体制改革，组建商务部；加强食品安全和安全生产监管体制建设，在国家药品监督管理局基础上组建国家食品药品监督管理局，将国家经济贸易委员会管理的国家安全生产监督管理局改为国务院直属机构；将国家计划生育委员会更名为国家人口和计划生育委员会；不再保留国家经济贸易委员会、对外贸易经济合作部。为建设适应市场经济需要的政府管理体制奠定了组织基础。2003 年 8 月 4 日全国人大常委会通过并公布、2004 年 7 月 1 日开始生效的《行政许可法》，则标志着行政审批制度改革到了有法可依的阶段，进一步在法律上规范了行政审批权力的设定和审批活动。2003 年 10 月 14 日，中共十六届三中全会通过了《中共中央关于完善社会主义市场经济体制若干问题的决定》，提出了完善市场经济体制的一系列新构想。特别强调深化行政管理体制改革、加快转变政府职能，具体提出了深化行政管理体制改革的基本方向和举措，提出了划分中央和地方经济社会事务管理责权的基本原则，确定了政府职能转变的具体方向。2004 年 9 月中共十六届四中全会通过了《中共中央关于加强党的执政能力建设的决定》，提出了加强党的执政能力建设的指导思想、总体目标和主要任务；2006 年 10 月，中共十六届六中全会通过《中共中央关于构建社会主义和谐社会若干重大问题的决定》，提出了构建社会主义和谐社会的指导思想、目标任务和原则，等等。这些都为新世纪中国政府全面改革与创新以及政府管理文明建设奠定了基础。

（五）中共“十七大”以后政府管理改革与创新的新要求

2007 年 10 月召开的党的十七大，面对中国全面建设小康社会的新阶段、新形势、新任务，明确提出了要在政治体制改革的整体框架内，加快推进行政管理体制改革、抓紧制定行政管理体制改革总体方案、建设服务型政府的要求。根据十七大的战略部署和改革精神，2008 年 2 月召开的党的十七届二中全会讨论通过了《关于深化行政管理体制改革的意见》和《国务院机构改革方案》，在巩固以往行政管理体制改革与创新成果的基础上，对进一步深化政府管理改革与创新提出了许多新的要求。

1. 以公共权力合理分工为核心，对深化行政管理体制改革目标进行新定位。十七大指出：要通过深化行政管理体制改革，“形成权责一致、分工合理、决策科学、执行顺畅、监督有力的行政管理体制”，突出强调了决策权、执行权、监督权三者之间的关系，并细化了对这三者的要求。十七届二中全会通过的《关于深化行政管理体制改革的意见》明确指出：深化行政管理体制改革的总体目标是，到 2020 年建立起比较完善的中国特色社会主义行政管理体制。通过改革，实现政府职能向创造良好发展环境、提供优质公共服务、维护社会公平正义的根本转变，实现政府组织机构及人员编制向科学化、规范化、法制化的根本转变，实现行政运行机制和政府管理方式向规范有序、公开透明、便民高效的根本转变，建设人民满意的政府。这就指明了进一步深化行政管理体制改革的基本内容与方向。

2. 以关注和改善民生为重点，提出了深化政府职能转变进行新举措。在政府职能范围与职能关系方面，要“着力转变职能、理顺关系、优化结构、提高效能”，加快推进政企分开、政资分开、政事分开、政府与市场中介组织分开，规范行政行为，加强行政执法部门建设，减少和规范行政审批，减少政府对微观经济运行的干预”，把不该由政府管理的事项转移出去，把该由政府管理的事项切实管好，从制度上更好地发挥市场在资源配置中的基础性作用，更好地发挥公民和社会组织在社会公共事务管理中的作用，更加有效地提供公共产品。

在政府职能履行方式方面，改善经济调节，更多地运用经济手段、法律手段并辅之以必要的行政手段调节经济活动，增强宏观调控的科学性、预见性和有效性，促进国民经济又好又快发展。严格市场监管，推进公平准入，规范市场执法，加强对涉及人民生命财产安全领域的监管。加强社会管理，强化政府促进就业和调节收入分配职能，完善社会保障体系，健全基层社会管理体制，维护社会稳定。更加注重公共服务，着力促进教育、卫生、文化等社会事业健康发展，建立健全公平公正、惠及全民、水平适度、可持续发展的公共服务体系，推进基本公共服务均等化。

政府职能重心方面，要以改善民生为重点，“健全政府职责体系，完善公共服务体系，推行电子政务，强化社会管理和公共服务”。中央政府要加强经济社会事务的宏观管理，进一步减少和下放具体管理事项，把更多的精力转到制定战略规划、政策法规和标准规范上，维护国家法制统一、政令统一和市场统一。地方政府要确保中央方针政策和国家法律法规的有效实施，加强对本地区经济社会事务的统筹协调，强化执行和执法监管职责，做好面向基层和群众的服务与管理，维护市场秩序和社会安定，促进经济和社会事业发展。按照财力与事权相匹配的原则，科学配置各级政府的财力，增强地方特别是基层政府提供公共服务的能力。

在政府职能关系方面，要合理界定政府各部门职能，明确部门责任，确保权责一致。理顺部门职责分工，坚持一件事情原则上由一个部门负责，确需多个部门管理的事项，要明确牵头部门，分清主次责任。健全部门间协调配合机制。

3. 以大部制改革为主要内容，对深化政府机构改革进行了新设计。十七大指出：要“加大机构整合力度，探索实行职能有机统一的大部门体制，健全部门间协调配合机制。精简和规范各类议事协调机构及其办事机构，减少行政层次，降低行政成本，着力解决机构重叠、职责交叉、政出多门问题。统筹党委、政府和人大、政协机构设置，减少领导职数，严格控制编制。加快推进事业单位分类改革。”这就对进一步深化政府机构改革提出了新的要求。

根据十七大精神，十一届全国人大一次会议通过的《国务院机构改革方案》明确提出：要按照精简统一效能的原则和决策权、执行权、监督权既相互制约又相互协调的实际需要，按照大部门体制要求，深化国务院机构改革。改革的主要内容：一是合理配置国家发改委、财政部、中国人民银行等宏观调控部门职能，建立健全协调配合机制，形成科学权威高效的宏观调控体系。二是设立高层次的议事协调机构国家能源委员会，负责研究拟订国家能源发展战略，审议能源安全和能源发展中的重大问题。同时，为加强能源行业管理，组建国家能源局，负责拟订并组织实施能源行业规划、产业政策和标准，发展新能源，促进能源节约等。三是组建工业和信息化部，负责拟订并组织实施工业行业规划、产业政策和标准，监测工业行业日常运行，推动重大技术装备发展和自主创新，管理通信业，指导推进信息化建设，协调维护国家信息安全等，同时组建国家国防科技工业局，由工业和信息化部管理。四是组建交通运输部，承担涉及综合运输体系的规划协调工作，促进各种运输方式相互衔接等。同时，组建国家民用航空局，由交通运输部管理。国家邮政局改由交通运输部管理。五是组建人力资源和社会保障部，将人事部、劳动和社会保障部的职责整合划入该部。同时组建国家公务员局，由人力资源和社会保障部管理。六是组建环境保护部，拟订并组织实施环境保护规划、政策和标准，协调解决重大环境问题等。七是组建住房和城乡建设部，加快建立住房保障体系，加强城乡建设统筹。八是国家食品药品监督管理局改由卫生部管理，明确卫生部承担食品安全综合协调、组织查处食品安全重大事故的责任，理顺食品药品监管体制。

国务院机构改革完成阶段性任务后，中央印发了《关于地方政府机构改革的意见》，明确地方政府机构改革的主要任务是，着力转变政府职能，理顺职责关系，明确和强化责任，调整优化组织结构，规范机构设置，完善管理体制，严格控制机构编制。要求深化地方政府机构改革要把维护人民群众的根本利益作为改革的出发点和落脚点，着力解决制约地方经济社会发展的突出矛盾，着力解决人民群众最关心、最直接、最现实的利益问题，建设人民满意的政府。

与此同时，要按照政事分开、事企分开和管办分离的原则，对现有事业单位分三类进行改革。主要承担行政职能的，逐步转为行政机构或将行政职能划归行政机构；主要从事生产经营活动的，逐步转为企业；主要从事公益服务的，强化公益属性，整合资源，完善法人治理结构，加强政府监管。推进事业单位养老保险制度和人事制度改革，完善相关财政政策。

4. 以制度建设为保障，对全面推进依法行政做出新安排。根据十七大精神，党的十七届二中全会提出，要实现行政运行机制和政府管理方式向规范有序、公开透明、便民高效的根本转变。这就要求要在健全和完善相关制度的基础上，按照合法行政、合理行政、程序正当、高效便民、诚实守信、权责统一的原则，全面推进依法行政，加快建设法治政府。主要应完成如下任务：

一是以强化政府责任为核心，建立健全政府管理和运行的各项制度，坚持用制度管权、管事、管人。进一步健全政府立法制度和执法制度，规范政府立法行为，坚持科学立法、民主立法，提高立法质量，确保有法可依；规范政府执法行为，严格按照法定权限和程序履行职责，建立健全权责明确、行为规范、监督有效、保障有力的执法体制机制，规范政府自由裁量权，全面落实行政执法责任制；健全行政复议制度，加强行政应诉，完善行政补偿和行政赔偿机制。

二是以规范政府决策权为核心，进一步健全科学化民主化决策制度，不断提高政府决策水平。合理界定政府及其部门的决策权限，完善科学民主决策机制，健全重大事项调查研究与集体决策、专家咨询、社会公示与听证、决策评估等制度。涉及经济社会发展中的重大决策，坚持调查研究与集体决策制度，充分听取社会各界的意见。属于专业性、技术性较强的重大事项，实行专家论证、技术咨询、决策评估制度。属于与人民群众利益密切相关的重大事项，实行社会公示、听证等制度。建立健全决策反馈纠偏机制和决策责任追究制度，确保行政决策的科学性和严肃性。

三是以规范政府执行权为核心，进一步完善政务公开制度和行政监督制度。确保权力在阳光下运行，做到有权必有责、用权受监督、违法要追究，切实增强政府执行力和公信力。科学合理地确定绩效管理的内容和评估的指标体系，完善绩效管理的机制和方法，重视绩效评估结果的运用，建立健全政府绩效管理的配套制度。健全以行政首长为重点的行政问责制度，明确问责范围，规范问责程序，加大责任追究力度，提高政府的执行力和公信力。涉及行政决策失误类的，要追究行政首长违法违规决策和违反程序决策的责任；涉及行政违法类的，要追究行政机关及其工作人员有法不依、执法不严、违法不究的责任；涉及行政效能低下类的，要追究行政机关及其工作人员推诿扯皮、敷衍塞责、官僚主义、铺张浪费等方面的责任。要把政府决策、执行、监督的各个环节纳入问责体系，确保行政权力的正确行使。

四是以提高政府能力为核心，继续推进干部人事制度和公务员制度改革，建立支撑政府创新和提高政府效能的组织机构和人才建设体系。进一步加强公务员队伍建设，强化对公务员的教育、管理和监督。要加强政风建设和廉政建设，严格执行党风廉政建设责任制，扎实推进惩治和预防腐败体系建设。完善公务员管理配套制度和措施，建立“能进能出、能上能下”的用人机制。要引导和教育政府工作人员牢固树立群众观点，贯彻群众路线，深入群众、深入基层，倾听群众呼声，反映群众意愿，集中群众智慧，办好群众事情，实现群众利益。要提高群众在领导干部选拔和使用中的发言权，进一步完善培养选拔优秀干部的运行机制，完善对干部特别是主要领导干部的监督机制。同时，要改进公务员激励、保障和培训机制，重点培养开拓创新能力、依法行政能力和组织领导能力，不断提高工作能力和水平，努力建设一支善于治国理政的高素质公务员队伍。

三、构建和谐社会进程中政府管理文明探索的实践载体

以政府管理文明为价值取向的中国政府管理改革与创新过程，实际上就是政府管理文明的建设过程，既应是探索和利用客观规律推动政府管理不断向前发展的过程，也是不断培育和造就政府管理进步成果的过程。中国政府管理改革与创新的价值取向就是要全面推进政府管理文明建设，这是一个长期的、渐进的、阶段性向前递进无止境的过程。在这一过程的每一个发展阶段上，都需要通过特定的实践载体来表明政府管理文明建设的阶段性任务与目标并承载相应的进步成果。从中国改革开放以来政府管理改革与创新的实践探索历程及其走向来看，在构建社会主义和谐社会进程中政府管理文明建设的实践载体应该是努力打造高能优态服务型政府。

（一）构建和谐社会进程中政府管理文明实践载体定位

如前文所述，政府管理文明作为政府管理活动遵循客观规律的前进式发展状态及其取得的进步成果，其基本内容和主要标志表现为政府管理主体的先进性、政府管理理念的科学性、政府管理规范的合理性、政府管理行为的良善性和政府管理关系的和谐性等方面。因此，政府管理文明建设实践载体的设定，必须着眼于这几方面的均衡进步与发展，从这个意义上来说，政府管理文明建设的实践载体应是一个包含着多维度具体内容与任务的体系，即是一个不断提升政府管理主体先进性、政府管理理念科学性、政府管理规范合理性、政府管理行为良善性和政府管理关系和谐性的辩证统一体。当然，在实际的社会生活中可能会有多种政府形态和管理形式把这些内容与任务联结和统一起来，但是，在不同性质的国家，由于政府管理文明的性质及其建设取向必然是根本不同的，并且政府管理文明建设内容与任务内在的关联性和协调性也会有本质区别，因而具体的实践载体也不可能是完全一致的。就中国政府管理文明建设而言，能够代表整个人类社会政府管理文明发展方向和达成内在均衡协调发展的根本基点，就在于他的人民性本质和服务性宗旨的充分实现。因为人民性与服务性的高度统一，既是政府管理文明建设的目的、价值和意义的最高体现，又是判断政府管理主体是否先进、政府管理理念是否科学、政府管理规范是否合理、政府管理行为是否良善、政府管理关系是否和谐以及整个政府管理文明发展程度的最根本标准。因此，在构建社会主义和谐社会进程中中国政府管理文明建设的实践载体就应该定位在这个基点上，努力塑造高能优态服务型政府。

事实上，进入21世纪以来，中国政府已经提出了以行政机关为先行者的服务型政府的建设目标。如2004年2月21日，温家宝总理在中央党校省部级主要领导干部“树立和落实科学发展观”专题研究班结业式上的讲话中，强调指出：在社会主义市场经济条件下，政府（行政机关）的主要职能是经济调节、市场监管、社会管理和公共服务四个方面。其中，公共服务就是提供公共产品和服务，包括加强城乡公共设施建设，发展社会就业、社会保障服务和教育、科技、文化、卫生、体育等公共事业，发布公共信息等，为社会公众生活和参与社会经济、政治、文化活动提供保障和创造条件，努力建设服务型政府。这是中国政府总理首次提出在行政机关系统内部建设服务型政府的改革目标。2004 年 3 月 8 日，温家宝总理到全国人民代表大会陕西代表团听取意见时指出："社会服务这项任务太重要了，管理就是服务，我们要把政府办成一个服务型的政府，为市场主体服务，为社会服务，最终是为人民服务。"① 这进一步说明了在行政机关系统建设服务型政府的内涵。2006 年 3 月，中国政府制定的《国民经济和社会发展"十一五"规划纲要》，进而明确提出加快建设服务政府、责任政府、法治政府的目标，它标志着服务型政府已经正式成为中国政府管理改革和创新的目标选择，从而也正式成为中国政府管理文明建设的实践载体。

与此同时，国内学术界对于服务型政府的内涵、特征及其意义等问题，也展开了较为充分的讨论，其中不乏有远见卓识的理论成果，但这种讨论大多只是局限于对狭义上的服务型政府进行阐释，即主要针对政府行政管理职能、行政管理体制、行政管理方式等方面的改进与完善。当然，从中国现阶段政府管理改革和创新所面临的主要任务和主要内容来看，服务型政府建设确实应该以行政管理机关为突破口和重点领域，但用系统、全面和发展的眼光来看，在构建社会主义和谐社会进程中服务型政府建设的内涵和目标取向，又不能仅限于或仅停留在行政管理层面上或一般意义上的服务型政府建设，应该向更广、更高和更强的层面拓展，即从包括全部国家

① 宗禾：《总理眼中的政府职能与服务型政府建设》，《学习时报》，2004 年第 6 期，第 28 页。

机关的广义政府的层面，打造高能优态服务型政府。

（二）构建和谐社会进程中政府管理文明实践载体的主要支点

作为政府管理文明建设的实践载体，所谓高能优态服务型政府是指在以人为本的核心价值理念指导下，在人民民主宪政秩序的框架内按照人民意志组建起来的、以全心全意为人民服务为宗旨、并承担着为全社会提供高效优质综合服务责任的人民政府。其基本支点主要包括如下几个方面：

1. 从政府服务立场取向上来说是民本型的。即在政府与公民的地位和关系的处理和确认方面，是以公民为本位的，并始终站在人民的立场上，而不是以政府为本位或“官本位”的。具体而言，民本型服务政府主要具有如下特征：

首先，政府服务地位的取得以民主宪政体制为基石，以人民主权地位为依据。按照中国宪法的规定：中华人民共和国是人民民主专政的社会主义国家，人民是国家的主人，国家一切权力属于人民。一切国家机关从根本上来说都是在人民民主的基础上产生的，一切国家机关的权力都根源于人民的委托和授予。这种民主宪政秩序决定了政府的职责就是为人民服务。因此，建设服务型政府不是人们对政府的额外要求或政府责任的附加，而是由政府的性质限定的，是政府分内之事。

其次，政府服务的对象是人民大众。即政府必须以公平、公正、公开地面向广大人民群众提供一视同仁、普遍平等地依法分享发展成果和公共利益服务，而不是单纯地为某个阶级、阶层或特殊利益集团服务，更不是只为少数“精英”或政府官员自身服务。这是人民政府与一切剥削阶级政府的根本区别。不顾最广大人民群众的利益需求而为某个阶级、阶层或特殊利益集团以及个别人服务谓之不公，无视最广大人民群众的期盼而向有权和有钱的人倾斜谓之不平，不为民谋利而只是滥用职权为自身牟利谓之腐败。这些都是与民本型服务政府完全相悖的。

第三，政府服务过程以民意为依归。即政府服务过程根据人民的需要而展开，按照最广大人民的意愿和需求提供服务，追求的根本目标是人民满意。因此，建设民本型服务政府，就是要突出政府“以民为本”、“执政为民”的职责，真正贯彻“向人民学习，为人民服务，请人民评判，让人民满意”的基本要求，一切从人民需要出发，以为人民谋幸福为宗旨，以人民满意为评判工作的唯一标准，真正做到“情为民所系，权为民所用，利为民所谋”。

2. 从政府服务内容取向上来说是综合型的。从应然和理想化的角度来说，以民为本的服务型政府应该做到：只要人民有服务需求，政府就能够提供相应的服务供给。但限于中国社会主义初级阶段的实际国情，要想达到这种理想状态还任重道远，同时也不能借口经济文化相对落后而采取消极服务的做法或降低服务水平。政府应该积极主动地为广大人民群众提供力所能及的综合服务。作为综合型服务政府，起码应具备以下几个方面的服务功能：

第一，提供良善的法律供给服务。这既是文明时代和文明社会对政府的要求，更是依法治国，建设社会主义法治国家的基础。政府作为人民意志和法律秩序的代表者，一方面要通过立法过程，把代表和体现最广大人民利益和意志的主张上升为国家意志，转变为国家法律，建立和健全社会主义法律体系；另一方面要通过执法和司法过程，维护法律正义秩序，确保广大人民的利益和意志得以充分和真正实现。

第二，提供良善的制度供给服务。政府作为社会的代表者和人民利益的捍卫者，必须为人民和社会提供和谐、稳定的制度供给，确立起一个完善的、富有权威的、人人必须遵守的制度体系框架或者制度模式。包括社会制度、政治制度、市场经济制度、产权制度、财政制度、法律制度、文化制度、社会保障制度等等。提供良好和完备的制度供给，是综合型服务政府最为根本的任务。

第三，提供良善的公共政策服务。在良善的法律秩序和制度体系确立起来以后，政府经常性的和主要的任务就是提供良善的公共政策服务。即从最广大人民群众的立场和公共性的角度出发，为保证整个社会的和谐与稳定发展和经济可持续发展，提供良善的切实可行的政策。如环境保护、社会保障、义务教育政策、金融政策、财政政策等。

第四，提供优质的公共产品。按照市场经济的一般法则，由于公共产品具有低盈利或非盈利性、非竞争性和非排他性等特征，决定了要实现公共产品的充足供应，不能完全通过市场来解决，而只能主要由政府来提供。虽然在现代政府创新过程中，出现了公共产品供应的市场化趋势和要求，但政府也不能放弃支持和组织公共产品供应过程以及保证公共产品质量的责任。

3. 从政府服务能力上来说是高能型的。即以提供综合服务为己任的政府，具备完全履行综合服务职能的足够能力，能够显现高强的服务效能和服务水平。具体来说，高能性服务政府具有如下特征：

第一，服务职能的确定性。从全心全意为人民服务的崇高精神境界的角度来说，政府服务范围应该是无限的，但从政府权力和职责及其与社会、公民关系的特殊性角度来看，政府服务职能又必须是明确限定的，即政府应该在确定的职责范围内发挥无限的服务功能。

确定政府服务职能范围的一般原则，应该是坚持“以人为本”，以保障和满足人民需要为根据。在市场经济条件下，这一原则实际包含着“公民自主——社会共理——市场配置——政府保障”这样一个逻辑：即面对实际问题，公民自己能够解决的由公民自主解决；公民不能自主解决的，由社会共同解决；社会生活共同体不能解决的，而通过市场配置能够解决的由市场来解决；通过市场配置也解决不了的，再由政府出面进行全面管理和提供充分的服务。当然，这一逻辑在实践中应用过程的每一个环节，也都离不开政府的宏观调控和切实保障。也就是说，政府服务职能的范围主要是宏观保障性的，包括维护公民权利、保卫国家安全和社会安全、维护市场经济秩序，以及提供教育、医疗、卫生、环境保护、公共事业和社会保障等方面的服务等。

第二，服务能力的充足性。即政府具有足够的履行服务职责的能力，而不是力不从心或力所不及的，包括人力、物力、财力、执行力和公信力等各个方面。检验政府服务能力的标准有很多，其中，政府回应公民需求的快捷性和有效性是衡量政府服务能力的最为直接的尺度。

第三，服务过程绩效性。即政府所提供的服务是富有成果和高绩效的，而不是敷衍了事或得不偿失的。政府服务绩效就是政府在提供服务过程中表现出来的业绩和效率。政府服务是否及时并高效运作，是判断政府是否有能力承担服务职能的主要标准，是建设高能型服务政府的关键。

4. 从政府服务质量上来说是优态型的。即政府服务机制在良性运行的基础上，不断为人民和社会输出高效优质的服务。主要表现为以下五个方面：第一，政府提供服务的程序民主化、法律化、规范化。基本要求就是政府在确定服务项目和目标时，必须首先征得服务对象即民众的同意，并保证民众能够参与到决策过程之中，由民众和政府通过双向的交流互动，达成一致来决定。也就是说，政府只能在法律和人民授权的范围内行事和提供服务，政府必须依法服务，必须是民主政府、法治政府，而不是任意型的或长官意志型的政府。

第二，政府服务供给与人民的服务需求契合化。即政府所提供的服务要始终积极主动地与人民和社会的需求相契合，要始终把人民和社会的需求作为自己一切服务行为的依据，要始终把最广大人民利益的实现作为自己一切服务行为的目的。为人民服务是政府的宗旨，政府什么时候提供服务、提供什么样的服务以及怎样提供服务等，都不应由政府单方面来决定，而要根据人民和社会的需求来决定。

第三，政府服务供给均衡化。即政府在服务供给中要贯彻平等、公正、无私的原则，为全体公民提供无特权、无歧视和无偏私的服务。这就要求政府应着眼于社会发展的整体利益和长期利益以及人民的共同利益和根本利益来开展均衡化的服务活动。同样也要求政府公务员在给公民提供了他们满意的均衡化服务时，既不能以功臣或恩赐者的姿态自居，也不能要求公民给予回报或作为自己的政绩大肆张扬，而必须奉公守法，清正廉洁，默默奉献。

第四，政府服务方式和技术手段优化。优态型服务政府要求政府必须优化服务工作流程，采用现代先进的服务手段和方法，本着方便、快捷、高效、亲善的原则为人民服务。让民众在接受服务的同时，能够享受到作为主人的礼遇。

第五，服务问责制完善化。优态型服务政府是以政府勇于承担责任为保障的，勇于承担责任意味着政府能够积极主动地建立健全责任追究机制，使政府及其公务员在行使每一项权力时，都清楚地意识到背后连带着一份责任，要对服务结果承担责任，当服务的结果没有达到承诺的服务标准或没有使公民满意时，政府及其公务员就要无条件地承担相应的责任。只有这样才能保证政府的服务质量不断得以提高。

第五章　构建和谐社会进程中政府管理文明建设现实性分析

中国政府管理文明建设实践探索过程，实际上是一个对中国特色社会主义现代化建设规律的认识和探索不断深化的过程，也是一个不断深入认识和探索社会主义国家的政府建设和管理规律的过程，因而更是一个中国特色社会主义政府管理文明建设成果不断积聚与累进的过程。认真总结和科学认识政府管理文明建设的有益经验和进步成果，是构建社会主义和谐社会进程中不断加强和深入推进政府管理文明建设的坚实基础。

一、中国政府管理文明建设的基本原则

中国政府管理改革与创新的历程，是不断开创中国特色社会主义现代化建设新局面的过程，是不断推动中国社会的物质文明、政治文明、精神文明和社会文明四位一体化协调发展的过程，其间所积淀下的政府管理文明成果，除了具有反映人类社会政府管理共性规律的一般特征以外，也形成了鲜明的中国特色社会主义政府管理文明建设的一些基本特征。从总体上来看，作为中国社会文明体系的重要组成部分，政府管理文明建设的基本原则主要有如下几个方面：

（一）与中国社会主义初级阶段基本国情相适应原则

构建社会主义和谐社会与政府管理文明建设始终具有与当代中国社会发展的历史阶段、历史条件和历史任务相适应的属性。中国共产党和中国政府反复强调：正确认识中国社会现在所处的历史阶段，是建设有中国特色的社会主义的首要问题，是我们制定和执行正确的路线和政策的基本依据。立足于社会主义初级阶段基本国情，始终适应处于初级阶段上的中国社会主义现代化建设的基本规律和根本要求，是中国构建社会主义和谐社会以及政府管理文明建设的全局性特征和基本原则。

中国社会所处的社会主义初级阶段，一方面表明：中国社会已经是社会主义社会，以生产资料公有制为主体、多种所有制形式同时并存共同发展的社会主义经济制度、人民民主专政的国体和人民代表大会制政体统一结合的社会主义政治制度已经确立，马克思主义在意识形态领域已居于指导地位，这种基本的社会结构格局，在根本上要求中国政府管理文明建设必须以维护和发展中国特色社会主义基本经济制度和政治制度、捍卫和巩固马克思主义的指导思想地位为己任。另一方面表明：中国社会主义社会发展的初级性和过程性，是一个逐步摆脱不发达状态，基本实现社会主义现代化的历史阶段；是由农业人口占很大比重、主要依靠手工劳动的农业国逐步转变为非农业人口占多数、包含现代农业和现代服务业的工业化国家的历史阶段；是由自然经济半自然经济占很大比重逐步转变为经济市场化程度较高的历史阶段；是由文盲半文盲人口占很大比重、科技教育文化落后，逐步转变为科技教育文化比较发达的历史阶段；是由贫困人口占很大比重，人民生活水平比较低逐步转变为全体人民比较富裕的历史阶段；是由地区经济文化很不平衡，通过有先有后的发展，逐步缩小差距的历史阶段；是通过改革和探索，建立和完善比较成熟的充满活力的社会主义市场经济体制、社会主义民主政治体制和其他方面体制的历史阶段；是广大人民牢固树立建设有中国特色社会主义共同理想、自强不息、锐意进取、艰苦奋斗、勤俭建国，在建设物质文明的同时努力建设政治文明和精神文明的历史阶段；是逐步缩小同世界先进水平的差距，在社会主义基础上实现中华民族伟大复兴的历史阶段。[①] 中国所处的社会主义初级阶段的这 9 个方面的发展指标，既指明了中国政府管理工作的基本任务，也明确了中国政府管理文明建设的基本方向。因此，中国政府管理文明建设，只能从社会主义初级阶段的基本国情及其实际发展要求出发，不能从主观意愿出发，也不能从对马列著作个别论断的教条式理解和附加到马克思主义名义下的错误观点出发，更不能从外国模式出发。

中国政府管理改革与创新的实践证明，政府管理文明建设的一切积极成果，都是在遵循社会主义初级阶段中国社会发展的客观规律及其基本要求的基础上所取得的，这既是中国政府管理文明建设的成功经验，也是中国政府管理文明建设的标志性特征。它昭示我们：在构建社会主义和谐社会进程中的政府管理文明建设也要始终注意与中国社会发展的特定历史阶段相适应，既不能落后于社会主义和谐社会的前进要求，也不能超越中国社会主义社会发展的历史条件和现实状况。

（二）与中国社会文明体系建设相协同原则

中国政府管理文明建设具有与整个社会文明体系建设相互配合、相互促进、共同发展的属性。中国政府致力于中国社会的全面文明、进步与发展，用系统论的眼光来看，政府管理文明建设是整个社会

① 江泽民：《高举邓小平理论伟大旗帜，把建设有中国特色社会主义事业全面推向二十一世纪——在中国共产党第十五次全国代表大会上的报告》（1997 年 9 月 12 日）

文明体系中的重要组成部分，与物质文明建设、政治文明建设、精神文明建设和社会文明建设是互为条件、统一而不可分割的。具体而言，中国政府管理文明建设与整个社会文明体系的协同性主要表现为：

其一，目的的同一性，即都是为了解放和发展社会生产力，促进中国社会和中国人民的全面和自由发展。

其二，过程的同步性，一方面，整个社会文明体系的健全和发展程度的不断提高，为政府管理文明建设和发展提供坚实基础和强大动力；另一方面，政府管理文明程度的提高，为整个社会文明体系的建设和发展提供有利条件和强有力保障。政府管理文明与整个社会文明体系是相协调而发展、相配合而进步的，如果没有政府管理文明的同步建设和发展，就会阻碍或破坏整个社会文明体系的建设和发展。

其三，内容上的交融性，政府管理文明程度的提升，意味着政府发挥管理社会、管理经济、管理政治、管理文化等方面职能的有效性和进步性的提高，而政府在履行这些方面职能的过程中所形成的文明成果，既是政府管理文明本身的内容，同时也是相应的社会文明、物质文明、政治文明、精神文明等方面的内容，政府管理文明与整个社会文明体系的这种交融性，决定了政府管理文明在整个社会文明体系中的核心地位和关键性的作用。

政府管理文明与整个社会文明体系的这种协同性原则，要求中国特色社会主义政府管理文明建设必须走全面、协调、可持续和和谐发展之路。

（三）与国家根本政治制度相一致原则

政府作为国家政治机构，其建设的内容和发展的道路与方向必须符合国家根本政治制度的要求。中国是人民民主专政的社会主义国家，国家一切权力属于人民，人民行使国家权力的组织形式是人民代表大会制度，这种根本政治制度有效地克服了资本主义政治制度历史的与阶级的局限，不仅在实质上实现了人民民主，而且通过一定形式在事实上实现着和发展着人民民主，从而实现了国体和政体内在统一的高度人民性。其最大特点和优势在于：在中国共产党的领导下，各族人民当家作主，享有管理国家事务和社会事务、管理经济事业与文化事业的各项实际的权利，充分发挥广大人民群众建设社会主义国家的积极性、主动性、创造性，为实现社会主义现代化和中华民族的伟大复兴团结一心，共同奋斗。坚持和实现中国根本政治制度的特点和优势，是亿万中国人民掌握自己的命运，创造更加美好幸福生活，建设富强、民主、文明、和谐的现代化社会主义国家的根本保证，因而也是中国政府的首要责任和使命。

实践证明，中国政府始终按照社会主义国家根本政治制度的要求，保持人民政府的本色，通过不断推进政府改革与创新，政府管理体制和管理工作中的一些弊端不断地被克服，社会主义政治制度进一步完善，人民当家作主的途径和方式不断扩大，社会主义法制不断健全，依法治国和以德治国相结合的治国方略不断向前推进，政府管理水平和文明程度不断提高，从而进一步明确了新世纪政府管理文明建设的发展道路和方向。

（四）政府管理过程的内在统一原则

中国社会主义国家政府管理的本质特征在于其高度的人民性，政府管理过程实质上也就是代表人民行使公共管理权力并实现人民利益的过程，这是保证政府管理过程内在统一性的基础。

从政府管理过程内在统一性的实现过程来看，首先表现在政府管理权力结构及其运行过程中贯彻了议行合一原则和民主集中制原则，通过贯彻议行合一原则及其制度化形态，保证了决定和执行国家重大事务的权力的一体性和一致性；通过贯彻民主集中制原则及其制度化形式，保证了政府管理权力运用的民主性和集中统一性。

其次表现在政府管理主体结构关系上，其鲜明特点是实现了共产党的领导、人民当家作主和依法治国的有机结合与辩证统一。中国共产党是整个中国特色社会主义事业的领导核心，是中国最广大人民根本利益的代表者，也是中国政府的执政主体和管理主体，这不仅是中国近代历史发展的必然结果，也是政府管理文明建设和发展的根本保障。党领导人民建立了社会主义民主政治制度和政府管理机构，也领导、组织和支持人民群众当家作主，保障社会主义民主政治和政府管理系统的正常运行。人民当家作主是中国特色社会主义国家的本质特征，人民当家作主的根本制度是人民代表大会制度，人民通过民主选举产生的人民代表大会对人民负责，由人民代表大会选举产生的国家行政机关和司法机关等对人民代表大会负责，从而保证政府管理权力行使主体最终一致对人民负责。依法治国是中国基本的治国方略，也是政府管理过程同一性的基本保障。法律是人民意志的体现，是上升为国家意志的人民意志。因此，依法治国，也就确立了表现为法律的人民意志在国家政治生活和社会生活中的权威地位，把国家政治生活和社会生活纳入法制化轨道，实质上也就是确立了人民意志在政府管理过程中的最高权威地位，也就是人民当家作主的具体体现。可见，中国共产党的领导、人民当家作主、依法治国的有机结合和辩证统一，保证了人民利益和意志的统一性和至上性，在此基础上也保证了政府管理过程的内在统一性，这不仅是中国社会主义民主政治制度的基本内容，也是中国社会主义政府管理文明的根本特色。

（五）指导思想与时俱进的先导原则

在政府管理文明建设和发展过程中，政府管理理念创新起着先导作用。任何一个政府，如果在政府理念上不能创新，而是循规蹈矩，抱残守缺，那么，就谈不上政府管理其他方面的变革，政府管理文明建设也就必然停步不前。而政府管理理念的涵育、创新和发展，又需要以一定的科学理论为指导，否则，就不会形成科学的和先进的政府管理理念。马克思主义基本理论尤其是马克思主义的政府公共管理观就是中国社会主义政府管理理念创新的根本指导思想，它不仅为社会主义性质政府的建立以及政府管理文明的建设和发展提供合法性论证和合理性说明，而且为社会主义政府管理文明的发展提供价值定位和价值导向。[①] 同时，马克思主义基本理论从来就不是僵死的教条，与时俱进是马克思主义的基本理论品格，它是随着时代的发展而发展的，是随着人民群众社会实践活动的发展而发展的。在中国特色社会主义现代化以及政府管理理念创新和管理文明建设的过程中，始终离不开与时俱进的马克思主义基本理论的指导。从毛泽东思想到邓小平理论，再到"三个代表"重要思想以及科学发展观和构建社会主义和谐社会，实现经济建设、政治建设、文化建设、社会建设四位一体推进总体布局等一系列战略思想，都是中国共产党理论创新成果的集中体现，也都是马克思主义基本理论与时俱进的发展成果。正是由于有了这种指导思想上的与时俱进的科学成果的先导，中国政府的改革与创新以及政府管理文明建设才不断得以推进和深入发展。因此，用与时俱进的马克思主义科学理论指导政府管理文明建设，始终是中国特色社会主义政府管理文明建设和发展的内在的本质特征。

（六）政府管理文明建设的渐进原则

政府管理文明建设不可能一蹴而就，需要有一个从低级到高级、从量变到质变的过程。中国政府改革与创新的实践表明，中国政府管理文明建设走的是一条渐进式的发展道路，这主要表现在：首先，选择了政府管理的可持续发展战略。注重把当前利益和长远利益结合起来。特别是强调处理好改革、发展和稳定三者的关系，不能只

① 参见张顺：《马克思主义公共管理观》，吉林大学出版社 2003 年版，第 29 页。

强调一个侧面，而忽视其他方面。这三者之间，稳定是基础，发展是目的，改革是动力和手段。三者相互制约，相互作用，是一个有机整体。在中国政府的改革与创新实践中，一直注意把握好改革措施出台的时机和节奏，努力做到“把改革的力度、发展的速度和社会可以承受的程度统一起来，在社会政治稳定中推进改革、发展，在改革、发展中实现社会政治稳定”①。其次，选择了有领导、有步骤、分阶段的发展策略。注重政府改革措施的可行性和发展过程的有序性，强调政府管理改革与创新的目标设计要有阶段性，采取先易后难，先试验后推广的循序渐进的发展策略。再次，努力寻求社会各种因素和各种力量的均衡状态。具体说，在物质文明建设和相关政策制定方面，注意整合由于利益关系的调整而易于引发社会冲突的各种因素；在政治文明建设方面，不是单纯地强调专政的手段，而是大力倡导寻求统筹协调的方式解决各种社会矛盾冲突，即当社会矛盾引发冲突时，反对人们用对抗或暴力的方式来解决冲突，而是推崇和鼓励人们通过协商、讨论和相互让步等和平方式来达成冲突双方互利的妥协；在精神文明建设方面，注重弘扬宽容、理性精神，为社会的多样化营造一种和谐的思想文化氛围。这种渐进式改革模式可以在保持社会稳定条件下推进改革，使改革带来的利益关系调整约束在社会和公众可以承受的范围内，从而可以较好地处理体制改革、经济发展和社会稳定的关系，实现社会平稳和持续发展，这是完全符合社会主义社会发展规律和政府管理文明建设规律的。

二、中国政府管理文明建设取得的主要成效

经过长期的改革与创新，尤其是在全面贯彻和深入落实以人为本的科学发展观的基础上，中国政府管理文明建设取得的明显成效，

① 《中共中央关于加强党的执政能力建设的决定》(2004 年 9 月 19 日)。

在政府管理主体、政府管理理念、政府管理规范、政府管理行为和政府管理关系等方面都有所体现。

(一) 政府管理主体的先进性不断提升

从中国政治全局着眼，中国的政府管理主体主要包括内在统一的两个方面：一方面是政府管理机构，主要包括人民代表大会、国务院和地方各级行政机关、人民法院、人民检察院、中国共产党领导机关和民主党派领导机关及参政机关等；另一方面是政府管理人员，主要是指公务员，即“依法履行公职、纳入国家行政编制、由国家财政负责工资福利的工作人员”[①]，其范围应当包括中国共产党机关、人大机关、行政机关、政协机关、审判机关、检察机关和民主党派机关等机关的工作人员。通过长期改革与创新，政府管理主体的各个组成部分都获得了长足的进步和发展，各自的先进性程度和文明水平也都在不断得到提升，其具体表现是多种多样的，综合起来说，至少在如下几点上表现出了政府管理主体的前进式发展状态及其文明建设成果：

第一，政府管理主体的素质及其合理性与合法性明显增强。通过 30 多年来的政治体制改革与创新，特别是干部人事制度的改革与创新，政府管理主体的产生方式和组织形式都发生了巨大变化，从改革开放初期的干部队伍“四化”（革命化、知识化、专业化、年轻化）建设，到公务员制度建设，再到法官、检察官、人大代表等职业化的探索以及以中国共产党为核心的政府管理主体的先进性建设，等等。通过这一系列措施，发展到现在，政府管理主体基本上都是由在民主基础上、经过法律化制度化途径所产生的先进代表所组成，并通过加强政府管理主体能力建设，使得中国共产党领导方式和执政方式以及领导能力与执政能力不断改善与加强，政府管理能力以

① 《中华人民共和国公务员法》

及公务员队伍的素质和能力也不断得以加强和提高，政府管理主体素质的先进性以及合理性与合法性都有明显增强。

第二，政府管理机构通过多轮机构改革得到相应的调整和优化。经过多次政府机构改革，各级政府管理机构更加精简，政府组织结构、人员编制不断趋向合理，政府管理人员更加精干，提高了政府管理能力。

第三，公务员队伍整体结构明显改善。通过公务员队伍建设，保证了政府管理机构在精简人员和定编定岗的同时，按照公开、公平、竞争、择优的原则，普遍推行竞争上岗和岗位轮换，增强了公务员队伍的活力，初步改变了多年来居于领导职位的公务员能上不能下、能进不能出的状况，使一批优秀的年轻的党政管理人才脱颖而出，公务员队伍整体结构发生了较大变化，整体素质有了明显提高，官僚主义得到有效抑制，工作效率有了明显提高。

第四，政府职能转变取得积极进展。通过梳理和明确党政职能关系，使得中国共产党、人民代表大会、国务院和地方各级行政机关、法院和检察机关以及人民政协等机关的各自职能均得到加强。同时，为加强政府宏观调控职能，将国务院和省级政府综合部门分别改造为宏观调控和区域经济调节部门，初步建立了以间接手段为主的宏观调控体系，提高了宏观调控和地方区域经济调节能力。在加强市场监管的同时，积极培育和发展市场体系，将资源配置职能逐步转给市场，使市场在资源配置中的基础作用逐步增强；将社会可以自我调节与管理的事务逐步交给事业单位或社会中介组织，提高了政府的政务管理水平。

上述这些方面都反映出了政府管理主体建设遵循客观规律的前进式发展状态，也积淀下了政府管理文明建设的有益成果。

（二）政府管理理念的科学性明显提高

政府管理实践及其改革与创新需要有科学的政府管理理念的支

撑和引导，适应这种需要，中国政府坚持以发展着的马克思主义为指导，全面贯彻落实科学发展观，着力变革与计划经济体制相适应的传统管理观念，努力建设与社会主义市场经济规律和政府管理规律相适应的现代管理理念，使得政府管理理念发生了根本性转变，科学性明显提高。

第一，以科学发展观统领经济社会发展的执政理念得以确立和实施。在中国改革开放的过程中，中国共产党和中国政府始终注意正确处理改革、发展和稳定的关系，特别是在邓小平“发展是硬道理”思想的指导之下，中国政府把发展作为执政兴国的第一要务。在此基础上，胡锦涛同志在十六届三中全会上提出了科学发展观，要求“坚持以人为本，树立全面、协调、可持续的发展观，促进经济社会和人的全面发展”，强调“按照统筹城乡发展、统筹区域发展、统筹经济社会发展、统筹人与自然和谐发展、统筹国内发展和对外开放的要求”推进社会主义现代化建设。科学发展观的核心是“以人为本”。中国共产党人在马克思主义者一贯倡导的人民利益高于一切和全心全意为人民服务的理念基础上，经过长期理论建设和思想升华，逐步形成“权为民所用、情为民所系、利为民所谋”的“以人为本”执政观。作为执政党，强调“立党为公、执政为民”；作为人民政府，强调将工作的落脚点放在提高老百姓的物质文化水平和健康水平等民生问题上。党和政府都把一切工作的根本出发点和落脚点定位在实现人民的愿望、满足人民的需要、维护人民的利益，把人民拥护不拥护、赞成不赞成、高兴不高兴、答应不答应以及是否有利于人民生活水平的提高，作为检验政府工作的根本标准，并为此做出了不懈的努力。在处理中华民族复兴与国际事务的关系上，胡锦涛总书记和温家宝总理重申并坚持了走和平发展道路和建设“和谐世界”的战略思想和方针，从而完善了指导新世纪中国政府管理文明建设和整个社会主义现代化建设的科学发展、和平发展、和谐发展的理念。这就使得中国社会主义国家的政府本质和目的更加明确，从而也进一步明确了中国政府管理文明建设和发展方向。

第二，责任政府理念进一步加强。责任政府是现代民主政治和政治文明发展对政府的一种定位，是对政府管理所要达到的一种高度负责任状态的现实要求。责任政府理念就是政府管理机关应树立的负责地行使权力、积极回应并满足公民的各种社会诉求、真正为人民服务的基本价值取向。改革开放以来，中国政府一直重视集体领导与个人分工负责相结合的领导制度建设，强调责任与职位和权力的内在统一，并通过一系列的责任追究制度和监督机制的建设，对不负责任的各种行为进行防范和惩治，使得责任政府理念不断得以加强，这对于不断加强政府管理主体自身建设、提高政府管理能力和水平、满足政府管理文明建设要求都具有重要意义。

第三，服务政府理念明显增强。随着中国政府职能向公共管理和公共服务转变的过程，极大地推动了政府的公共服务意识的形成和发展，政府管理主体的服务理念明显增强，进而也就实现了中国政府管理的重心转变为经济建设和公共服务并重，使得中国政府不断向建设公共服务型政府的目标迈进。

第四，法治政府理念得以确立和发展。随着依法治国，建设社会主义法治国家的基本方略的实施，法治政府理念得到确立和加强。依法治国，包括建设法治政府，是人类社会文明发展的必然要求和基本标志。改革开放以来，中国共产党和中国政府始终努力适应这一要求，积极倡导和培育法治理念。党的十五大在总结历史经验的基础上，确立了依法治国、建设社会主义法治国家的基本方略，九届全国人大二次会议将这一治国方略载入宪法。党的十六大和十六届三中全会又把依法治国和依法行政作为全面建设小康社会、完善社会主义市场经济体制的重要任务。为适应建设社会主义法治国家的需要，中国共产党提出了依法执政和在宪法和法律范围内开展活动的要求，国务院作出了全面推进依法行政的战略部署，并为此采取了一系列有力的措施，努力把一切行政管理行为都纳入法治化轨道，特别是强调行政决策、执行、监督等都必须严格按照国家的法律法规、国际惯例和条约办事，做到以法为据、依法办事，努力实现从权力行政向法治行政的转变。同时，对于司法机关依法进行独立审判提出了更高的要求，等等。全面贯彻依法治国理念是符合政府管理文明要求的。

第五，廉洁政府理念不断加强。旗帜鲜明地反对腐败，建立廉洁政府是中国政府的一贯主张。特别是在2005年1月中共中央正式颁布实施《建立健全教育、制度、监督并重的惩治和预防腐败体系实施纲要》，做出了通过加强教育、完善制度、强化监督等途径而有效治理腐败的战略部署，提出了标本兼治、综合治理、重在治本、重在建设的廉政工作要求，为政府管理系统深入开展党风廉政建设和反腐败工作指明了方向。在此基础上，政府在实际工作中严格执行廉政建设责任制，深入开展反腐倡廉工作，推进领导干部廉洁自律，严肃查处各类腐败案件。通过加强教育和监督以及严惩腐败分子等一系列措施，使得各级政府及其工作人员廉政意识不断提高，为廉洁政府的建立创造了条件。

总之，中国政府不断适应中国特色社会主义现代化建设规律的要求，培育和确立了一系列新的与社会主义核心价值体系相统一的科学的政府管理理念，这些新的科学管理理念和价值准则，既是中国政府管理文明建设的积极成果，又是新世纪中国政府管理文明建设的指导思想基础。

（三）政府管理规范的合理性增强

党的十一届三中全会以后，明确提出了把党和国家政治生活纳入法律化制度化轨道的发展方向，这实际上也就提出了通过法律化制度化建设途径实现政府管理规范化的任务。中国政府改革与创新的实践表明：在实现政府管理规范化方面，中国政府紧紧抓住制度建设和法治建设有机统一的关键环节，着重加强了与社会主义市场经济体制相适应的政府管理体制改革和法制体系建设。通过完善政府管理体制和健全政府法制体系，使得政府开展管理活动所遵循的制度规范和法律规范的合理性明显增强，为政府管理文明建设奠定了规范性基础。

第一，政府管理的制度化程度不断提高。十一届三中全会以后，中国政府以党和国家领导制度改革为突破口，推进了政府管理体制的全面改革与创新，政府管理体制不断健全与完善。在不断健全与完善人民代表大会制度、中国共产党领导的多党合作和政治协商制度、民族区域自治制度等基本政治制度的前提下，逐步深化了立法管理体制、行政管理体制、司法管理体制、军事管理体制、干部人事管理体制、权力监督体制、政务公开制度以及社会管理体制等一系列政府管理体制的改革与创新，初步形成了规范政府管理活动的制度体系框架，随着其不断健全与完善以及合法性合理性权威的增强，政府管理的制度化规范化程度也在不断提高。

第二，政府管理的法治化基础不断充实。通过法治建设与法治创新保障和推动制度建设与制度创新，是中国政府改革与创新的基本战略方针。为此，中国政府不断加大法治建设与创新的力度，立法的数量与质量都明显提高。经过长期建设和发展，中国已经形成了以宪法为基础，以民事、刑事、经济、行政和诉讼等方面的基本法律为核心，以各种不同层级的法律、法规、规章为内容的法律框架，党的十五大提出的到 2010 年形成中国特色的数量适度、质量较高、内在统一、外在协调、富有合理性的社会主义法律体系的目标是完全能够实现的。与此相适应，国务院于 1999 年 11 月发布了《国务院关于全面推进依法行政的决定》，到 2004 年 3 月又颁布了《全面推进依法行政实施纲要》，确立了建设法治政府的目标，明确规定了今后十年全面推进依法行政的指导思想和具体目标、基本原则和基本要求、主要任务和应采取的措施，等等。这些都为新世纪政府管理文明建设提供了法治化基础。

第三，政府管理过程的运行机制不断健全与完善。政府管理过程的运行机制也就是政府管理制度化、法治化、规范化的实际操作和具体化形式，是政府管理体制和法规得以充分贯彻和实施的具体规则。其内容异常复杂和广泛，包括中国共产党依照制度和法律正确领导和执政的机制、民主党派依照制度和法律积极参政的机制、人民代表大会依照制度和法律适时立法的机制、国务院和地方各级行政机关依照制度和法律高效行政的机制、法院和检察院依照制度和法律严明司法的机制、政府依照制度和法律进行民主化科学化决策的机制以及人事管理工作当中依照制度和法律实施任用机制、竞争机制、考核机制、激励机制、保障机制、监督机制、责任机制等等，这些机制在中国政府改革与创新的过程中，均得到了不断健全与完善，并在不同程度上保证了政府管理过程的合理化、合法化和规范化运作。

（四）政府管理行为的良善性明显加强

改革开放以来，中国政府逐步走上认真贯彻和实施依法治国和以德治国相结合的治国方略的轨道，自觉遵守制度化和法制化的各项管理规范，努力改善政府管理行为方式，不断惩治、修正和戒除各种简单、粗暴甚至野蛮等不文明的行为，使得政府管理行为的良善性不断加强，提高了政府管理的文明程度和水平。这突出地表现在如下几个方面：

第一，政府立法工作的透明度和公众参与度增强。改革开放以来，为了把党和国家政治生活纳入法律化制度化轨道，特别是为了实施依法治国方略，中国政府坚持以人为本，执政为民，高度重视促进经济和社会事业全面协调可持续发展以及直接关系人民群众切身利益的立法工作，并不断扩大政府立法的透明度和公众参与程度。通过媒体公布法规草案、专家咨询论证、召开座谈会和听证会等多种方式，加快了政府立法公开化步伐，保证公众对政府立法的有效参与，并逐步使之制度化规范化程序化，努力保证政府立法能够真正集思广益、体现民意。同时，在立法工作中充分体现对社会弱势群体的照顾，使政府管理行为体现更多的人文关怀。

第二，政府决策行为的科学化民主化程度不断提高。中国政府始终把实现决策的科学化民主化作为发展社会主义民主政治的重要任务，并为此做出了不懈的努力。通过不断改革和完善决策机制，努力推进决策的科学化民主化，通过建立专家咨询、论证评估制度和社会听证与公示制度等各种形式，支持和扩大公众对政府决策的有效参与。中国各级政府在做出重大决策时，都认真听取和吸纳专家的意见，为决策提供信息和智力支持；同时，社会听证和公示也已逐渐成为各级政府在做出决策时经常采用的方法。《立法法》、《价格法》、《行政许可法》和《收费公路管理条例》等法律法规对举行听证做出了明确规定，一些地方政府也就行政决策的听证制定了政府规章。2002 年 1 月，政府有关部门第一次举行全国性的行政决策听证会，就“铁路部分旅客列车票价实行政府指导方案”进行听证，引起社会广泛关注。近年来各地举行的各类听证会达数千次，公众参与政府决策的积极性空前高涨。这不仅表明政府决策民主化程度的提高，而且增强了政府决策的科学性，使得决策更加符合实际和更具操作性。

第三，政务公开程度明显提高。中国政府要求各级政府部门办理的行政事项，能够公开的都要向社会公开，提高政府工作的透明度，保障人民群众对政府工作的知情权、表达权、参与权和监督权。近年来，通过推广政府门户网站为窗口的电子政务、建立健全政府新闻发言人制度和突发事件新闻报道机制等工作，政府工作的透明度不断提高。目前，中国政府正在制定旨在增加政务管理透明度的法规，为规范政务公开提供制度保障。国务院的各个部委和地方各级政府已经不同程度地实行了政务公开。在乡镇这一级，乡镇政府和县所属的部门普遍以设立政务公开栏的方式公开政务；县级以上政府定期发布政务公报，用这种方式来公布政府信息。国务院的所有部委和省级政府都建立了新闻发言人和新闻发布会制度，全国80％以上的县级政府或县级政府所属的部门建立了政府网站，通过网站来发布信息。在很多地方和部分国务院部门，已经建立了行政服务中心，全国综合性的服务中心已经有2100多家。政府的服务中心，既是一个便民、利民，为群众办事的场所，也是一个实行政务公开的场所。中国政府在积极推进行政机关政务公开的同时，还在党务机关逐步推行党务公开，在立法机关推行立法公开，在司法机关推行司法公开，在农村推行村务公开，在企业推行厂务公开，在有些高校推行校务公开，在公用事业单位推行办事公开。所有这些公开都是社会主义民主政治建设的组成部分，有效保障了人民群众的知情权、表达权、参与权和监督权，有利地保证了社会主义民主政治建设的顺利进行，更直接地促进了政府管理行为的进步与文明程度的提高。

第四，行政审批和行政执法等具体行政管理行为的规范化程度进一步提高。为解决行政审批过多过滥的问题，努力从源头上防止腐败，中国政府大力推进行政审批制度改革，全面清理了行政审批项目并根据情况分别予以取消或做出调整。到2004年底，国务院部门的审批事项已减少50．1％。同时，地方政府也大幅度精简行政审批项目，规范行政审批行为。在此基础上，中国政府不断深化行政审批制度改革，进一步完善审批方式，加强后续监管，努力建立科学合理的行政管理和监控机制。同时，不断规范和改善行政执法行为。中国政府强调严格按照法定权限和程序行使职权，全面推行行政执法责任制，严格追究执法过错责任，不断强化执法人员依法行政意识，减少和杜绝执法随意性。在执法过程中，注意依法保障当事人和利害关系人的权益，坚决纠正行政执法中损害群众利益和以权谋私等各种违法行为，切实做到严格执法、公正执法、文明执法。近年来，政府坚决纠正和严肃处理了在城镇房屋拆迁、农村土地征用和征收等方面侵犯群众权益的违法行政行为。通过这些措施，行政审批和行政执法等具体行政行为得到不断规范，文明程度进一步提高。

第五，行政监督行为力度不断强化。中国政府已经建立起了包括政党、人大、政协、司法、舆论和群众监督以及行政监察、审计在内的一整套监督制度，尤其是进一步完善了行政监督体制。一是建立行政决策责任追究制度。按照“谁决策、谁负责”的原则，对超越权限、违反程序决策造成重大损失的，严肃追究决策者责任。二是推行行政责任追究制，对政府官员的违法行政行为予以追究。三是实行行政复议制度以及规章、规范性文件的备案审查制度，及时有效地监督所属部门和下级政府严格依法行政。2004 年和 2005 年，国务院共收到行政复议申请 1084 件，办结 777 件；收到报送备案的地方性法规、规章 3643 件，对不符合相关规定的 58 件依法作了处理。各地方普遍加大对规范性文件的监督，初步建立地方四级政府、三级监督的备案监督体制。四是加强审计、监察等专门监督。国家审计署对中央财政预算执行和其他财政收支情况进行认真审计，向全国人大常委会和国务院做出报告，并对违反财政财务法规的问题作出审计处理决定。2005 年以来，中国政府在进行省（部）级领导干部经济责任审计的同时，将经济责任审计范围扩大到厅（局）级领导干部。随着一系列系统监督制度和行政监督体制的进一步完善，行政监督部门及其监督行为的权威性不断增强，监督的力度不断加大，对于保证全部行政管理行为的规范化发挥了重要作用。

总之，经过多年政府体制改革和不断加强政府法治化建设，政府依法执政和理政水平不断提高，政府管理行为的法制化、规范化、公开化程度明显加强，政府管理行为方式和公务员队伍的工作作风有了明显改进，表现出了政府管理行为在文明取向上的前进式发展状态。

（五）政府管理关系的和谐性明显改善

改革开放以来，特别是提出构建社会主义和谐社会目标以来，中国政府努力在改善国家权力结构的基础上，通过调整和规范党政关系、立法与司法和行政等机关之间的关系、中央与地方关系、政企关系、政事关系、政府与公民之间的关系、政府与社会关系等一系列措施，进一步健全政府内外关系的协调机制，使得政府管理关系的和谐度明显提高。这集中地表现在如下三个方面：

第一，政府管理主体的地位和权力关系进一步明确。通过改革与创新，使得中国共产党、民主党派、人民代表大会、国务院和各级行政机关、人民法院和人民检察院、人民政协以及人民团体等管理主体，在中国政府管理系统中的地位和权力关系进一步明确。中国共产党居于领导地位和执政地位，各民主党派居于参政地位，是与中国共产党团结合作的亲密友党和参政党，而不是反对党或在野党。各民主党派参加国家政权，参与国家大政方针和国家领导人选的协商，参与国家事务的管理，参与国家方针政策、法律法规的制定和执行。人民代表大会是国家权力机关，掌握全部国家权力，并直接行使立法权、监督权、人事任免权、重大事项决定权等，其他国家权力则委托或授予其他国家机关行使。国家行政机关、司法机关、军事机关等均由人民代表大会产生，分别依法行使行政权、司法权、军事权，并接受人民代表大会的监督，对人民代表大会负责。同时，中国共产党发挥着总揽全局、协调各方的作用与功能，统筹协调党委与人大、国务院和各级行政机关、人民法院和人民检察院、国家军事机关、政协以及人民团体的关系，支持人大、国务院和各级行政机关、人民法院和人民检察院、政协以及工会、共青团和妇联等人民团体等依法履行各自的权力和义务。这就确立了以中国共产党为核心的和谐的政府管理关系的基本格局。

第二，政府管理主体的职责关系进一步理顺。通过改革与完善党的领导方式和执政方式、推进政府职能转变和政事、政企分开等措施，进一步理顺了政府管理主体的职责关系。按照职责明确、规范有序的原则，进一步明确了党委部门与政府部门和群众团体的职责分工，在努力实现一件事情主要由一个部门来管的工作机制基础上，逐步完善了有关指导、协调、代管及挂靠等方面的管理机制。通过调整部门职能配置和职责关系，理顺了有关部门多项职能关系，解决了一些部门长期存在的职责交叉、多头管理的问题。通过放权让利等措施，一方面，实现了国务院和省级政府许多部门将一些职能明确下放给下级政府，管理权力逐步下移，进一步理顺了各级政府之间的事权关系，在一定程度上加强了基层政府的功能；另一方面，逐步扩大了企事业单位的自主权，把不宜由政府管理的事务逐渐交还给企事业单位。这些改革与创新措施使政府管理主体的职责范围得到了积极的调整，政府管理关系逐步调整到协调发展与和谐运行的方向上来。

第三，政府管理系统与社会环境动力场的良性互动关系逐步形成。一方面，政府管理系统自觉适应环境动力场的综合要求，特别是集中体现社会主义市场经济规律和经济全球化与社会信息化的要求，积极开展政府管理与创新；另一方面，通过积极有效的政府管理活动，努力改造各种环境动力因素，不断开拓生态文明、物质文明、政治文明、精神文明和社会文明以及全球文明和谐发展的局面。

三、构建和谐社会与政府管理文明建设急需解决的主要问题

构建社会主义和谐社会与政府管理文明建设是一个通过政府管理改革与政府创新不断积累、循序渐进的过程。中国政府管理改革与创新的过程虽然已经积淀下了许多具有中国特色的政府管理文明建设的进步成果，但这并不意味着中国政府管理文明建设已经达到了完备完美的程度和很高的水平。客观地讲，中国社会主义政府管理文明建设尚处于探索起步阶段，还需要有一个长期不间断的发展过程，其间也不可避免地要面临各种各样的新挑战和新问题。就目前的情况看，正如温家宝总理在十一届人大四次会议上所作的政府工作报告中指出的："我们要不断加强政府自身改革建设。政府的一切权力都是人民赋予的，必须对人民负责，为人民谋利益，接受人民监督；必须最广泛地动员和组织人民依法管理国家和社会事务，

管理经济和文化事业；必须坚持依法治国基本方略，加强维护群众利益的法规建设，推进依法行政；必须实行科学、民主决策，建立健全决策、执行、监督既相互制约又相互协调的运行机制，确保权力正确行使；必须从制度上改变权力过分集中而又得不到制约的状况，坚决惩治和预防腐败；必须保障人民的民主权利和合法权益，维护社会公平正义。”[①] 这段话实际上把政府自身建设存在的问题和“十二五”时期的政府工作目标与任务放在一起，表明在构建社会主义和谐社会进程中政府管理文明的深度建设和发展，仍然存在着许多问题亟待予以解决。

（一）有关政府管理主体资质问题

政府管理主体资质也就是指政府管理主体的资格条件和综合能力水平，具体来说，包括政府管理主体地位和权力的获取方式以及权力关系状况、政府机构设置与职能关系状况、政府管理能力状况、政府管理工作方式与水平等，是一个直接决定政府管理文明发展状态和发展水平的关键性问题。如上文所述，经过长期建设和发展，中国政府管理主体的资质及其合理性与合法性程度已经有了很大提高，但仍存在着一些需要进一步解决的问题。

1. 政府管理主体的权力配置关系及权力转移方式还不够规范。政府管理权力配置关系及权力转移方式，是政府管理主体开展管理活动的依据和保障，是实现政府管理关系和谐的前提和基础。尽管从宏观上来看，中国共产党领导和议行合一的政府管理权力结构的基本格局已经确立，但具体的权力配置方式和权力转移方式仍然有很多地方有待完善。

第一，政府管理权力结构的横向配置关系需要进一步明确。从全局的意义上来讲，政府管理权力结构的横向配置关系，应该是对

① 温家宝：《政府工作报告》（2011 年 3 月 5 日）。

政府管理主体之间、政府和市场之间、政府和社会之间以及政府和公民之间的管理权力边界的限定，既包括政府管理权力在执政党、立法机关、行政机关、司法机关等政府管理组织机构之间以及各组织机构内部的各组成部门之间进行明确分工协作，也应当涉及政府管理权力在公民、企业、非政府组织和政府之间的分工。但长期以来，在配置政府管理权力的横向结构关系时，政府较为强调政府管理机关及其各部门之间特别是行政机关各部门之间的职权分工，而对党政之间的职权关系并未完全理清，尤其是对公民、企业、非政府组织的管理权限分工还不够到位，政府和市场、政府和社会之间的管理权力边界没有得到很好的界定，由此直接导致政府职能转变不到位。

第二，政府权力结构的纵向配置关系需要进一步规范。主要是指中央政府和地方政府之间的管理权限应进一步法律化制度化。中央政府和地方政府之间的管理权限是否分工明确并实现法律化制度化，直接关系到政府管理工作能否得以高效和顺利进行。中央和地方的管理权限配置的关键是要解决如何发挥两个积极性的问题，即中央政府既要保证有足够的权威来实现统一领导，又要保证地方政府应有足够的自主性和创造性，从而使两方面的积极性都得到发挥。但是，由于对各级政府的职责权限缺乏法律的和制度的规定，导致政府管理权力实际运行过程中的一些非常态现象的发生。例如，在管理权力运行走向上，每一级地方政府的管理权限都向上一级政府集中，各级地方政府的管理权力似乎都只是中央政府权力的延伸，一切重大决策均由中央一级政府做出，地方政府的管理权力缺乏独立运作的条件。而在这一过程中，中央政府着重强调的是对地方政府的职能控制和区域社会秩序的维护，而对决策和政策的普适性与特殊性问题，则缺乏自上而下的沟通机制，基层政府和民众的利益表达、利益聚合缺少规范的组织形式和组织通道，因而在决策和政策输出与利益需求之间存在着较大的差距。当这种差距在实际管理工作中显现出来之后，中央政府与地方政府之间便会通过具体管理过程中的相互掣肘或相互侵权来调适。一方面，中央政府会从其权威地位出发，随意对地方事务进行行政干预，使地方政府不能有效履行自己的职责；另一方面，地方政府也常有越轨行为或“变通”做法，以“上有政策、下有对策”甚至地方保护主义等软对抗的形式，曲解中央政府的政令或消解中央权威，必然会出现某些自发的混乱和无序状况。可见，正是由于对政府管理权力纵向配置关系及其具体的运行程序缺乏法律和制度意义上的明确规定和规范制约，造成了在实际管理工作中，中央政府对地方政府的某些方面要么统得过死、要么调控乏力，中央政府和地方政府的某些方面关系不协调和步调不一致现象时有发生。

第三，政府管理权力的转移方式需要进一步规范。改革开放以来所提出的党政分开、政企分开、政事分开、政社分开、简政放权、政府机构改革和政府职能转变以及领导干部职务任期制等措施，核心都涉及政府管理权力的转移方式问题。而由于政府管理权力结构的配置关系缺乏法律化制度化的明确规定，直接导致了管理权力转移方式上的不规范现象的发生。如管理权力横向转移方面的部门争权、领导集权现象；管理权力纵向转移方面的“一放就乱”、“一收就死”的现象；政府届别转换过程中人大的作用不充分以及人事任免即管理权力行使主体职务变动方面的裙带关系现象，等等。

上述这些政府管理权力配置关系以及政府管理权力转移方式的不规范现象，不仅会直接影响到政府管理权力的良性运行，而且也会直接影响到政府管理主体资质的合理性与合法性程度。

2. 政府机构设置和职能关系还不够优化。主要表现为：第一，政府机构横向设置的法制化规范化程度不高，机构设置和人员编制缺乏刚性约束。有些机构设置没有完全贯彻一件事情主要由一个部门负责的原则，党政机构重叠设置、人员膨胀的问题仍程度不同地存在，在一些地方甚至还很严重。例如，许多县级行政机关除了下属 20 多个局、委、办外，通常还有各种临时性的办事机构，再加上党委、人大、政协及其下属机构、武装部以及工会、共青团、妇联等半官方机构，总数在50个以上，人数多达上千人。乡镇政府的膨胀也很突出。这是导致政府成本过高和效率低下的直接原因。

第二，政府纵向结构层级过多。从中央到地方基层政府多达5个层级，既不利于上情下达和下情上达，又不利于调动地方和基层的积极性。中央与地方各级政府之间的关系尚未理顺，上下级之间的某些职权界线仍比较模糊。同时，一些副省级城市的设立和市管县体制等也缺乏宪法依据。虽然，近年来一些地方采取了缩减管理层级的措施，如某些省级政府尝试建立“扩权强县”的直管县体制，但也缺乏明确的法律规范。

第三，政府职能转变不到位。政府仍然管了许多不该管、管不了、管不好的事情，导致了政府权力越位和政府职能错位；而应由政府管的事情，有一些却没有管或没管好，又导致了政府管理职能的缺位或不到位。特别是政府的社会管理和公共服务职能过于薄弱，不能适应完善社会主义市场经济体制和全面建设小康社会以及和谐社会的新形势。况且，政府内部某些责权关系尚未理清，职能交叉、权责脱节现象没有得到完全克服。

3. 政府管理能力还不够强化。改革开放以来，通过一系列的政府改革与创新措施，政府能力状况有了明显地改善和提高，但从总体上来看，还相对滞后于经济社会发展的实际需要，其中的突出问题主要表现在：

第一，政府管理能力的物质资源基础和人力资源基础还较为薄弱。政府能力的实现需要有人力、物力与财力的支撑，政府所掌握的物质资源和人力资源的状况，既是政府获取社会资源能力的表现，又是政府实现其他方面管理能力的基础条件和物质保障。其中的关键在于财政资源的汲取能力和人力资源的开发能力。据统计，中国财政收入表现出了持续增长的势头，其增长幅度，1998年为14.2%，1999年为15.9%，2000年为17%，2001年为22.2%，2002年为15.4%，2003年为14.7%，2004年为16.9%，2005年为19.9%，2006年中国全国财政总收入达到39373.2亿元，比2005年增长了24.4%[1]，但是，目前中国财政收入占国内生产总值的比重只有16%左右，低于发展中国家25%左右的平均水平，更低于发达国家40%左右的平均水平。并且政府财政还存在着一定程度上的不稳定，尤其是中国政府还面临着举债的压力，财政赤字存在着可能恶化的态势。这表明中国政府的物质资源基础尚不够坚实雄厚，势必会使政府无法合理高效地配置社会资源，限制了政府的实际作为能力和综合管理能力，特别是直接影响到政府人力资源开发能力。人力资源开发不足可能导致的直接后果是：一方面，政府对优秀人才的吸引力会越来越低，既难以造就优秀人才脱颖辈出的局面，又无法避免优秀人才流失的现象；另一方面，政府对公务员达不到合理使用和有效激励，公务员的积极性和创造性不能被充分地发挥出来，既会造成一定程度上的人力资源浪费，也会造成公务员的异化趋向，如以权谋私等。这些都会成为影响政府管理主体资质及其合理性与合法性根基的重要因素。

第二，政府管理能力结构不尽合理。尽管人们对于政府管理能力结构要素及其相互关系有各种各样不同的理解，但在政府管理能力结构中的各种能力应均衡发展这一点上是达成共识的。尤其是在中国社会主义市场经济体制走向完善和社会全面转型的过程中，政府的各种管理能力更需要均衡发展。虽然中国政府通过不断地改革与创新，各方面的管理能力都发生了相对较大的变化，但各种能力之间并没有完全形成一种均衡发展状态，这首先表现为政府的经济调节能力、市场监管能力、社会管理能力和公共服务能力的发展，还不能满足或滞后于经济社会发展的需求。其次表现在政府各种管理能力应变的速度和发展的程度不均衡。如随着政府职能转变，政府的强制性管理能力应适时地弱化，但变化却过于缓慢；按照全面建设小康社会的要求，政府的社会汲取能力应循序渐进，但变化却

① 金人庆：《关于2006年中央决算的报告》（2007年6月29日第十届全国人民代表大会常务委员会第二十八次会议通过）。

太过急剧；按照构建社会主义和谐社会的要求，政府及时快速地提升了协调能力，但相应的公共服务能力、公共利益整合能力、组织动员能力和危机处理能力等却发展较慢。政府管理能力发展的这种快慢不等、强弱不均的状态，势必也会影响到政府管理资质的合理性与合法性程度，因此，政府管理能力的各个方面都应根据社会、经济、政治和文化发展的需要，适时地进行调整和提升，努力实现全面、均衡发展。

4. 公务员工作作风还不够优良。主要表现为官僚主义、形式主义、教条主义、自由主义、本位主义和个人主义思想和作风还在一定程度上存在，浮躁空谈、弄虚作假、不负责任、脱离群众、与民争利、腐化堕落等不良现象还较为严重，等等。这些不良作风都会损害政府形象，破坏政府管理资质的合理性与合法性基础。

（二）有关政府管理行为的制度化法律化程度问题

加强政府管理制度和法治建设，提高政府管理行为的制度化法律化程度，一直是中国政府管理改革和创新的重要任务，在取得重要进展和明显成效的同时，我们也必须清楚地认识到，在这方面仍存在着一些亟待解决的问题，尤其是一些保证政府管理行为良性展开的法律法规和相应的管理机制还不完善，

1. 规范政府管理行为的法制体系还不够健全。早在1980年，邓小平在《党和国家领导制度的改革》一文中就指出："我们的党政机构以及各种企业、事业领导机构中，长期缺少严格的从上而下的行政法规和个人负责制，缺少对于每个机关乃至每个人的职责权限的严格明确的规定，以至事无大小，往往无章可循。"[①] 由此提出了完善社会主义法制的任务。此后，中国政府不断加快立法步伐，不断健全中国特色社会主义法律体系，政府管理行为有法可依的程度

① 《邓小平文选》第二卷，1992年版，第328页。

极大提高，但目前的政府法制体系仍然有待完善。一方面，规范政党以及党政关系的法律法规还比较欠缺，另一方规范政府管理主体行为的法律法规也不够完善。如《国务院组织法》、《地方各级人民代表大会和地方各级人民政府组织法》等政府机关组织法内容过于简约，《立法法》、《行政许可法》等程序法的某些方面还不够详尽。随着社会经济的发展和政府管理工作的需要，整个政府法制体系应进一步完善。

2. 责任追究机制不到位。一方面表现为责任负担机制不健全，直接与间接责任关系都不够明确，另一方面表现为问责惩罚机制不完备，尤其是缺乏高层领导责任的问责机制，除非有重大的违法犯罪行为依法严厉惩处之外，其他方面的责任追究就显得不够到位。同时，也存在着责任负担机制与问责惩罚机制不对称的问题，如一些地方在一般政府部门及其公务员管理中普遍推行的所谓“一票否决制”，相对而言，这种问责惩罚机制就显得过于严重；而对于一些主要官员或要害部门手握重权的公务员，不仅承担的责任非常之小，而且一旦没有尽到其相应的责任，问责惩罚力度也是相当的轻，大不了调整岗位或异地为官。这些问题的存在都不利于责任政府建设。

3. 公共服务机制不完善。长期以来，中国政府一直强调自身的“人民的公仆”本色，倡导为人民服务的宗旨，但这大多是体现在思想教育和精神境界领域，实际生活中的规范化的公共服务机制却较为欠缺。虽然近年来各级政府建立了“一站式办公”和“服务大厅”等形式的公共服务机构，但政府整体的公共服务机制还不够完善。一些政府机关及其公务员提供公共服务的动力机制不足，缺乏足够的为公服务的自觉性、主动性和积极性；一些政府机关的“门难进、脸难看、话难听、事难办”的通病并没有彻底根治；更有甚者，一些政府部门或其公务员将公共服务的提供，转变为有偿服务，公开的整体性“设租”、“寻租”行为以及私下里的“权钱交易”和隐秘的“以权谋私”行为还很严重，等等。这些问题的存在极其不利于服务型政府建设。

4. 绩效评估机制片面化。由于长期以来，各级政府在贯彻执行以经济建设为中心的基本路线过程中，出现了单纯追求经济发展速度的倾向，导致政府绩效评估机制也出现了片面化倾向。在政府绩效评估过程中过于强调经济绩效，领导人的升迁过于重视经济指标的考核。导致地方政府在实际管理工作中缺乏统筹规划和长远设计，过于急功近利，忽略整体的社会效益和长远的经济效益。尤其是有的领导者个人为了实现自己任期内的“政绩工程”，树立自身的个人权威，在管理权力运用过程中，总是趋向于政府管理目标选择的直观性和短期性，热衷于搞一些任期内可以见效的表面工程，而对于能够促进经济和社会长期稳定增长的基础设施、教育环境等方面建设却重视不够，投入不足。最终都会削弱宏观经济增长和社会发展的后劲，降低经济社会全面、协调、可持续发展的能力。

5. 政府监督体制不完善。如监督主体地位不高，对主要领导者特别是“一把手”的监督力度不够，缺乏应有的权威性；某些内部监督机制缺乏协调性，职责交叉、权限不清现象还存在，外部监督机制比较薄弱；监督主体的被监督机制缺失等。

（三）有关政府管理文明的价值基础及其社会化问题

政府管理文明需要有科学完备的价值体系的支撑，更需要全社会的普遍认同和支持，并把政府的基本价值追求内化为全体公务员的精神动力和行为准则。长期以来，中国政府在培育和巩固政府管理文明的价值基础方面，开展了许多具体、扎实的工作，取得了明显的成绩，但也存在一些需要深入解决的问题。

1. 政府管理文明的价值体系还不够完备。中国共产党第十六届六中全会提出的“民主法治、公平正义、诚信友爱、充满活力、安定有序、人与自然和谐相处”的基本要求以及以“马克思主义指导思想，中国特色社会主义共同理想，以爱国主义为核心的民族精神和以改革创新为核心的时代精神，社会主义荣辱观”① 为基本内容的社会主义核心价值体系建设目标，为中国政府进一步加强管理文明价值体系建设指明了方向。但政府管理文明价值体系的核心范畴、基本架构以及具体内容等都需要进一步明确，而且即使是已经明确的诸如人权、民主、法治、公平、公开、公正、廉洁、责任、服务、诚信与效率等政府管理的基本价值准则，在有些政府管理部门中也没有完全得以确立和遵循。

2. 社会主义政府管理文明价值体系的社会化程度还不够高。虽然中国政府经常不断地开展面向全社会的普遍的“思想教育”活动，在全体社会成员和公务员队伍中传播和灌输社会主义政府管理文明的价值理念，并取得了明显的积极成果，但由于受到传统思想文化的束缚和外来思想文化的影响，社会主义政府管理文明价值体系的社会化进程受到了各种各样的冲击，一些反社会主义或非社会主义的价值取向还在一定范围和一定程度上存在。特别是社会主义管理文明价值理念并未完全内化为全体公务员的自觉意识和一体遵行的行为准则，有些公务员出现了价值观扭曲和价值追求错位现象，主要表现为：在各级政府实际管理工作中，官僚主义、特权现象和腐败现象还程度不同地存在；在一些地方和部门，政府内部管理关系专制主义现象还较为严重，如某些领导唯我独尊，上级对下级颐指气使，下级对上级阿谀奉承，搞无原则的服从和“效忠”；在一些地方和部门，政府外部管理关系异化现象也在一定程度上存在，如对群众的切身利益漠不关心，麻木不仁，高喊“为人民服务”的口号，却根本不去认真落实到行动上；在一些地方和部门，本位主义和个人主义价值观的影响还很严重，以本地区或本部门的利益得失甚至是以个人利益得失，来衡量国家的大政方针和有关政策，对自己有利的就执行，对自己不利的就不执行或不认真执行，等等。这些不

① 《中共中央关于构建社会主义和谐社会若干重大问题的决定》（2006 年 10 月 11 日中国共产党第十六届中央委员会第六次全体会议通过）。

良现象的存在，严重损害了政府的形象，降低了政府的公信力，削弱了政府管理文明建设的价值基础，在新世纪中国政府管理文明建设过程中应努力予以克服。

第六章　构建和谐社会进程中政府管理文明建设基本途径

在构建社会主义和谐社会进程中加强政府管理文明建设是一个复杂的系统工程，内容十分丰富，从总体上来说，就是在以人为本的基础上，围绕高能优态服务型政府建设实践载体，实现政府管理主体、政府管理理念、政府管理规范、政府管理行为和政府管理关系的全面进步和发展。其基本路径选择应满足四个方面的要求：一要坚持以马克思列宁主义、毛泽东思想和中国特色社会主义理论为指导，全面贯彻落实科学发展观；二要不断与时代特征和构建社会主义和谐社会的客观环境动力场变化与发展的基本要求相适应；三要牢牢把握、全面推进构建社会主义和谐社会目标的实现；四要着眼于切实分类解决特定时期和特定发展阶段上所面临的人民群众最直接、最迫切、最需要解决的实际问题。按照这四个方面的基本要求，从目前的情况来看，中国政府管理文明建设的最主要路径是在不断巩固和创新以人为本的政府管理价值理念的基础上，以提升政府服务能力为核心，不断优化政府管理主体资质和政府管理规范，进而不断提升政府管理行为的良善度和政府管理关系的和谐度。

一、不断创新政府管理理念，夯实政府管理文明的价值基础

政府管理理念是一个以政府管理价值为核心而形成的相对独立

的精神系统，其科学性与先进性程度既是政府管理文明水平的重要标志，也是政府管理文明建设的精神动力和思想导向。因此，构建社会主义和谐社会进程中加强政府管理文明建设的首要任务和路径，就是要在马克思列宁主义毛泽东思想和中国特色社会主义理论指导下，全面贯彻落实科学发展观，不断进行政府管理理念创新，始终保持政府管理理念的科学性和先进性，为政府管理文明建设提供坚实的价值基础。

构建社会主义和谐社会进程中政府管理文明建设环境动力场的作用规律，将会不断地提出创新政府管理理念的要求，按照中国发展大局趋于工业化、市场化、城镇化、信息化和国际化的方向，特别是社会主义市场经济体制、社会主义民主政治体制的深刻变革和发展，以及全球化和社会信息化程度的不断提高，都会从不同的层面形成推动政府管理理念创新的动力源。政府管理理念只有通过不断创新，才能既充分体现社会主义和谐社会环境动力场作用规律的综合要求，又切实满足中国特色社会主义市场经济和民主政治以及人类社会文明进步的基本精神和内在要求；也只有通过政府管理理念的不断创新，才能为政府管理文明建设提供既反映社会发展规律、又反映时代要求的价值支撑体系。从这个意义上来说，创新政府管理价值理念是政府管理文明建设的基础性工程，应遵循如下几个原则，既积极又稳妥地向前推进。

其一，与社会主义核心价值体系相一致原则。社会主义核心价值体系是马克思主义指导思想、中国特色社会主义共同理想、以爱国主义为核心的民族精神和以改革创新为核心的时代精神以及社会主义荣辱观的有机统一，这不仅是中国共产党和全体中国人民的基本价值追求，更是中国政府应始终如一坚持的价值理念。新世纪的中国政府管理理念创新，无论在任何时段上和任何情况下，都不能背离社会主义核心价值体系，而要与之有机统一起来，并在根本上保持一致。具体而言，就是要把政府管理价值的各个方面放在社会主义核心价值体系之中来分析、比较和研究，并把政府管理价值的各个方面在社会主义核心价值体系框架内紧密结合起来，从而反映和满足中国特色社会主义的本质要求，进一步明确政府管理的性质、宗旨和目标等。

其二，与人类社会政府管理价值追寻及其时代特征相适应原则。走向文明并不断提升管理文明程度，是人类社会对政府管理价值目标的共同追求，在每一个国家、每一个民族的政府管理活动的发展进步过程中，都以不同的方式创造着相应的文明价值成果，从而使人类社会政府管理价值宝库不断丰富和发展。同时，人类社会政府管理价值体系的进步与发展，也有其鲜明的时代特征，不同的时代以及不同的历史阶段，人类社会的发展对政府管理价值体系往往赋予不同的文明价值主题和内涵。这就要求新世纪中国政府管理价值理念创新既要立足于中国特色社会主义核心价值体系，又要始终与人类社会文明进步对政府管理价值需求及其时代特征相适应，一方面要确保政府管理价值目标体系充分体现整个人类社会的文明进步所需要的政府价值追求，并保持一种因时就势、与时俱进的平衡发展状态，另一方面也要努力代表人类社会政府管理价值追求的大趋势，承担起引领人类社会政府管理价值体系发展大方向的责任。

其三，坚持“古为今用”和“洋为中用”相结合原则。中华民族有着源远流长、丰富多彩的管理文明传统，在世界文明史上卓然而立、持续发展，贯穿于其中的诸如“刚健有为的管理精神、以民为本的管理理念、以义导利的管理价值取向、选贤任能的管理原则、整体和谐的管理方式、崇德自律的管理方法”等主导性因素，都可以在马克思主义指导之下，实现“适应现代化需要的创新性转化”①。继承和弘扬中华民族历史上积淀下来的优秀的政府管理文明成果，是新世纪中国政府管理文明建设的重要任务。同时，西方国家在长期的政府管理实践中，也创造出了许多符合政府管理一般规律的管

① 张顺：《论中国管理文明传统及其创新性转化取向》，《东北师大学报（哲学社会科学版）》2005 年第 5 期，第 61 页。

理形式和管理方法，借鉴和扬弃其中的有益因素和进步成果，为我所用，同样是中国政府管理文明建设所要求的。

按照上述原则创新政府管理理念，最主要的就是要培育和夯实以人为本为价值核心的，以为人民服务为根本价值取向的，以人民主权、人民民主、人民利益、保障人权、高度负责、崇尚法治、公平正义、公开透明、和谐宽容、廉洁自律、忠诚信用、优绩高效等为基本价值范畴的政府管理价值规范体系，从而为新世纪中国政府管理文明建设提供先进的指导理念和坚实的价值基础。

（一）强化以人为本的政府管理价值核心

中国是当今世界跌入大经济体和广大发展中国家中最大的社会主义发展中国家，政府管理面对 13 亿多富有生机和创造活力的人民，人民组织自己的政府，政府在本质上是人民政府，其生存和发展的根基就在于它的人民性。因此，构建社会主义和谐社会进程中政府管理理念的创新以及政府管理价值体系的培育，必须坚持和贯彻以人为本的核心价值和基本原则，这是一个定位政府价值体系和决定整个政府管理文明建设的性质、特征和发展方向的根本性问题。

所谓以人为本的政府管理价值观就是指在政府全部管理工作中要把执政为民作为基本价值取向，把人民群众作为基本价值主体，把人民利益作为基本价值追求，把实现人的全面发展作为最终价值理想。这是马克思主义的唯物史观和社会主义制度的根本要求。历史唯物主义认为人民是创造世界历史的动力，人民是历史发展的主体，广大人民群众的根本利益是建设和发展社会主义事业的最高价值目标和人本伦理关怀。实现好、维护好、发展好最广大人民群众的根本利益是社会主义国家政府一切管理工作的根本出发点和归宿，不断实现社会的全面进步和人的全面发展是社会主义国家政府努力奋斗的最高理想。人民群众是社会物质财富和精神财富的创造者，是发展先进生产力和先进文化的主体，同时，他们又应该是社会物质财富和经济发展的最终受益者。推进人的全面发展，同推进经济、政治、文化、社会的发展和改善人民的物质文化生活，是互为前提和基础的。人越全面发展，就越能为社会创造更多更好的物质财富和精神产品，人民的生活就越能得到有效的改善；反过来，人民的物质文化生活条件越充分，生活水平越高，就越能促进人的全面发展。社会主义社会的政府应是以民为本的政府，要把关心民情、改善民生、尊重民意、支持民权、珍惜民力、发展民利作为政府管理工作的第一要义和根本目的。

坚持以人为本的政府管理价值观，最主要的是要摆正政府管理的权力观、地位观、利益观和政绩观。为此，应着重从如下一些方面入手：

第一，牢固树立人民主权理念，强化政府管理权的民属观。人民主权理念是自资产阶级革命以来确立的基本理念，资产阶级以天赋人权和社会契约论为基础，提出了人的基本权利是不可剥夺和让渡的，政府权力来自于人民的委托。政府只有按照人民的意志行使权力，才能获取合理性与合法性的基础。撇开天赋人权和社会契约论的理论假设和资产阶级立场的局限，其中的有关政府与人民权力关系的思想原则，可以说是人类政府管理文明发展的有益成果。

马克思主义超越了资产阶级立场、观点、方法的局限，把人民主权的理念建立在科学的历史唯物主义基础之上，认为人民是历史的创造者，是社会主义国家的主人，国家的一切权力属于人民，政府的管理权力来自于人民。中国共产党人根据马克思主义国家学说，在领导中国人民进行革命和建设过程中，创建和发展起来了人民民主专政和人民代表大会制度内在统一的、具有中国特色的实现人民主权的根本国家制度形式，为人民主权理念在中国的真正实现奠定了政治基础和制度保障。中国《宪法》明确规定：中国的政权性质，是“工人阶级领导的、以工农联盟为基础的人民民主专政的社会主义国家”，“中华人民共和国的一切权力属于人民”，“人民行使国家权力的机关是全国人民代表大会和地方各级人民代表大会”。这就从根本上规定了人民的最高和最终权力主体地位，从而也决定了中国政府管理权力的人民归属性的本质特征。因此，牢固树立人民主权理念，不断强化政府管理权的民属观，是马克思主义和中国社会主义政治制度对人民政府及其公务员的本质要求，是坚持以民为本的政府管理价值观的关键。

牢固树立人民主权理念，强化政府管理权力的民属观，就是要使执掌国家管理权的政府机关及其公务员始终牢记权力的人民本源、人民性质、为民使用的目的，并以此作为指导和实施执政与管理活动的思想基础；就是要使政府管理主体始终明白自己手中的权力是人民赋予的，虽然拥有权力的使用权，但权力的主体是人民，自己不过是代表人民在行使公共权力，是在运用人民授予的权力，必须做到权为民所用，代表人民掌好权、用好权；就是要使政府管理主体始终明确权力和义务的内在统一性，自己被人民赋予了权力的同时，就是被人民赋予了履行职责的义务，即肩负着为人民服务、为人民谋利的政治责任和履行这种责任的义务，权力越大，所肩负的责任和义务也就越重；就是要使政府管理主体始终清醒地认识到那些把公共权力异化为个人以及小团体的特权，用来压迫人民、鱼肉人民，为个人或小团体谋私，损害国家和人民利益的做法，就是对人民的背叛。

第二，牢固树立人民民主理念，强化政府管理地位的公仆观。人民民主理念是人民主权理念的延伸和具体化，是社会主义制度的精髓和本质属性。中国社会主义制度的建立，一方面否定了社会经济生活中少数人对多数人的经济剥削，建立了以公有制经济为主体、多种所有制经济共同发展的经济制度，使占人口绝大多数的广大人民能够以平等的经济地位和政治地位参与政治生活；另一方面否定了少数人对多数人的政治压迫，建立了劳动人民当家作主的政治制度，使广大人民能够通过各种途径和形式，管理国家事务，管理经济和文化事业，管理社会事务，从而确立了人民在经济上、政治上和文化上的社会主人地位。这就要求中国政府及其公务员在管理工作中，必须牢固树立起人民民主理念，捍卫和保障人民的主人地位，明确自己的公仆地位。这是贯彻和落实以民为本的政府管理价值观的保障。

树立人民民主理念，强化政府管理地位的公仆观，就是要使政府机关及其公务员始终明确人民的当家作主地位和自己所处的公仆地位，正确对待个人的名利地位，正确认识岗位和职责的关系；就是要使政府机关及其公务员始终明白自己的职位就是为人民服务的岗位，不论职位高低，都是人民的勤务员，职务越高，只是意味着为人民服务的责任越大。因此，政府管理主体在接受人民赋予的管理职位的同时，就要树立起不折不扣地代表人民的意愿、廉洁勤政、全心全意为人民服务的宗旨，把更好地为人民服务作为自己最高的人生追求。具体而言：

首先，要强化公仆意识，不搞特权和特殊化。不能把自己当作是人民的主人，凌驾于人民群众之上，更不能把人民赋予的职权，当作牟取私利的工具。要把为人民尽好职、服好务、做好工作视为终生的义务，把管理主体地位作为承担责任和履行义务的途径，当好人民的公仆。要把求真务实、艰苦奋斗、奋发有为、锐意创新、积极进取的思想作风与高尚的公仆情怀结合起来，真正做到情为民所系、利为民所谋。

其次，要强化民本意识，克服官本位心理。应当看到，官本位心理作为封建官僚制度的思想残余，在某些政府管理主体心目当中还一定程度地存在，特别是那些一门心思跑官、要官、买官的现象，影响极坏，必须予以克服。要采取有效措施，不断强化政府管理主体的民本意识，使它们都能够立志为人民行大义、做大事、谋大利，而不要立志只为自己当大官、发大财。

再次，要强化群众观点，力戒官僚主义。群众观点是马克思主义的基本观点，一切来源于群众、一切依靠群众、一切为了群众，是中国社会主义革命和建设事业不断取得胜利的重要法宝，也是中国政府合法性的根基。政府执政和施政的最大危险就是脱离群众，而官僚主义的最大危害恰恰就在于脱离群众、脱离实际，常常将权力与责任割裂开来，只想当官，不想干事。因此，官僚主义与中国政府管理的本质是格格不入的，政府管理主体必须要不断强化群众观点，坚决反对并尽力戒除官僚主义作风，一定要把人民群众装在心里，与人民群众同呼吸、共命运，真正想群众之所想、急群众之所急，脚踏实地为人民群众做好事、办实事、解难事，以自己的实际行动密切政府和人民的血肉联系，做一个名副其实的“人民公仆”。

第三，牢固树立人民利益取向，强化政府管理代表人民利益的政绩观。马克思主义认为，利益是社会发展的基础，追求利益是人类一切社会活动的动因。人们奋斗所争取的一切，都同利益有关。建立社会主义和共产主义制度，就是为了通过谋求最广大无产者的利益而最终谋求全人类的利益，使全人类得到彻底解放，使每个人都得到全面自由发展。中国政府是以马克思主义武装起来的中国共产党为领导核心和执政党的人民政府，必定是中国最广大人民利益的忠实代表者、实现者和捍卫者，并自觉地把最广大人民群众的根本利益作为衡量政府管理工作及其绩效的最高价值标准和评价标准。这就要求政府管理主体必须牢固树立人民利益取向，并努力把实现最广大人民群众的根本利益，作为自己从事管理工作以及验证工作绩效的出发点和目的归宿。

牢固树立人民利益取向，自觉代表、实现最广大人民的根本利益，是政府管理主体确立正确的政绩观的根本原则，也是检验政府管理工作绩效以及政府公务员是不是称职的最根本的标准。在社会主义市场经济大环境下，随着中国经济成分、组织形式、就业方式、利益关系和分配方式的日益多样化，人民内部不同群体的利益要求，呈现出多样化发展态势。如何正确处理人民内部的利益矛盾以及政府与人民群众之间的利益关系，维护国家、民族、人民的根本利益，是政府管理主体面临的新课题。在新世纪，准确分析和判断什么是人民的根本利益，正确把握好各种利益关系，妥善处理好各种利益矛盾，确立科学的政绩观，始终是政府管理主体的职责之所在。

牢固树立人民利益取向，强化代表人民利益的政绩观，尤其要正确对待、妥善处理好以下几个方面的利益关系：一是个人利益与整体利益的关系。政府管理主体也有包括其本人、家庭成员和亲属利益在内的个人正当利益，并随着经济社会的发展，个人利益会得到不断的满足。但个人利益追求要限定在合理合法的范围内，并把它融入到人民的事业之中，坚持人民的整体利益高于一切，不能只顾个人利益。当个人利益与人民整体利益发生冲突的时候，必须无条件服从人民整体利益。二是局部利益与全局利益的关系。政府管理主体必须站在人民的立场上，从全局的高度对待和思考利益和政绩问题，不能只考虑本地区、本部门、本单位的利益，而忽视民族、国家和广大人民的利益。要具有谋求人民利益最大化的意识，具备判断小利和大利的能力，当局部利益与全局利益发生冲突的时候，必须无条件服从大局利益。三是眼前利益与长远利益的关系。政府管理主体在自己的管理岗位上，要设法满足职责范围之内的人民群众现实的物质和文化生活需求。但有些事情从眼前看是有益的，从长远看却是有害的，这就要求各级政府管理主体不要为眼前利益所惑，更不应搞那些短视的政绩工程，应以发展的眼光，超前的思路，把实现经济社会的长远发展与解决当前发展中的实际问题结合起来考虑，为了谋求人民群众的长远利益，有些眼前利益必要时必须果敢地予以牺牲。

总之，强化以人为本的政府管理价值核心就是要把捍卫人民主权、发展人民民主、实现人民利益有机统一起来，真正做到权为民所用、情为民所系、利为民所谋，真正坚持发展为了人民、发展依靠人民、发展成果由人民共享，在人民创造历史的伟大实践中实现社会生产力的不断发展，以此为基础不断推动经济社会全面进步，促进人的全面发展。这是由中国政府的根本性质内在地决定着的开展管理工作的根本价值取向，也是政府管理主体其他一切价值追求的根本依据。

（二）完善以为人民服务为取向的政府管理基本价值规范体系

为人民服务的价值取向与以人为本的政府管理价值核心是内在的统一，以人为本的核心价值必然要求政府管理的各个方面都要坚持为人民服务的价值取向，而政府只有真正做到全心全意为人民服务，才能充分体现政府管理以人为本的核心价值。中国共产党和中国政府向来以为人民服务为己任，尽管随着现代政府管理理念的创新与发展，提出了多种多样的关于政府管理的新的价值取向，但中国政府为人民服务的根本价值取向不能有丝毫动摇。在新世纪，中国政府管理理念创新的基本任务，就是要在强化以人为本的核心价值基础上，吸收、借鉴、丰富和发展现代政府管理理念中的既能反映政府管理一般规律，又要体现中国政府管理的本质要求和基本特征的价值范畴，不断健全和完善以为人民服务为根本取向的基本价值规范体系，作为指导新世纪中国政府管理文明建设和发展的行为规范和价值原则。概括起来说，以为人民服务为取向的政府管理价值规范体系，主要应包括如下一些基本价值范畴：

第一，人权。尊重人的基本权利，维护和保障人权，是现代社会一项根本原则，也是“现代社会对政府文明的基本期待，同时也是衡量和判断政府文明的最低底线”。[①] 在政府管理实践中，维护和保障人权，最基本的就是维护和保障人的生存权和发展权。“生存权包括生命权、独立权、人格尊严权、公诉权、国民权、医疗权、财产权、就业权、迁徙权、休息权、娱乐权、人生自由权等等”，“发展权包括平等权、自由权、表达权、参政权、选举权与被选举权、追求幸福权、受益权等等”，[②] 其中的核心权利就是自由权与平等权。

① 薄贵利：《政府文明建设的理性思考》，《新视野》2005年第3期，第47页。

② 张顺：《当代中外政治管理体制比较分析》，吉林人民出版社2005年版，第253页。

自由权和平等权作为人类社会发展进步所一直追寻的理想价值，也应是现代政府管理活动所追求的最基本的目的性价值。就自由的价值而言，自由是人所具有的本性即主体性的表现，是反映人在世界上独立存在特别是在社会生活中所特有的主体性的价值，这种独立主体性价值是人类社会得以存在和发展最基本的基础和前提，也是政府从社会分离的根本原因。因为正是自由，构成了人之所以成为主体的根据，构成了人的尊严和人格，这种自由一旦被否定，人就失去了做人的尊严和主体地位。作为社会主体的个人都是自由的存在，都具有独立的意志和独立的利益，为了防止主体之间的冲突不至于导致自身与社会一起毁灭，政府通过制度和法律规定主体的权利和义务，来平衡主体间相互关系，规范和控制人们之间的相互行为，并以公共权力实行对违法者的惩处、制裁来强制性地要求人们遵守政府规定的规范体系，从而形成保障自由免受侵犯和被滥用的人类社会生活秩序。就平等价值而言，平等意味着人与人之间的地位和权力相当，这应表现在社会生活的各个方面，最起码的应表现在如下方面："可以是政治参与的权利、收入分配的制度，也可以是不得势的群体的社会地位和法律地位，它的范围涉及法律待遇的平等、机会的平等和人类基本需要的平等。它也可能关注诺成合同的义务与对应义务之间的平等的保护问题、并关注在适用刑法时维持罪行与刑罚间某种程度的均衡问题"。[①]

当然，就人权与政府的关系而言，人的权利既是政府管理活动的压力，又是政府发展进步的动力。一方面，人的全面自由发展的权利诉求，自然具有排斥政府管理的冲动，极容易导致人与人之间、人与政府之间的矛盾和冲突，严重者也可能会导致社会的无序状态而损害社会公共利益；另一方面，人们对于全面自由发展权利的追求，又可以极大地激发人的独立自主性、积极性和创造力，从而推

① 博登海默：《法理学：法律哲学与法律方法》，中国政法大学出版社 1999 年版，第 285 页。

动整个人类社会以及政府的发展和进步。因此，政府要善于把握维护和保障人权的度，妥善采取对于人权的肯定性和保障性限制措施，要始终站在代表最广大人民基本权利和根本利益的立场上，既要为了社会的进步和人民利益的实现而充分肯定和保障人权，同时又要对于那些打着人权旗号破坏社会秩序和危害最广大人民利益的行为加以严格限制，这是中国社会和谐发展的前提条件，也是新世纪中国政府管理文明建设的基本价值目标。

第二，责任。“责任”一般是指主体应履行的义务或职责及其应承担的后果。作为政府价值的责任也就是指政府应该履行的义务或职责及其应承担的后果，既包括政府在经济、政治、法律、道德等方面所应作为的程度和范围，也包括政府在失职、渎职、不作为或违反某种具体义务时所应承担的后果。当然，政府责任的关键问题是对谁负责和如何负责的问题，现代民主政治的发展以及人类文明的进步，要求政府应该对人民负责，这也是当代世界各国政府所奉行的基本价值理念，所不同的只是负责任的方式和程度各有差异。中国政府作为人民政府，向来重视对人民负责的价值取向，并做出了相应的法律和制度安排。

中国宪法明确规定：国家一切权力属于人民；全国人民代表大会和地方各级人民代表大会都由民主选举产生，对人民负责，受人民监督；国家行政机关、审判机关、检察机关都由人民代表大会产生，对它负责，受它监督。可见，对人民负责成为政府的首要职责。从政府责任的内容来说，中国宪法、政府组织法以及相应政府法规对各级政府的具体责任形式作了明确规定。主要是贯彻了以政治责任、法律责任、道德责任等形式实现对人民负责和对法律负责的根本要求。所谓政治责任是指政府如果在管理工作中损害了人的利益或违背了人民要求，就要接受人民代表大会的质询和监督，严重的要被罢免职务；所谓法律责任是指政府及公务员履行职务责任有误或没能履行职务责任而造成严重后果的，要被追究民事法律责任、刑事法律责任或行政法律责任；所谓道德责任是指政府及其公务员的管理行为如果有背职业道德和社会公德也要接受人民和社会的谴责，等等。这些规定都集中地反映了政府权力与政府责任的内在统一规律。没有无权力的责任，也没有无责任的权力，政府在取得权力的同时也自然承担其相应的责任，不承担责任的权力必然会导致权力腐败和权力滥用。在新世纪，进一步强化政府管理的责任价值取向，既是对强调政府权力与责任相互平衡与制约的现代政府管理理念发展趋势的积极回应，更是中国政府的本质要求。

第三，法治。法治一般是指依照体现人民意志以及反映社会发展规律的法律来治理国家的状态与方式，它表明国家的政治、经济、社会活动以及各种组织和公民在各个领域的行为都依法进行，而不受其他任何组织和个人意志的干涉、阻碍和破坏。作为政府价值追求的法治主要包括三层含义：其一是政府管理权限法定，即通过体现人民意志的法律对政府权力、职能、过程、行为方式等进行明确规定和限制，使政府首先接受法律的治理，通过法律制度保障人民权利以制约政府的权力，从而保证政府权力依法行使，防止权力滥用和权力腐败。其二是政府依法管理，即依照体现人民意志和社会发展规律的法律制度开展管理活动，并形成和维护一定的社会法治秩序，从而促进人的全面自由发展。其三是政府权力及其主体行为如果超出法律规定范围和违法，必须承担相应的法律责任。显而易见，政府法治，就是政府在管理工作中贯彻多数人的意志，维护社会的公共利益。因此，法治作为现代政治文明发展的重要成果，与中国政府管理的本质是完全一致的。事实上，中国政府早已经把法治作为开展管理工作的基本价值取向。在新世纪，不断强化政府管理主体的法治价值理念，努力打造法治型政府，同样是中国政府管理文明建设的重要价值目标之一。

第四，公正。政府作为社会公共权力的执掌者和社会公共利益的代表，其主要的职责就是维护和实现社会公平、正义。这是社会主义市场经济和社会主义民主政治以及社会主义和谐社会共同的基本要求，因而必定是中国政府奉行的基本价值理念。这里的公正，就是承认社会公民具有平等的权利，而这些权利，并不因为个人的地位、性别、民族、宗教信仰、收入等的差异而受到损害，也不能被权力和特权所侵害，它要求政府对所有的社会主体、经济主体和政治主体一视同仁。具体而言，政府公正意味着：首先，每位公民都拥有享受政府所提供公共福利、公共产品和公共服务的平等权利，都拥有平等的政治权利和平等的发展机会，并以司法公正保证其实现；其次，每位公民享受政府所提供的公共福利、公共产品和公共服务的权利都能得到尊重和体现，关爱和保护弱势群体利益，维护社会正义；再次，每位公民都应该能够通过公开正当途径和程序获得政府所提供的公共福利、公共产品和公共服务，它不是某个强势社会群体的专利，也不是部分官员谋取个人利益的手段；最后，每位公民都应该拥有共享社会发展成果的权利，政府应发挥调节收入分配的作用，使社会分配公平合理，防止贫富悬殊、两极分化。公平正义是社会主义和谐社会建设的关键所在，是新世纪中国政府管理文明建设应始终坚持的价值取向。

第五，公开。现代社会是开放社会，政府管理活动的价值取向也应该是公开和透明的。政府公开的价值取向就是指政府把公共管理活动的依据、内容、过程和结果等全面向社会公开，让公民知悉，以便于公民办事和监督。这就要求政府管理主体要在牢固树立人民是国家主人和自己是人民公仆理念的基础上，进一步破除恩赐观念和暗箱操作、秘密施政观念，保证政府管理权力在阳光下运行。这不仅是 WTO 规则的一项重要内容，同时也是市场经济的客观要求，更是社会主义民主政治的必然要求。新世纪的中国政府管理文明建设也只有在公开的价值基础之上，才能获得顺利发展。

第六，和谐。和谐不仅是构建社会主义和谐社会的价值标义，更是社会主义国家政府管理的价值追求。社会的和谐发展与文明进步需要政府与社会之间、政府与企业之间、政府与公民之间、政府机关及其公务员相互之间的通力合作和协调。就政府管理而言，所谓和谐的价值取向，主要表现为中央政府与地方政府、上级政府与下级政府、政府与所属部门之间政令畅通，政府各部门之间协调一致，整个政府管理系统目标统一、运转协调有序；同时也表现为政府与公民的协作互动，公民积极参与政府的管理和社会治理，政府积极促进双方的合作。这就要求新世纪的政府管理文明建设要在促进内部和谐，即政府职能界定科学清晰、机构设置合理精干、分工明确、职权责利相一致的基础上，进一步努力达成政府与公民合作治理、和谐共进的局面。

第七，廉洁。全心全意为人民服务的政府，最信奉廉洁的价值。人民政府的权力是人民所授予，目的是维护和实现最广大人民的根本利益，而不是谋取个人私利。一个滥用权力、专横跋扈、徇私行贿、贪赃枉法、腐化堕落的政府，是与人民的意愿和人类文明背道而驰的，不可能是人民的政府。因为腐败是对公共利益的肆意侵吞和对公民权利的肆意践踏，是社会的公敌和人民的大敌。只有一心为公、清正廉洁的政府，才是符合社会公共利益和人民意愿的政府，才能表现出高尚的精神和良善的行为，才能推动社会沿着人类文明大道不断前进。因此，新世纪中国政府管理文明必须确立牢固的廉洁价值基础，保证政府管理主体始终执政为民、清正廉洁，而绝不能以权谋私、腐化堕落。

第八，自律。由于政府是掌握公共权力的，因而自律的价值显得尤为重要。自律也就是指自我约束、自我规范、自我节制，其本质在于对法律、制度、政策、组织纪律、伦理道德等行为规范的自觉遵守。作为政府价值的自律，就是政府管理主体的自我管理、自我约束、自我规范、自觉依法守制、遵章守纪。自律以责任意识、法治意识为前提，是政府管理主体针对自身出现的问题，通过知法明理、落实责任的方式，主动规范、约束的自我行为。改革开放以来，中国体制改革和社会转型过程，使社会的经济关系、利益关系以及伦理关系等发生了很大的变化，社会关系以及人伦关系的复杂多样性和现实生活的丰富性，使现有的社会规范和伦理道德规范难以涵盖一切社会关系和行为，人的活动范围的扩大和流动性的增加使外在的他律约束力日益减弱，因此，基于对法律、制度、道德等规范的本质和精神理解基础上的自律意识，也就成为新世纪中国政府管理文明建设不可或缺的价值准则。

第九，诚信。所谓诚信，即诚实守信。作为政府价值的诚信是指政府对于依法守义、履诺践约、取信于民的政治道德追求，具体表现为政府管理主体对法定权力和职责的正确履行程度、公正程度、实际的践约程度以及公信力等。政府诚信是政府自身存在合法性的根本，也是社会诚信的核心。一方面，政府诚信对整个社会诚信体系的良性运行具有示范和主导责任，也是政府管理和社会秩序的主要道德原则。另一方面，政府行使公共权力和履行公共管理职能的诚信度，直接关系到公共责任和公共利益的实现程度，如果政府失信于民，实质上就是对公共责任的破坏和对公共利益的损害。而一个不守诚信、不负责任的政府，不可能具有应有的合法性威望，也极容易引发政治危机、社会动乱的出现。因此，中国政府作为人民政府，必须把对人民忠诚守信作为基本的价值准则。

第十，绩效。绩效的基本内容指的是投入成本与产出收益之间的关系，成本投入即是一定的人力、物力、财力等方面的付出或代价，产出收益则是能够为人们提供满足的有用物即效益或效用。作为政府价值的绩效主要是指政府管理以最小的成本费用获取最大化的收益和综合的社会效益。绩效反映着政府管理的能力、水平和实际效果，因此，在现代社会政府管理实践中，绩效已经成为具有普遍性的价值追求。中国政府作为为人民服务的政府，更应该是追求高绩效价值的政府。只有高绩效，才能为人民提供更多的共享成果。

政府管理绩效价值取向反映到政府管理实践，表现为内在统一的两个方面：一方面是建设廉价政府，保证政府机构设置尽量精简、人员尽量精干、政府管理过程尽量简便通畅，忠实地履行法定职责，公正地行使公共权力，提供优质的公共产品和公共服务，尽力克服机构膨胀臃肿、人浮于事、贪污腐败、铺张浪费等现象，努力把政府管理运行成本降到最低。另一方面就是建设高效能政府，在优化政府职能的基础上，保证政府的经济管理、政治管理、文化管理、社会管理等功能得以充分和高效发挥，特别是要保证政府通过有效的资源配置方式和经济调控方式，实现社会资源合理优化配置，激发广大人民群众的积极性、主动性和创造性，为广大人民群众和各种经济行为主体的自由、平等发展和公平竞争提供优越的活动空间，使每一个人或群体都有获得劳动并追求其利益和充分发展的机会，最大限度地开发和调动现代社会经济活动中的创造性资源和社会潜力，从而保证整个社会经济、政治、文化等各个方面稳步、和谐、快速、可持续发展。

（三）强化政府管理理念社会化环节，形成推动政府价值实现的同向合力

政府管理理念的创新以及政府管理价值的实现，不是单纯的政府自身的行为，而更应是全社会和全体人民的事情。它既需要政府的大力倡导和积极推进，又需要有全体社会成员的普遍认同和大力支持，更需要全体公务员的一体遵行。按照人民当家作主的要求，无论是政府管理理念的形成与创新，还是政府管理价值的设定，都应该是广大人民群众意志和利益的体现，并由全体公务员忠实执行。如果没有广大人民群众的赞同和公务员队伍的自觉践行，政府管理理念以及政府价值目标，也就无从得以实现。从这个意义上来说，政府管理理念的社会化过程具有极为重要的意义。

所谓政府管理理念社会化主要包括两个方面的含义和内容：一方面，从政府的角度来说，它是政府将其奉行的管理理念、价值观念、价值准则和价值规范等，通过适当的途径向社会成员（包括公务员）灌输和传播的过程，通过这种灌输与传播，使得政府管理理念及其中的价值观念在社会成员中普遍流行和世代传承；另一方面，从社会成员（包括公务员）的角度来说，它是指人们通过学习或管理实践获得和改造、接受和内化政府管理理念、政府价值观念、政

府价值准则和价值规范的过程，通过这种学习和实践，使得社会成员（包括公务员）成为符合实现政府管理理念和价值要求的积极推动力量。因此，政府管理理念社会化过程实际上也就是通过政府宣传、教育与个体学习相结合的方式，在政府与公务员和全体社会成员之间就政府管理价值取向达成共识、一致践行、合力推进的过程①。

强化政府管理价值理念的社会化过程，最主要的是加强公务员的内化环节。即把政府管理价值理念真正转化为全体公务员的自觉价值追求和行为导向，使得公务员的自我价值实现和人格塑造过程，与政府价值目标实现过程内在统一起来。这是政府管理价值理念社会化的关键环节，因为公务员不仅是政府管理价值理念的承载者、践行者，而且是政府管理价值理念的传播者和示范者，更是政府与社会直接沟通、合作的桥梁和纽带。为此，应主要采取如下一些措施：

第一，在加强政府宣传、教育、培训等工作的同时，充分调动个体自觉学习的主动性。如前所述，政府管理价值理念的社会化过程是政府与社会成员（包括公务员）的双向互动过程。因此，发挥政府和个体两个方面的积极性、主动性、能动性，是政府管理价值理念社会化取得成效的缺一不可的动力源泉。因此，要把加强政府的宣传、教育、培训工作与社会成员和公务员个体的自觉学习有机结合起来。但从中国政府长期以来所组织开展的宣传、教育和培训工作的实际状况来看，则存在着个人自觉学习的主动性调动不够的倾向。政府在组织开展宣传、教育和培训工作中总是把自身置于主体地位，而社会成员以及公务员个人只能是被动接受的客体。这就限制了个体在政府管理价值理念社会化过程中能动性、积极性以及实效性的发挥。事实上，任何成功的宣传、教育、培训以及学习过程都是以个体积极性、能动性的发挥为前提的。只有在社会成员和

① 参见张顺：《当代中国政治文化变迁》，吉林人民出版社2000年版，第268页。

公务员个体自觉学习的主动性得以充分调动的情况下，才能激发他们学习的兴趣、动机、持久性、能动性并增强实效性，才能使他们自觉地将政府组织开展的宣传、教育和培训的内容内化在自己的观念结构和行动过程之中。因此，在新世纪中国政府组织开展以政府管理价值为核心内容的政府管理理念社会化过程中，应当在改革和加强宣传、教育、培训的内容、方式等的前提下，进一步调动社会成员以及公务员自觉学习的主动性、积极性、能动性，把政府宣传、教育、培训与个体自觉学习过程有机地结合起来，从而提高政府管理理念社会化的实效。

第二，强化政府管理主体奉行政府管理价值理念的示范作用。在中国，政府管理主体包括各级党组织和各级政府机关及其公务员，承担着贯彻执行政府管理理念、实现政府管理价值的专门角色地位，他们的精神境界和实际行动对于广大公民群众具有极强的率先垂范的作用。因此，在新世纪，不断加强政府管理主体自身的思想建设、组织建设、作风建设，树立起忠实奉行为人民服务的政府管理价值理念的形象，对于政府管理价值理念得到全社会认同，进而推动整个政府管理文明建设具有十分重要的意义。

第三，努力把政府管理价值理念法律化制度化，充分发挥法律和制度的规范与保障作用。在中国社会主义市场经济体制和民主政治以及法制不断走向健全的过程中，政府的行为准则必须是法定和通过制度确认的，而不能在法律制度之外去寻求政府行为的根据。因此，新世纪中国政府应发挥立法功能和创制功能，把体现为人民服务取向的各种政府管理价值理念融入到政府法律和制度规范之中，通过法律制度赋予政府管理基本价值范畴以确定的内涵和统一的要求，使政府管理行为所追求的价值目标均有法可依、有制可循，不能以长官意志或地区差异以及所谓的情况特殊为由而随意加以改变。这是政府管理价值理念社会化及其真正得以实现的根本保障。

二、以提升政府管理能力为核心，不断优化政府管理主体资质

政府管理主体资质是指政府管理主体的资格条件、综合素质和能力水平，主要通过政府管理主体地位和权力的获取方式以及权力关系状况、政府机构设置与职能关系状况、政府管理能力状况、政府管理工作方式与水平等方面表现出来，是一个直接影响和决定政府管理合理性与合法性以及整个政府管理文明发展状态和发展水平的根本性问题。优化政府管理主体资质，就是要使影响政府管理主体资质的各方面因素均有所改善和提高，从而使政府管理的合理性与合法性增强，促进政府管理水平全面提升。但就其主导方面而论，优化政府管理主体资质的核心问题应该是政府管理能力问题。因为在常规状态之下以及既定的国家制度和政治体制框架内，政府管理能力不仅综合地体现政府内部权力关系和职能关系的运行状况，以及政府管理水平，也全面地反映着政府与社会、经济、政治、文化等的关系状态。因此，在构建社会主义和谐社会进程中加强政府管理文明建设，不断优化政府管理主体资质，要始终围绕提升政府管理能力这一核心问题而展开。

在构建社会主义和谐社会进程中，不断提升政府管理能力，主要应从如下几个方面着手：

（一）以加强党的执政能力为关键，促进政府管理主体能力全面提高

在中国政治制度体系和政府管理体制中，人民是国家公共权力的所有者、委托者，政府是国家公共权力的受托者、行使者，必须对人民负责，受人民监督。其中，中国共产党是代表中国最广大人民的根本利益而执掌、领导政府的执政党。中国共产党执政的直接

目的，就是将自己所代表的最广大人民的根本利益诉求和政治主张转化为国家的政策、法令，从而确立和维护有利于广大人民群众安居乐业和全面发展的社会公共秩序，为实现最广大人民的根本利益提供政治条件、制度保障和组织支持；中国政府是中国共产党执掌和领导下的人民政府，其根本目的和任务就是为最广大人民根本利益的实现提供服务和权力保障。共产党执政为民，政府服务人民，人民的利益高于一切成为党和政府共同的基点和落脚点。而要达到党和政府的共同目的，最紧要的就是加强中国共产党的执政能力，充分实现执政党领导和控制政府运作过程及其发展方向的功能。

可见，中国共产党领导的整个政府都是代表人民根本利益的主体，同样也都是人民共同事务的管理主体。作为居于领导地位的政党，中国共产党掌控着中国政府管理过程和发展方向，从这个意义上来说，其执政能力对于政府管理能力具有统领、定位和规导作用。作为居于执政地位的政党，中国共产党又置身于政府管理过程之中，本身就是政府管理主体，从这个意义上说，其执政能力与立法机关的立法能力、行政机关的执行能力、司法机关的司法能力等都是政府管理能力的组成部分。因此，党的执政能力建设与政府的管理能力建设不是一个彼此独立或单向展开的过程，而是一个有机统一、同步共进的过程，并且加强党的执政能力建设始终是提高政府管理能力的关键与核心。

在中国改革开放和社会主义现代化建设不断向前推进的过程中，中国共产党高度重视执政能力建设。党的十六大明确提出“加强党的执政能力建设”，要求各级党委和领导干部要不断提高科学判断形势的能力、驾驭市场经济的能力、应对复杂局面的能力、依法执政的能力、总揽全局的能力。党的十六届四中全会专门通过了《中共中央关于加强党的执政能力建设的决定》，明确指出：“党的执政能力，就是党提出和运用正确的理论、路线、方针、政策和策略，领导制定和实施宪法和法律，采取科学的领导制度和领导方式，动员和组织人民依法管理国家和社会事务、经济和文化事业，有效治党治国治军，建设社会主义现代化国家的本领。”加强党的执政能力建设的总体目标是：“通过全党共同努力，使党始终成为立党为公、执政为民的执政党，成为科学执政、民主执政、依法执政的执政党，成为求真务实、开拓创新、勤政高效、清正廉洁的执政党，归根到底成为始终做到‘三个代表’、永远保持先进性、经得住各种风浪考验的马克思主义执政党，带领全国各族人民实现国家富强、民族振兴、社会和谐、人民幸福。”进而提出当前和今后一个时期，加强党的执政能力建设的主要任务是：“按照推动社会主义物质文明、政治文明、精神文明协调发展的要求，不断提高驾驭社会主义市场经济的能力、发展社会主义民主政治的能力、建设社会主义先进文化的能力、构建社会主义和谐社会的能力、应对国际局势和处理国际事务的能力。”① 这表明党的执政能力及其建设内容是一个包含经济调控能力、政治发展能力、文化建设能力、社会管理能力和国际关系协调能力等各种能力要素构成的综合体系。这实际上也明确了新世纪中国政府管理主体能力建设的基本框架和基本方向。

总之，从中国政府管理主体的角度来审视，政府管理能力主要是中国共产党的执政能力、立法机关的立法能力、行政机关的执行能力、司法机关的护法能力等的有机统一体，其内在的基本运行逻辑在于：中国共产党统揽全局，领导、组织和支持立法机关、行政机关、司法机关等各自能力的发挥过程，并把党所代表的最广大人民利益和意志的主张通过人民代表大会转化为国家法律，由行政机关执行，由司法机关保证实施，这一逻辑关系体系良性运行与协调发展的最为关键性的决定因素就在于中国共产党的执政能力。因此，新世纪中国政府管理文明建设的根本途径，就是在不断加强党的执政能力建设的基础上，实现政府管理主体能力的全面发展和持续提升。

---

① 《中共中央关于加强党的执政能力建设的决定》（2006 年 10 月 11 日中国共产党第十六届中央委员会第六次全体会议通过）。

（二）以强化综合服务能力为主导，实现政府管理能力结构优化

从宏观上来看，政府管理能力作为政府管理主体所拥有的回应环境动力场要求以及处理内外事务的本领，其基本内容不外乎社会管理能力、经济管理能力、政治管理能力、文化管理能力以及综合服务能力等方面，其中，综合服务能力贯穿于政府管理能力的各个方面，是政府管理能力的集中体现。

所谓政府综合服务能力是指政府管理主体所具有的为满足社会发展需要而提供各种服务的能力总称，其核心是为人民服务能力，主要表现在为社会提供公共服务的能力，为经济、政治、文化建设和发展提供专项服务的能力等方面。也就是说，政府的综合服务能力不是单纯地表现在政府工作的某个领域和某个方面，而是蕴含在政府的全部管理工作之中。虽然从目前来看，世界各国对于政府服务能力建设的重点和主要方面有各种各样不同的认识，但就中国社会主义国家政府的本质而论，强化和提高政府综合服务能力始终是中国政府管理能力建设的发展方向。因此，在构建社会主义和和谐社会进程中加强政府管理能力建设，应该确立以提高政府公共服务能力为重点、以全面提高政府综合服务能力的主导方向、并在此基础上促进政府管理能力结构优化的发展策略。具体而言，主要应遵循如下途径和步骤：

1. 不断提升政府公共服务能力。公共服务能力是政府综合服务能力的主要内容和集中表现，是当前中国政府管理能力建设的重点。2004 年 2 月，温家宝总理在中共中央党校省部级主要领导干部“树立和落实科学发展观”专题研究班结业式上的讲话中指出：公共服务“就是提供公共产品和服务，包括加强城乡公共设施建设，发展社会就业、社会保障服务和教育、科技、文化、卫生、体育等公共事业，发布公共信息等，为社会公众生活和参与社会经济、政治、文化活动提供保障和创造条件。”这虽然是直接针对行政机关而言

的，但同样也应该是立法机关、司法机关和政党组织所共同承担的任务。因此，这里实际上提出了中国全部政府机关公共服务的基本内容、主要任务和基本目的。据此来看，中国政府公共服务能力建设的基本内容应该包括：提供公共设施的能力、发展社会就业的能力、提供社会保障的能力、促进公共事业发展的能力、提供公共信息资源的能力、保障社会公共生活的能力、保证公民参与社会经济、政治、文化活动的能力等，根本目的就在于为广大人民群众的全面自由发展提供保障和创造条件。新世纪中国政府公共服务能力建设应该在此基础上，以人民需要和达到满意为标准，进一步拓展公共服务的领域和范围，创新公共服务的内容和服务方式，完善公共服务体制，为政府综合服务能力的全面提高奠定基础。

2. 努力完善政府综合服务能力体系。政府综合服务能力是政府管理主体的服务能力在政府管理客体方面表现出来的服务绩效。从服务主体来看，它是执政党服务能力、立法机关的服务能力、行政机关的服务能力、司法机关的服务能力等的有机统一体；从服务客体来看，主要表现为经济绩效、政治绩效、文化绩效和社会绩效的有机统一；从服务能力类型来看，主要是战略目标管理能力、科学民主决策能力、统筹协调合作能力、宏观调控能力、社会管理能力、资源整合能力、公共服务能力、信息管理能力、人力资源开发能力、监督管理能力等的有机统一。完善政府综合服务能力体系就是要真正确立起以加强服务主体的密切配合为基础、以凸显服务绩效为导向、以强化各种类型的服务能力为本位的政府管理文明建设的方向，并通过制定科学规范、切实可行的服务能力考核标准，采用客观、真实、准确、有效的服务能力开发、服务能力考量、服务绩效评估技术和测量方法，建立适合中国国情的政府综合服务能力指标体系，确保政府管理主体服务能力及其服务绩效不断得以提升。

在构建社会主义和谐社会进程中，完善中国政府综合服务能力体系，最为紧要的是在增强政府服务供给的有效性的基础上，不断提高服务的效率和质量，而政府的这一切服务努力，最终又取决于广大人民群众的认可和满意程度。为此，政府应该以密切与公民的关系为核心，正确处理好政府服务投入与服务效益的关系以及政府与其他组织、政府与市场、政府与社会的关系。

首先，要按照社会主义市场经济、民主政治与和谐社会发展的客观要求，明确政府、企业、公民组织、市场、社会等各自服务的方式、内容和标准，建立起新型的政府与企业、公民组织、市场、社会之间的互助协作关系，形成以政府管理主体服务能力为主导的市场主体、社会主体、利益主体之间自我服务能力充分发展与相互服务能力不断增强相结合的服务关系格局。

其次，以人民意愿作为政府服务的第一价值取向，建立健全政府服务保障制度。具体来说，主要是要通过建立健全政务公开制度，提高政府服务过程的公开化程度，使人民大众真正了解政府服务的依据、服务内容、服务方式、服务标准、服务质量要求等，从而使广大人民群众能够最直观地感知和判断政府综合服务过程；通过建立健全公众参与制度，明确政府服务贯彻民意和公众参与的渠道、规则和程序等，使广大人民群众能够最直接地参与政府综合服务过程；通过建立健全公民听证和社会评议制度，广泛征询公众对政府综合服务的意见和要求，并测量其满意度，接受社会公众的投诉，对违规单位及其人员做出相应处理，定期开展服务质量考评和检验，以确保政府服务的效率和质量；通过建立健全政府服务绩效激励制度，创造一个激励提高服务质量的有利环境和条件，以服务绩效为依据，强化服务成本与服务效益核算，把政府资源配置、管理权责调整、职位职务变更、奖惩尺度、报酬标准等与服务绩效挂钩，形成以综合服务能力为中心的激励机制等，进而使政府牢固树立其服务效率和质量意识，用尽量少的资源消耗提供尽量多的公共物品和最优质的综合服务。

最后，努力实现政府综合服务的均衡化和公平性。由中国政府的性质所决定，政府所提供的综合服务都应该是面向全社会和广大人民群众的，而不像剥削阶级国家的政府那样只是片面强调为占统治地位的剥削阶级或特殊利益集团服务，这是中国政府与一切剥削阶级政府的根本区别。实现政府综合服务的均衡化和公平性，一方面表现为政府服务供给取向上的非偏在性，即政府应根据广大人民群众所需要的服务的共性与差异性特征，提供统筹兼顾、不偏不倚的综合服务；另一方面表现在政府综合服务的效果和广大人民群众享有程度上的无差别性，即对于政府所提供的综合服务，广大人民群众内部的各阶级阶层、各民族、各职业群体、各个地区以及每个人都可以实际地、均等地享受到。其中，尤其要关注弱势群体享受服务的程度及其利益保护问题，这是政府公正服务能力的重要体现。

3. 促进政府管理能力结构优化。政府管理能力结构作为政府管理能力体系中各种能力要素之间的相互关系和结合方式，不是一成不变的，而是一个不断随着客观条件的变化和适应环境动力场要求而演进、变迁的动态过程。正确认识和把握政府管理能力结构演变规律，促进政府管理能力结构的优化，也是新世纪中国政府管理文明的基本任务和基本要求。

所谓政府管理能力结构的优化，就是指人们基于对政府管理能力变迁过程和演进规律的认识而对政府管理能力结构进行能动改善和良性调整，从而实现政府管理能力结构要素均衡协调演进并始终与广大人民需要和环境动力场要求相适应的良性发展状态。其基本表现：一是政府管理能力输出与广大人民群众和环境动力场的需求相适应、相平衡；二是政府自身所具有的各种能力之间紧密关联、密切配合、协调运作；三是政府管理能够充分、有效利用和实现所拥有的资源效益，取得较高的管理绩效。因此，促进政府管理能力结构优化，主要应从如下方面着手：

首先，强化政府管理的适应能力。政府管理能力结构的优化是以能够灵活回应社会环境动力场和广大人民的要求为前提的，只有不断强化政府管理的适应能力，才能使政府始终充满生机和活力，才能不断增强政府管理的价值性和合法性。因此，政府管理能力建设应具有灵活性、流变性、机动性和适应性，努力使政府管理主体能够自觉地随着客观环境的变迁而不断改善自身管理能力结构，保持政府管理能力结构与时俱进、不断创新，以求得政府管理能力输出与社会环境需求的动态平衡。

其次，强化政府管理的综合协作能力。主要涉及政府内部协作能力和政府外部协作能力。就政府内部协作能力而言，应根据政府内部的管理权力分工和职责定位，努力实现政府各管理部门之间、中央政府与地方政府之间以及地方政府相互之间的协调配合与通力合作。就政府外部协作能力而言，应根据政府与社会组织和公众各自在社会管理和公共服务中的角色定位，梳理和培育政府与社会和公民之间的互动合作机制，在这一协作机制框架内，政府应加强对于社会与公众需求的输入能力和体现这种需求的法律、政策、制度等的输出能力，以及遵行法律、政策、制度等的自律能力，以保护公民权益，维护社会公正；社会组织和公众应加强自理自治能力，积极配合、参与和分担政府管理工作，形成政府与社会组织和公民之间同心同德、步调一致、分工协作、相互倚重的和谐发展局面。

再次，强化政府的统筹整合能力。在新世纪全面建设小康社会和社会主义和谐社会过程中，中国政府应始终按照科学发展观的要求，不断提高统筹整合能力。即在统筹城乡发展、统筹区域发展、统筹经济社会发展、统筹人与自然的和谐发展、统筹国内发展和对外开放的基础上，科学地整合社会资源和社会价值，达成社会共识和政治认同，增进社会福利和人民福祉，实现中国社会的全面、协调、持续、稳定和繁荣发展。

（三）以加强公务员能力建设为重点，强化政府管理能力基础

政府管理能力的发挥和充分实现，有赖于相应的基础条件和资源保障。一般来说，政府管理能力的基础性保障条件主要包括政府所掌握的权力资源、财力资源和人力资源等。所谓权力资源是指政府所拥有的权力含量，包括权力性质、权力类型、权力范围及其行

使方式等。政府权力资源通常由人民通过国家宪法、法律和基本政治制度所赋予和限定，是政府开展管理活动的依据和保障，是政府管理能力形成和得以实现的政治基础。所谓财力资源是指政府所掌握的物质财富状况，最直接地表现为财政收支状况。政府财力资源直接关系到政府的生存和发展，是政府开展管理活动的物质条件和物质保证，是政府管理能力形成和得以实现的经济基础。所谓政府人力资源是指政府所拥有的人才状况，主要包括公务员的数量与公务员的质量（公务员的体质、智力、知识、技能、价值观、团队精神等）两个方面。政府人力资源是政府本质和政府形象的人格化，是政府开展管理活动的能动主体，是政府管理能力得以形成和发展的承载者和实现者。政府人力资源与权力资源和财力资源作为政府管理能力的基础性保障条件，相互之间存在着一种正相关的关系，三者缺一不可。但同时也要看到，由于人力资源是最积极、最活跃的因素，它既是政府权力资源的直接掌握者和执行者，又是政府财力资源的直接支配者和使用者，并且，政府人力资源汲取和配置权力资源与财力资源的能力，就是政府管理能力的重要组成部分和基本内容。因此，强化政府管理能力的基础，就是要在保证政府权力资源和财力资源不断得以巩固和不断提升的前提下，始终把不断提高政府人力资源的能力置于重点建设地位。

根据党和国家的战略部署以及构建社会主义和谐社会进程中加强政府管理文明建设的实际需要，加强公务员的能力建设，主要是要通过教育、培训和实际锻炼等措施，推动公务员各方面的能力不断得以提高。[①]

第一，不断提高公务员政治鉴别能力。中国的公务员是在党的领导下代表人民行使国家公共权力的公共管理人员，政治合格并具有政治鉴别力，是公务员的首要素质。公务员要形成相应的政治理

① 参见《国家公务员通用能力标准框架（试行）》（国家人事部2003年11月18日颁布）。

论功底，自觉坚持党的基本理论、基本路线、基本纲领和基本经验，认真实践“三个代表”重要思想，全面落实科学发展观；善于从政治上观察、思考和处理问题，能透过现象看本质，是非分明；具有一定的政治敏锐性和洞察力，正确把握时代发展要求，科学判断形势；积极贯彻执行党和国家的路线、方针、政策。

第二，不断提高公务员依法行政能力。提高公务员依法行政能力，既是公务员能力建设的重要内容，也是推进政府依法管理、建设法治政府的要求。公务员要有较强的法律意识、规则意识、法制观念；忠实遵守宪法、法律和法规，按照法定的职责权限和程序履行职责、执行公务；准确运用与工作相关的法律、法规和有关政策；依法办事，准确执法，公正执法，文明执法，不以权代法；敢于同违法行为作斗争，维护宪法、法律尊严。

第三，不断提高公务员公共服务能力。随着社会主义市场经济、民主政治以及和谐社会的深入建设和发展，公务员必须转变管理方式，努力提高公共服务能力。公务员要牢固树立宗旨观念和服务意识，诚实为民，守信立政；责任心强，对工作认真负责，密切联系群众，关心群众疾苦，维护群众合法权益；有较强的行政成本意识，善于运用现代公共行政方法和技能，注重提高工作效益；乐于接受群众监督，积极采纳群众正确建议，勇于接受群众批评。

第四，不断提高公务员调查研究能力。在中国社会转型和改革开放全面深入发展时期，新情况、新问题层出不穷，提高公务员调查研究能力，是实施科学有效管理的前提和基础。公务员要坚持实践第一的观点，实事求是，讲真话、写实情；坚持群众路线，掌握科学的调查研究方法；善于发现问题、分析问题，准确把握事物发展的历史、现状和产生的影响；积极探索事物发展的规律，预测发展的趋势，提出解决问题的建议；善于总结经验，发现典型，指导、推动工作。

第五，不断提高公务员学习能力。当今世界正处于知识爆炸的信息时代，科学技术日新月异，知识更新的速度不断加快，如果不学习，就跟不上时代发展，也难以在竞争中取胜。公务员要树立终身学习观念，有良好的学风，理论联系实际，学以致用；学习目标明确，根据自己的知识结构和工作需要，从理论和实践两方面积累知识与经验；掌握科学学习方法，及时更新和掌握与工作需要相适应的知识、技能；拓宽学习途径，向书本学、向实践学、向他人学。

第六，不断提高公务员沟通协调能力。提高公务员沟通协调能力，既是提高政府管理绩效的保证，又是构建社会主义和谐社会的基本要求。公务员要有全局观念、民主作风和协作意识，语言文字表达条理清晰，用语流畅，重点突出；尊重他人，善于团结和自己意见不同的人一道工作；坚持原则性与灵活性相结合，营造宽松、和谐的工作氛围；能够建立和运用工作联系网络，有效运用各种沟通方式。

第七，不断提高公务员创新能力。创新是一个民族的灵魂，也是政府管理能力的源泉。公务员要思想解放，视野开阔，与时俱进，具有创新精神和创新勇气；掌握创新方法、技能，培养创新思维方式；对新事物敏感，善于发现、扶植新生事物，总结新鲜经验；善于分析新情况，提出新思路，解决新问题，结合实际创造性地开展工作。

第八，不断提高公务员应对突发事件能力。改革开放的不断深化和经济全球化趋势的加剧，使中国政府面临着越来越复杂的管理环境，突发事件和难以预料的风险日益增多，这对加强公务员应对突发事件的能力提出了迫切要求。公务员要有效掌握工作相关信息，及时捕捉带有倾向性、潜在性问题，制定可行预案，并争取把问题解决于萌芽之中；正确认识和处理各种社会矛盾，善于协调不同利益关系；面对突发事件，头脑清醒，科学分析，敏锐把握事件潜在影响，密切掌握事态发展情况；准确判断，果断行动，整合资源，调动各种力量，有序应对突发事件。

第九，不断提高公务员心理调适能力。新世纪的新形势，在给公务员的发展带来良好机遇的同时，也给公务员带来越来越大的竞争压力，需要公务员具有较强的心理调适能力。公务员要有强烈的事业心，有积极、乐观、向上的精神状态和爱岗敬业的热情；根据形势和环境变化适时调整自己的思维和行为，保持良好的心态、情绪；自信心强，意志坚定，能正确对待和处理顺境与逆境。成功与失败；良好的心理适应性，心胸开阔，容人让人，不嫉贤妒能。

总之，公务员作为党政人才队伍的主要组成部分，是中国政府的施政主体，是党和国家的路线、方针、政策和国家法律法规的执行者，也是团结带领广大人民群众全面建设小康社会的组织者。公务员队伍的能力强弱，直接表明政府管理能力的状况及其实现程度，直接关关系到党和国家各项建设事业的发展和社会的和谐与稳定。在不断加强公务员能力建设的基础上，促进政府管理能力全面得以提升，打造一个全心全意为人民服务的效能政府，是不断优化政府管理主体资质的根本途径，也是新世纪政府管理文明建设的核心内容。

三、不断健全政府管理规范，提升政府管理行为的良善度

政府管理行为和政府管理规范是统一的政府管理过程中密不可分的两个方面。政府管理规范是政府开展管理行为的依据，也是衡量政府管理行为和验证政府工作效果的标准。实现政府管理行为的规范化，是实现政府管理行为良善化的前提条件和根本保证。在不断健全和完善政府管理规范的基础上，不断提升政府管理行为的良善度，是构建社会主义和谐社会进程中加强政府管理文明建设的重要内容与途径。

所谓政府管理行为的良善性就是指政府管理行为严格遵循体现政府管理规律和以人为本的要求的管理规范，并具有高尚的人文关怀和强韧的亲和力，它所表明的是政府管理行为符合法律、制度、

政策以及职业道德等政府管理规范的程度，以及满足绝大多数人的意志和利益需要的程度。其具体衡量尺度主要包括：其一是完全性，即政府管理行为完全符合政府管理规律和政府管理规范化的要求，使政府管理活动的各个方面都置于完备而严格的管理规范约束之下，不留有或不存在可以任意妄为的余地和漏洞。其二是人本性，即政府管理行为充分反映人民大众和公务员全面自由发展的需要，体现出高度的人文关怀。其三是公利性，即政府管理行为充分代表和实现反映社会发展与进步要求和绝大多数人社会需求的公共利益，同时也对于少数人的利益给以特别保护。其四是公意性，即政府管理行为充分而准确地反映社会绝大多数人对于公共利益的认知和意愿，而不仅仅是反映少数人的利益要求。其五是公平性，即政府管理行为公正地表达和努力实现不同层面的具体利益需求，平等地保护一切正当利益，并能够有效地调整各种利益关系，平衡各种利益冲突。其六是平等性，即政府管理行为充分体现权益的分配和责任的负担在总体上保持均衡和对等。其七是公开性，即政府管理行为过程全面向公务员和社会与民众公开，以便于参与和监督。其八是明确性，即政府管理行为的根据、目的指向和实施程序、手段等，是清晰明确的，不会引发社会冲突或误解。其九是一体性，即政府管理行为是内部协调、步调一致、在整体上是统一的、不矛盾的，不存在政出多门、各自为政等现象。其十是可行性，即政府管理的具体行为和具体措施等都是切合实际并富有可操作性。

实践表明，实现政府管理行为的良善性，基本途径就是要把政府管理行为纳入法律化、制度化、规范化和道德化的轨道，而其中最为关键的环节是实现政府管理行为的制度化。因为正如邓小平所说：制度问题更具有根本性、全局性、稳定性、长期性，它不仅可以确立全部政府管理规范包括法律、政策、道德等规范的整体框架、基本内容和取向，而且可以直接指明和规约政府管理行为过程与方向。因此，在构建社会主义和谐社会进程中，加强政府管理文明建设，提升政府管理行为的良善度，首要的应从健全和完善政府管理体制入手，并在此基础上，进一步健全和完善政府法治、政策和政府道德等管理规范体系。

从完整的意义和理想化的角度来说，健全和完善政府管理体制的目标应该是：使政府管理活动各个方面以及政府管理主体行为的各个环节都有完备的制度可供遵循，要达到这一目标，需要有一个长期的努力建设和渐进发展的过程。从目前的情况来看，至少要在如下一些方面加大建设力度：

（一）健全和完善民主管理体制，全面推进政府管理行为民主化

全面推进政府管理行为民主化，努力建设民主政府，是中国政府管理文明建设的基本目标。中国政府是人民的政府，为人民服务、对人民负责，支持和保证人民行使当家作主的权利，是中国政府全部工作的根本宗旨。健全政府民主管理体制，保证人民当家作主，是全面推进民主政府建设的核心内容和本质要求。全面推进民主政府建设，健全政府管理民主体制，丰富民主形式，扩大公民有序的政治参与，保证人民依法实行民主选举、民主决策、民主管理、民主监督，是中国政府开展管理工作的基本职责和基本任务。

第一，进一步完善人民代表大会制度。保证各级人民代表大会都由民主选举产生、对人民负责、受人民监督，保证人民通过人民代表大会行使国家权力，保证人民代表大会及其常委会依法履行职能，密切人大代表同人民群众的联系，使国家的立法、决策、执行、监督等工作更好地体现人民的意志，维护人民的利益。尊重和保障人权，保证人民依法享有广泛的权利和自由。

第二，进一步完善中国共产党领导的多党合作和政治协商制度。在完善党的领导制度的前提下，积极贯彻长期共存、互相监督、肝胆相照、荣辱与共的方针，加强中国共产党和政府同民主党派合作共事，健全有关重大问题决策前协商的制度，真诚接受民主党派监督，巩固同党外人士的联盟。选拔和推荐更多优秀党外干部担任领

导职务。保证人民政协围绕团结和民主两大主题，履行政治协商、民主监督、参政议政的职能。

第三，进一步完善民族区域自治制度。保证民族自治地方依法行使自治权，巩固和发展平等团结互助的社会主义民族关系，促进各民族共同繁荣进步。团结一切可以团结的力量，巩固各党派、各团体、各民族、各阶层及一切热爱中华民族的人们的大团结。

第四，进一步完善基层民主管理体制。扩大基层民主，发挥社会自治功能，完善基层政权、基层群众性自治组织、企事业单位的民主管理制度，坚持和完善政务公开、厂务公开、村务公开等办事公开制度，保证基层群众依法行使选举权、知情权、参与权、监督权等各项民主权利。

第五，进一步完善权力监督体制。加强对权力运行的制约和监督，保证把人民赋予的权力用来为人民谋利益。党和政府的各级组织和公务员都要自觉接受广大人民群众监督，拓宽和健全监督渠道，把权力运行置于有效的制约和监督之下。建立和完善巡视制度，加强和改进对公务员特别是主要领导干部的监督。建立健全领导干部个人重大事项报告制度、述职述廉制度、民主评议制度、谈话诫勉制度和经济责任审计制度，依法实行质询制、问责制、罢免制。改革和完善中国共产党的纪律检查体制，全面实行对派驻机构的统一管理。充分发挥人大、行政监察机关和审计机关、司法机关、人民政协依法履行监督职能。加强社会监督，保障公民的检举权、控告权、申诉权。

（二）健全和完善立法管理体制，全面推进政府管理行为法治化

全面推进政府管理行为法治化，努力建设法治政府，是实施依法治国方略的基本要求，也是中国政府管理文明建设的基本目标。健全和完善政府立法管理体制，既是实现法治政府建设目标的前提和基础，又是推进法治政府建设的保证和基本途径。

第一，进一步完善立法权限配置体制。根据宪法、政府组织法、立法法的相关规定，中国政府的立法权限配置体制充分体现了民主的原则，形成了一个由国家立法权、行政法规立法权、地方性法规立法权、自治条例和单行条例立法权、规章立法权、授权立法权、特别行政区立法权所构成的立法权限配置体制，即全国人大及其常委会共同行使国家立法权、国务院行使行政法规制定权、国务院所属部委行使行政规章发布权、省级人大及其常委会以及省级政府所在地的市和经国务院批准的较大的市的人大及其常委会享有地方性法规制定权、民族自治地方享有自治条例和单行条例制定权、省级政府以及省级政府所在地的市和经国务院批准的较大的市的政府可以制定规章、香港和澳门两个特别行政区享有本地区事务的立法权。这是一个符合中国国情和社会主义民主政治要求的、既有中央集中统一领导又有一定程度分权的、多级并存、联合共治的立法权限配置体制，应在认真总结经验的基础上，在新世纪中国政府管理文明建设过程中，不断予以健全和完善。

第二，进一步完善立法主体管理体制，不断提高立法主体常任制和专职化的程度。立法主体常任制和专职化的基本要求是使得具有立法权的各级各类政府组织机构，都应该建立常设的、专门化的行使立法职能的部门和人员，这是保证立法效率和立法质量的重要条件。为此，首先应进一步加强人大常委会和各专门委员会的建设，在保证人大常委会与人民代表大会共同行使立法权的同时，实现人大常委会和各专门委员会委员的专职化，即从中央到地方的各级人大常委会和各专门委员会的组成人员都不得担负行政机关、审判机关和检察机关的职务。其次应在国务院和地方各级政府中都建立起具有立法职能的专门法制机构和专业法律人员，并充分发挥它们在立法过程中的重要作用。第三是要不断提高人大代表的法律素质，充分保障其作为立法主体的地位与作用的实现，并在一定范围内和一定程度上推行人大代表的职业化和专职化。

第三，改进和完善立法方法与技术，确保政府立法的科学化、民主化、法治化和技术化。政府立法的各个环节包括立法的条件、依据、创意、决策、预测、规划、起草、制定、整理、编撰、修改、补充、废止、解释等，都需要讲究必要的方式方法和技术，应根据实际需要，切实加以改进和完善。中国政府立法工作要走向科学化、民主化、法治化和技术化，总体要求就是要根据宪法和立法法的规定，按照条件成熟、突出重点、统筹兼顾的原则，严格按照法定权限和法定程序进行。要遵循并反映经济和社会发展规律，紧紧围绕全面建设小康社会的奋斗目标，紧密结合改革发展稳定的重大决策，体现、推动和保障发展这个执政兴国的第一要务，发挥公民、法人和其他组织的积极性、主动性和创造性，扩大政府立法工作的公众参与程度，实行立法工作者、实际工作者和专家学者三结合，建立健全专家咨询论证制度。重大的法律、法规、规章草案和作为行政管理依据的规范性文件草案，以及关系人民群众切身利益的草案，要采取听证会、论证会、座谈会或者向社会公布草案等方式，广泛听取社会意见，尊重多数人的意愿，充分反映最广大人民的根本利益。要积极探索建立对听取和采纳意见情况的说明制度，建立和完善行政法规、规章修改、废止的工作制度和规章、规范性文件的定期清理制度等，为在经济发展的基础上实现社会全面发展，促进人的全面发展，促进经济、社会和生态环境的协调发展，提供切实有效的法律保障。

（二）健全和完善决策管理体制，全面推进政府管理行为理性化

全面推进政府管理行为理性化，努力建设理性政府，同样是中国政府管理文明建设的基本目标。理性政府是崇尚科学精神的政府，是尊重规律、尊重知识、尊重人才、尊重民意的政府，实现政府决策的科学化民主化，是理性政府的根本标志，也是政府各项管理工作获得成功的重要前提。因此，在新世纪中国政府管理文明建设过程中，“要完善深入了解民情、充分反映民意、广泛集中民智、切实

珍惜民力的决策机制，推进决策科学化民主化”。[①]

健全和完善科学化民主化的决策机制，要求各级决策机关都要完善重大决策的规则和程序，通过多种渠道和形式广泛集中民智，使决策真正建立在科学、民主的基础之上。主要应抓好如下环节：

第一，健全和完善重大决策前的调研机制。没有真实、准确的客观事实根据和调查研究结论，就不会有科学正确的决策。因此，各级决策机关对涉及经济、社会发展全局的重大事项的决策，都应以充分扎实的调查研究为基础。决策前应有一个充分酝酿和准备的时期，深入基层，了解实际情况，搜集和掌握第一手材料，并以适当形式广泛听取各方面的意见，充分进行决策事项的协商和协调。缺乏实践调查基础和事实根据的事项均不得纳入决策程序。

第二，健全和完善重大事项集体决策机制。在深入调查研究、广泛听取意见的基础上，涉及经济社会发展全局的重大事项，一律经领导班子集体讨论，按少数服从多数的原则决定。同时，明确相应责任主体，划清责任界限。

第三，健全和完善重大决策事项公示、听证机制。对同群众利益密切相关的重大事项，如重要基础设施建设、重大公用事业拓展、重大行政许可事项设立、重大行政处罚事项实施等，都要实行社会公示制度和听证制度。同时，以法规形式明确社会公示的范围、原则和方式，保障听证活动参与者的代表性，建立有效的听证意见的反馈机制。

第四，健全和完善重大事项专家咨询机制。对专业性、技术性较强的重大事项，要认真进行专家论证、技术咨询、决策评估。同时，有组织地广泛联系专家学者，建立多种形式的决策咨询机制和信息支持系统，并通过有效的制度，规范专家学者的政策咨询行为，保障咨询意见的客观公正。

---

① 范恒山：《着力推进政府行政管理体制改革》，《中国科技产业》2006 年第 1 期，第 34 页。

第五，健全和完善决策跟踪反馈和失误问责机制。应当确定专门机构和人员，定期对决策的执行情况进行跟踪与反馈，并适时调整和完善有关决策。在明确界定决策责任主体和责任界限的基础上，推行决策失误问责制，通过引咎辞职、经济赔偿和刑事处罚等多种形式，严厉惩治决策失误行为。同时，健全纠错改正机制，采取多种方式及时发现错误，通过科学的程序有效纠正错误，预防和减少决策失误，并把决策失误造成的损失减少到最低限度。

应当强调指出的是，要建设理性政府，保障决策的科学化民主化，除了完善决策的规则和程序外，还要求各级各类决策机关和决策者转变决策观念，树立科学精神、群众观点和民主意识，不断提高马克思主义理论水平、政策水平和专业知识水平，努力提高自身科学素养、民主素质和决策能力。

（四）健全和完善行政执行体制，全面推进政府管理行为服务化

全面推进政府管理行为服务化，努力建设服务型政府，也是中国政府管理文明建设的基本目标。健全和完善行政执行体制，是建设服务型政府的根本保障。胡锦涛同志曾指出："行政管理体制改革是一项政治性和政策性都很强的工作，必须在党的领导下，从国情出发，从经济社会发展的要求出发，从人民群众的愿望出发，积极稳妥地推进。要坚持党的领导、人民当家作主和依法治国的有机统一，做到有利于建立完善的社会主义市场经济体制，有利于抓好发展这个党执政兴国的第一要务，有利于充分调动广大人民群众的积极性、主动性、创造性，有利于增强全社会的创造活力，有利于巩固和发展民主团结、生动活泼、安定和谐的政治局面。要坚持以邓小平理论和'三个代表'重要思想为指导，认真学习和贯彻落实科学发展观，深入研究和把握我们在长期实践中取得的规律性认识，借鉴国外行政管理的有益经验，拓宽视野、转变观念、创新思路，

使行政管理体制改革更加富有成效。”[①] 这就为构建社会主义和谐社会进程中进一步健全与完善行政执行体制指明了方向。

健全和完善行政执行体制的核心是界定和转变政府职能。政府管理活动是否科学有效，从根本上来说，取决于政府职能的准确定位。而政府行政执行体制的健全和完善与否，在很大程度上取决于政府职能转变是否规范到位。因此，准确界定和加快政府职能转变，是中国政府健全和完善行政执行体制的核心环节。基于世界市场经济运行的实践经验和中国社会主义市场经济发展的需要，中国政府行政管理应履行的基本职能主要是四个方面：一是经济调节，即对社会总需求和总供给进行总量调控，并促进经济结构调整和优化，保持经济持续、快速、协调、健康发展。二是市场监管，即依法对市场主体及其行为进行监督和管理，维护公平竞争的市场秩序，形成统一、开放、竞争、有序的现代市场体系。三是社会管理，即通过制定社会政策和法规，依法管理和规范社会组织、社会事务，化解社会矛盾，调节收入分配，维护社会公正、社会秩序和社会稳定。四是公共服务，即加强城乡公共设施建设，发展社会就业、社会保障服务和教育、科技、文化、卫生、体育等公共事业，发布公共信息，为社会公众提供优质高效的公共产品和服务。推进政府职能的转变到位，就是要使政府从宏观微观都管、大事小事都抓转移到主要做好这几方面的工作，真正承担起对这些工作的责任，并理顺政府与企事业单位和市场中介组织的关系，实现政企分开、政事分开以及政府与市场中介组织分开，把政府承担的可以由企事业单位和市场中介组织承担的事务，都交给企事业单位和市场中介组织，政府部门不得直接干预企事业单位和市场中介组织的经营活动和具体业务，从而使政府从无所不为的“全能”政府和管制型政府向为所应为的有限政府和服务型政府转变。

围绕界定和转变政府职能这一核心环节推进行政执行体制改革，

---

① 胡锦涛：《积极推进行政管理体制改革》，《决策探索》2006 年第 1 期，第 4 页。

主要的是要从如下几个方面着手：

第一，深化机构改革和干部人事制度改革。合理的机构设置和健全的干部人事制度是科学的政府行政管理体制的组织基础。深化机构改革、优化政府组织结构、理顺职责分工是健全和完善政府行政管理体制的重要内容。其中，最主要的是进一步规范党政机构设置和理顺上下级政府机构的关系。撤并党委和行政职责相同或相近的部门，确需党委和行政机关共同承担的职能，尽量采取合署办公的形式；进一步明确职责分工，将分散在不同部门的必要的政府职能整合到同一部门，确需几个部门参与的，要明确分工、分清职责、确定牵头部门；进一步加强和完善从事经济调节和社会管理的机构，撤销那些直接从事或干预微观经济活动和社会事务的机构。同时，根据经济社会事务管理责权的划分，理顺中央和地方在财税、金融、投资和社会保障以及工商、质检、国土资源管理等领域的分工和职责，调整一些领域中央对地方的垂直管理体制，赋予省及省以下地方政府更多的权责，并尽量减少行政层级，降低政府运行成本，提高政府运行效率。

深化干部人事制度改革与政府职能转变和政府机构改革是内在的统一体，也是健全和完善行政管理体制的基本内容和必然要求。应以建立健全选拔任用和管理监督机制为重点，以科学化、民主化和制度化为目标，改革和完善干部人事制度，健全公务员制度，建设一支善于治国理政的高素质干部队伍。进一步扩大党员和群众对干部选拔任用的知情权、参与权、选择权和监督权；积极推进党政领导干部职务任期制、辞职制和用人失察失误责任追究制；进一步完善干部职务和职级相结合的制度，建立干部激励和保障机制；深入探索和完善党政机关、事业单位和企业的干部人事分类管理制度，改革和完善干部双重管理体制；实施人才强国战略，贯彻党管人才原则，坚持党政人才、企业经营管理人才和专业技术人才三支队伍一起抓，尽力打破选人用人中论资排辈的观念和做法，促进人才合理流动，积极营造各方面优秀人才脱颖而出的良好环境，努力形成广纳群贤、人尽其才、能上能下、充满活力的用人机制，把优秀人才集聚到党和国家的各项事业中来。

第二，健全和完善公共财政体制，逐步实现基本公共服务均等化。科学完善的公共财政体制是政府行政管理体制有效运行的物质保障。健全公共财政体制的基本方向，就是要通过调整财政收支结构，把更多财政资源投向公共服务领域，加大财政在教育、卫生、文化、就业再就业服务、社会保障、生态环境、公共基础设施、社会治安等方面的投入。进一步明确中央和地方的事权，健全财力与事权相匹配的财税体制。完善中央和地方共享税分成办法，加大财政转移支付力度，促进转移支付规范化、法制化。保障各级政权建设需要。完善财政奖励补助政策和省以下财政管理体制，着力解决县乡财政困难，增强基层政府提供公共服务能力。逐步增加国家财政投资规模，不断增强公共产品和公共服务供给能力。

第三，健全和完善收入分配体制，规范收入分配秩序。公平合理的收入分配体制是政府行政管理体制的重要内容。政府应坚持和贯彻按劳分配为主体、多种分配方式并存的分配制度，加强收入分配宏观调节，在经济发展的基础上，更加注重社会公平，着力提高低收入者收入水平，逐步扩大中等收入者比重，有效调节过高收入，坚决取缔非法收入，促进共同富裕。通过扩大就业、建立农民增收减负长效机制、健全最低工资制度、完善工资正常增长机制、逐步提高社会保障标准等举措，提高低收入者收入水平。完善劳动、资本、技术、管理等生产要素按贡献参与分配制度。健全国家统一的职务与级别相结合的公务员工资制度，规范地区津贴补贴标准，完善艰苦边远地区津贴制度。加快事业单位改革，实行符合事业单位特点的收入分配制度。加强企业工资分配调控和指导，发挥工资指导线、劳动力市场价位、行业人工成本信息对工资水平的引导作用。规范国有企业经营管理者收入，确定管理者与职工收入合理比例。加快垄断行业改革，调整国家和企业分配关系，完善并严格实行工资总额控制制度。建立健全国有资本经营预算制度，保障所有者权益。实行综合与分类相结合的个人所得税制度，加强征管和调节。

第四，健全和完善社会保障体制，保障群众基本生活。加强和完善社会保障体系，是政府行政管理的重要任务。政府应适应人口老龄化、城镇化、就业方式多样化的趋势，逐步建立社会保险、社会救助、社会福利、慈善事业相衔接的覆盖城乡居民的社会保障体系。多渠道筹集社会保障基金，加强基金监管，保证社会保险基金保值增值。完善企业职工基本养老保险制度，强化保险基金统筹部分征缴，逐步做实个人账户，积极推进省级统筹，条件具备时实行基本养老金基础部分全国统筹。加快机关事业单位养老保险制度改革。逐步建立农村最低生活保障制度，有条件的地方探索建立多种形式的农村养老保险制度。完善城镇职工基本医疗保险，建立以大病统筹为主的城镇居民医疗保险，发展社会医疗救助。加快推进新型农村合作医疗。推进失业、工伤、生育保险制度建设。加快建立适应农民工特点的社会保障制度。加强对困难群众的救助，完善城市低保、农村五保供养、特困户救助、灾民救助、城市生活无着的流浪乞讨人员救助等制度。完善优抚安置政策。发展以扶老、助残、救孤、济困为重点的社会福利。发扬人道主义精神，发展残疾人事业，保障残疾人合法权益。发展老龄事业，开展多种形式的老龄服务。发展慈善事业，完善社会捐赠免税减税政策，增强全社会慈善意识。发挥商业保险在健全社会保障体系中的重要作用。拓宽资金筹集渠道，加快廉租住房建设，规范和加强经济适用房建设，逐步解决城镇低收入家庭住房困难。

第五，完善应急管理体制机制，有效应对各种风险。建立健全分类管理、分级负责、条块结合、属地为主的应急管理体制，形成统一指挥、反应灵敏、协调有序、运转高效的应急管理机制，有效应对自然灾害、事故灾难、公共卫生事件、社会安全事件，提高危机管理和抗风险能力，是政府的基本职责。各级政府机关应按照预防与应急并重、常态与非常态结合的原则，建立统一高效的应急信息平台，建设精干实用的专业应急救援队伍，健全应急预案体系，完善应急管理法律法规，加强应急管理宣传教育，提高公众参与和自救能力，形成社会预警、社会动员、快速反应、应急处置的整体联动机制。坚持安全第一、预防为主、综合治理，完善安全生产体制机制、法律法规和政策措施，加大投入，落实责任，严格管理，强化监督，坚决遏制重特大安全事故的发生。

（五）健全和完善司法管理体制，全面推进政府管理行为责任化

全面推进政府管理行为责任化，努力建设责任政府，同样是中国政府管理文明建设的基本内容和目标。社会主义司法制度必须保障在全社会实现公平和正义。按照司法为民、公正司法和严格执法的要求，不断健全和完善司法管理体制，形成权责明确、相互配合、相互制约、高效运行、富有权威的司法运行机制，充分发挥司法机关维护公平正义的职能作用，是全面推进责任政府建设目标的重要条件和基本保障。

第一，健全和完善司法机关领导体制，从组织上保证司法机关依法独立、公正地行使司法权。根据宪法规定，人民检察院实行双重领导；人民法院实行同级国家权力机关领导，上级人民法院对下级人民法院实行监督。应在此基础之上，进一步完善司法领导体制，保证和真正实现审判机关和检察机关依法独立公正地行使审判权和检察权。

第二，健全和完善司法机关经费管理体制，从财政上保证司法机关依法独立、公正地行使司法权。应逐步改变司法机关的办案经费和司法机关工作人员的工资和奖金由各地方财政负担的做法，建立健全司法机关经费由国家财政保障的管理体制，即将司法机关的物资配备、办案经费、基建投入及薪金福利等单独列入国家财政预算，经全国人大审议通过后，由国务院将款项拨入中央司法机关，统一支配和统筹管理。同时，将检察机关追缴的赃款赃物、审判机关应收的诉讼费、没收的财产、罚金等统一上缴国库，作为国家财

政收入。这是保证司法机关独立公正行使审判权的重要措施。

第三，健全和完善司法人员管理体制，建设一支政治坚定、业务精通、作风优良、执法公正的司法队伍，从制度上保证司法人员依法独立、公正行使司法权。当务之急是推行司法人员职业化。其一是以法官职业化建设为重点，建立健全法官职业准入制度、非行政化的法官管理制度、职业保障制度、职业培训制度、科学的法官评价及奖惩制度等等，逐步健全和完善法官管理体制。同时重视非职业化的社会力量参与审判工作，推行法官的公开遴选制度和有效的陪审员制度，确保法官的中立权威地位。其二是以检察官职业化建设为取向，在实现检察机关的检察职能和行政管理职能逐步分离的基础上，建立健全司法官员从业资格一体化体制、检察官分类管理体制、检察官职务保障体制和惩戒体制以及检察官独立办案工作机制等，推进检察官管理体制的健全和完善，以实现检察官的职能化、专业化和技术化。其三是加强律师职业化建设，使律师不断提升自身的职业理念，具备从业应有的政治和业务素质，并自觉接受法律职业群体道德规范和法律约束，保证律师以独立的身份表达对法律的忠诚，同时建立健全律师和法官、检察官三种职业之间的交流与互动机制。

第四，健全和完善司法监督体制，从源头上保证司法机关独立、公正和廉洁地行使司法权。缺乏监督的权力极易腐败，而缺乏完善制度的监督难免软弱无力。因此，应进一步健全和完善对于司法机关的监督体制，使得司法活动的各个方面都置丁有效的监督之下。尤其要加强财产监督、舆论监督和社会公众监督等环节。财产监督的有效方法就是建立财产申报制度，防止司法工作人员以权谋私，钱权交易等现象的发生；舆论监督可以把司法机关的审判活动置于社会关注之下，实行公开审判，提高审判活动的透明度，避免暗箱操作；社会公众监督可以使司法机关更好地贯彻群众路线，改进司法机关的工作作风，保证司法民主、司法为民，更好地为人民服务。

结　语

按照马克思主义历史唯物论的基本原理，政府作为国家机构，既是国家政治统治机关而具有政治统治属性和专政职能，又是国家管理机关而具有社会管理属性和公共管理职能，是统治属性和管理属性的矛盾统一体。在社会分裂为不可调和的对立面、社会矛盾以及阶级斗争异常激化的状态之下，政府的统治属性必然居于主导地位，而在社会关系比较和谐、政治相对稳定以及阶级矛盾较为缓和的时期，政府的管理属性表现得就会强一些，并且也有可能上升为主导方面。由社会发展的一般规律所决定，政府的统治属性将会越来越弱化，而管理属性将会越来越强化。当然，必须清楚地认识到，在剥削阶级国家里，政府的管理属性即使有可能在特定条件下上升为主导方面，那也只能是暂时性的和有限的，只有在社会主义社会里，政府的管理属性才能真正地和完全地居于主导地位。虽然在当代复杂的国际和国内形势影响下，社会主义国家的政府还不能简单地弱化和完全放弃其统治属性和专政职能，但随着人类社会的进步和社会主义现代化事业的深入发展，政府的管理属性必将成为政府的主导属性。这是构建社会主义和谐社会进程中政府管理文明建设的内在根据。

中国自 1949 年 10 月 1 日中华人民共和国中央人民政府成立而实现质的飞跃以后，就已经进入了按照社会主义社会发展规律和社会主义制度的本质要求而不断自我完善和自我发展的新的历史时期。及至改革开放以后所进行的政府管理改革与创新，更是中国特色社会主义政府管理制度全面健全与完善的过程，并已经取得了举世瞩目的成就，积淀下了丰富的政府管理文明成果。因此，在构建社会主义和谐社会进程中政府管理文明建设，必须立足于中国国情和中华民族的主体立场，坚定不移地以中国特色社会主义核心价值体系为本位，着眼于物质文明、政治文明、精神文明和社会文明的和谐发展，不断提升政府管理文明程度和水平，这是当今中国社会建设和发展的现实要求。

文明是人类社会进步的标志，是人类社会遵循客观规律的前进式发展状态及取得的进步成果。文明的全面发展与演进，一般地表现为物质文明、政治文明、精神文明和社会文明的协调运行与和谐发展，这既有赖于政府有效管理活动的保障，又对政府自身及其管理活动提出了达成文明的要求。政府建设与发展及其改革与创新的一切努力，都应该尽量满足这种需要。政府管理文明就是一个从文明视角审视和分析政府管理活动及其创新过程的范畴，是政府适应人类社会文明发展规律及其客观需要的必然选择，其基本内容必定是人类文明程度和文明成果在政府管理活动中的反映和实际应用，所直接表明的是政府组织在开展管理活动中遵循客观规律和以人为本要求而前进式发展的状态以及取得的进步成果。

由于人们对于客观规律的认识和利用程度始终处于不断深化的过程之中，并由此而导致整个人类社会的文明水平和发展要求也处于不断提升的过程之中，这就决定了政府管理文明的性质和实现程度，在不同时代和不同历史条件下都会有许多具体的或根本性的差异，从而表现出了历史性、社会性、民族性和阶级性等特征。在构建社会主义和谐社会进程中，中国特色社会主义政府管理文明建设要实现对以往一切政府管理活动的超越，就是要牢牢抓住以人为本这个核心，着力凸显政府管理主体的先进性、政府管理理念的科学性、政府管理规范的合理性、政府管理行为的良善性和政府管理关系的和谐性等内在统一的几个方面。其中，政府管理主体的先进性表明政府管理主体（包括立法机关、行政机关、司法机关以及执政党和参政党组织及其公务人员）符合社会发展规律和以人为本要求的与时俱进状态及其始终居于时代前列的进步属性，政府管理理念的科学性表明政府管理主体所奉行的管理理念（包括态度、情感、信念、传统、立场和价值取向等）反映客观规律和以人为本要求的准确程度和不断深化状态以及取得的进步思想成果，政府管理规范的合理性表明政府所确立的管理规范（包括公共政策规范、法律规范、道德规范、制度规范等）遵循客观规律和以人为本要求的不断完善状态及其进步属性，政府管理行为的良善性表明政府所开展的实际管理活动与过程（包括立法、行政、司法、决策、规划、组织、用人、领导、协调、控制和创新等）遵循客观规律和人的全面自由发展要求而持续前进的状态及其取得的积极成果，政府管理关系的和谐性表明政府管理主体之间以及政府主体和管理对象之间的相互关系符合客观规律和以人为本要求的和谐发展状态及其进步属性，这几方面在反映客观规律的基础上，围绕以人为本这个核心而有机统一起来，构成了政府管理文明的基本标志。

在构建社会主义和谐社会进程中政府管理文明建设的顺利实现，需要从客观环境中汲取动力资源。事实上，政府管理活动要受到自然生态环境、社会经济环境、社会政治环境、社会文化环境、国际社会环境等因素的综合制约和影响，蕴含于其中的文明成果和文明发展推动力量的集合，实际上形成了政府管理文明建设的动力场。其内在地包含着源动、互动、合动等作用机理，即由动力源引发、各种动力因素互动、在符合客观规律的基础上形成合力的过程与属性。正确认识和把握这种作用机理，要求我们在政府管理文明建设的全过程中，既要重视分析动力源以及各个动力因素的作用，更要研究各种动力因素之间相互作用的机制、规律，从而调控和引导它们作用的方向与速率，尽可能地形成同向合力，使动力场发挥出最大的整体效果和协同功能，以便促进政府管理文明建设的良性运行和协调发展。进入 21 世纪以来，中国政府管理文明建设所面临的环境动力场出现了一些新情况、新特点、新要求，综合考察和反映这些新情况、新特点、新要求，是构建社会主义和谐社会进程中政府管理文明建设的客观依据与现实条件。

中国共产党领导的人民当家作主的根本政治制度和基本国情决定了中国政府管理系统是一个既包括立法、行政和司法等所有国家机关，也包括执政党和参政党的组织机构在内的复合性结构。因此，中国政府管理文明建设必然是全方位的，涉及执政党和参政党、立法、行政和司法等所有国家机关，涉及党和国家的领导制度与执政制度、人民代表大会制度、行政制度、司法制度、干部人事管理制度等各项基本的政府管理制度，是一个中国共产党领导文明与执政文明、民主党派参政文明、立法文明、行政文明和司法文明等同步共进与协调发展的过程。经过长期的探索和努力，中国政府管理文明建设取得了明显成效，积淀下了丰富的政府管理文明建设成果和有益经验。但也存在在一些亟待解决的问题。正确认识中国政府管理文明建设的实践过程和现实状况及面临的主要任务，总结其中的政府管理文明建设的积极成果和有益经验，是构建社会主义和谐社会进程中政府管理文明建设的逻辑起点和现实基础。

在构建社会主义和谐社会进程中加强政府管理文明建设的基本途径就是要在马克思列宁主义、毛泽东思想和中国特色社会主义理论指导下，全面深入落实科学发展观，不断进行政府管理理念创新，最主要的就是要培育和弘扬以人为本为价值核心的，以为人民服务为根本价值取向的，以人民主权、人民民主、人民利益、保障人权、高度负责、崇尚法治、公平正义、公开透明、和谐宽容、廉洁自律、忠诚信用、优绩高效等为基本价值范畴的政府管理价值规范体系，并强化其社会化过程，最主要的是加强公务员的内化环节，把政府管理价值理念真正转化为全体公务员的自觉价值追求和行为导向，使公务员的自我价值实现和人格塑造过程，与政府价值目标实现过程内在统一起来，从而夯实政府创新和政府管理文明建设的价值基础，始终保持政府管理理念的科学性和先进性。在此基础上，以加强党的执政能力建设为关键、以强化综合服务能力为主导、以加强公务员能力建设为重点，不断优化政府能力结构和政府管理主体资质。同时，通过健全和完善政府管理规范，不断提升政府管理行为的良善度，主要是通过健全和完善民主管理体制，全面推进政府管理行为民主化；通过健全和完善立法管理体制，全面推进政府管理行为法治化；通过健全和完善科学化民主化的决策管理体制，全面推进政府管理行为理性化；通过健全和完善行政管理体制，全面推进政府管理行为服务化；通过健全和完善司法管理体制，全面推进政府管理行为责任化，进而全面推进政府管理文明建设。

总之，在构建社会主义和谐社会进程中政府建设与发展已经走上了管理文明之路，文明的发展是无止境的，中国政府管理文明建设的任务更是长期而艰巨的。我们完全有理由相信：在中国共产党领导下和全体中国人民的共同努力下，中国政府管理文明建设必将不断向前推进，必将会为人类文明宝库的丰富和发展做出积极贡献。

参考文献

(一) 中文著作

1.《马克思恩格斯选集》第1—4卷

2.《列宁选集》第1—4卷

3.《毛泽东选集》第1—4卷

4.《邓小平文选》第1—3卷

5.《中华人民共和国宪法》

6.《中华人民共和国全国人民代表大会组织法》

7.《中华人民共和国国务院组织法》

8.《地方各级人民代表大会和地方各级人民政府组织法》

9.《中华人民共和国人民法院组织法》

10.《中国华人民共和国人民检察院组织法》

11.《中国华人民共和国立法法》

12.《中华人民共和国公务员法》

13.《行政许可法》

14. 赵紫阳:《沿着有中国特色的社会主义道路前进——在中国共产党第十二次全国代表大会上的报告》。

15. 江泽民:《加快改革开放和现代化建设步伐夺取有中国特色社会主义事业的更大胜利——在中国共产党第十四次全国代表大会上的报告》

16. 江泽民:《高举邓小平理论伟大旗帜,把建设有中国特色社会主义事业全面推向二十一世纪——在中国共产党第十五次全国代表大会上的报告》

17. 江泽民:《全面建设小康社会,开创中国特色社会主义事业新局面——在中国共产党第十六次全国代表大会上的报告》

18. 胡锦涛:《高举中国特色社会主义伟大旗帜 为夺取全面建设小康社会新胜利而奋斗——在中国共产党第十七次全国代表大会上的报告》

19.《国民经济和社会发展“十二五”规划纲要》

20.《建立健全教育、制度、监督并重的惩治和预防腐败体系实施纲要》

21.《全面推进依法行政实施纲要》

22.《中共中央关于完善社会主义市场经济体制若干问题的决定》

23.《中共中央关于加强党的执政能力建设的决定》

24.《中共中央关于构建社会主义和谐社会若干重大问题的决定》

25. 温家宝：《政府工作报告》(2011 年 3 月 5 日)。

26. 胡锦涛：《积极推进行政管理体制改革》，《决策探索》2006 年第 1 期。

27.《国家公务员通用能力标准框架（试行)》(国家人事部 2003 年 11 月 18 日颁布)。

28.《中国大百科全书》(哲学卷)，中国大百科全书出版社 1987 年版。

29. 王惠岩：《政治学原理》，高等教育出版社 1999 年版。

30. 王惠岩：《当代政治学基本理论》，高等教育出版社 2001 年版。

31. 王沪宁主编：《政治的逻辑：马克思主义政治学原理》，上海人民出版社 2004 年版。

32. 虞崇胜：《政治文明论》，武汉大学出版社 2003 年版。

33. 程竹汝：《政治文明：历史维度与发展逻辑》，上海人民出版社 2004 年版。

34. 周三多：《管理学》，高等教育出版社，2000 年版。

35. 何增科：《中国政治体制改革研究》，中央编译出版社 2004 年版。

36. 李良栋：《中国政治文明建设》，中国水利水电出版社 2005 年版。

37. 徐育苗：《中外政治制度比较》，中国社会科学出版社 2004 年版。

38. 张立荣：《中外行政制度比较》，商务印书馆 2004 年版。

39. 俞可平：《治理与善治》，社会科学文献出版社 2000 年版。

40. 毛寿龙等：《西方政府的治道变革》，中国人民大学出版社 1998 年版

41. 顾丽梅：《信息社会的政府治理》，天津人民出版社 2003 年版。

42. 刘靖华等：《政府创新》，中国社会科学出版社，2002 年版。

43. 刘靖华等：《中国政府管理创新》(1—4)，中国社会科学出版社 2004 年版

44. 李习彬，李亚：《政府管理创新与系统思维》，北京大学出版社 2002 年版

45. 黄永东：《WTO 与政府创新》，中国社会科学出版社 2004 年版。

46. 北京市领导科学学会：《服务型政府》，中央编译出版社 2005 年版。
47. 王强：《学习型政府》，中国人民大学出版社 2003 年版。
48. 张德信等：《中国政府改革的方向》，人民出版社 2003 年版。
49. 谢庆奎：《政府学概论》，中国社会科学出版社 2005 年版。
50. 夏海：《政府的自我革命》，中国法制出版社 2004 年版。
51. 沈亚平：《社会转型与行政发展》，南开大学出版社 2005 年版。
52. 顾平安：《政府发展论》，中国社会科学出版社 2005 年版。
53. 魏娜：《当代中国政府与行政》，中国人民大学出版社 2002 年版。
54. 陈红太：《当代中国政府体系》，华文出版社 2001 年版。
55. 崔永东：《道德与中西法治》，人民出版社 2002 年版。
56. 焦国成：《德治中国》，中央党校出版社 2002 年版。
57. 邴正：《科学发展观概论》，吉林人民出版社 2005 年版。
58. 傅志平：《和谐社会导论》，人民出版社 2005 年版。
59. 黄健荣：《公共管理新论》，社会科学文献出版社 2005 年版。
60. 陈振明：《公共管理学》，中国人民大学出版社 1999 年版。
61. 陈荣富：《公共管理前沿问题研究》，黑龙江人民出版社 2002 年版。
62. 孙学玉：《公共行政学论稿》，人民出版社 1998 年版。
63. 唐兴霖：《公共行政学：历史与思想》，中山大学出版社 2000 年版。
64. 张岱年：《中国文化与文化论争》，中国人民大学出版社 1990 年版。
65. 张阳：《管理文化视角的企业战略》，复旦大学出版社 2001 年版。
66. 张文勋：《民族文化学》，中国社会科学出版社 1998 年版。
67. 朱筠笙：《跨文化管理：碰撞中的协同》，广东经济出版社 2000 年版。
68. 张仁德：《企业文化概论》，南开大学出版社 2001 年版。
69. 陈荣耀：《比较文化与管理》，上海社会科学院出版社 1999 年版。
70. 黄德良：《人本行政管理》，上海大学出版社 2002 年版。
71. 朱明伟：《中国管理文化论》，立信会计出版社 2000 年版。
72. 胡昌平：《管理学基础》，武汉大学出版社 2002 年版。
73. 孙耀君：《西方管理学名著摘要》，江西人民出版社 1995 年版。
74. 李德志：《人事行政学》，高等教育出版社 2001 年版。
75. 李德志：《当代中国公共部门人力资源管理与开发》，科学出版社 2004 年版。
76. 李文良：《公共部门与人力资源管理》，吉林人民出版社 2003 年版。

77. 吴江：《公共部门人力资源管理》，中央党校出版社 2003 年版。

78. 吴国存：《人力资源开发与管理概论》，南开大学出版社 2001 年版。

79. 谭融：《公共部门人力资源管理》，天津大学出版社 2003 年版。

80. 孙柏瑛：《公共部门人力资源管理》，中国人民大学出版社 1999 年版。

81. 刘沂：《公共部门人力资源管理概论》，华东理工大学出版社 2002 年版。

82. 刘俊生：《公共人事管理比较分析》，人民出版社 2001 年版。

83. 张康之：《公共行政学》，北京大学出版社 2007 年版。

(二) 译　　著

84. [美] 威尔·杜兰特：《探索者的思想——哲学的故事》，文学艺术出版社 1991 年版。

85.《圣西门选集》第 2 卷，商务印书馆 1982 年版。

86. 亚里士多德：《政治学》，商务印书馆，1965 年版。

87. [日] 福泽谕吉：《文明论概略》，商务印书馆 1959 年版。

88. [英] 汤因比：《历史研究》下册，上海人民出版社 1986 年版。

89. [美] 威尔·杜兰：《世界文明史》第 1 卷（上），东方出版社 1999 年版。

90. [美] 阿尔温·托夫勒：《创造一个新的文明——第三次浪潮的政治》，三联书店 1996 年版。

91. [法] 基佐：《法国文明史》，商务印书馆 1998 年版。

92. [美] 巴格比：《文化：历史的投影》，上海人民出版社 1987 年版。

93. [美] 伯恩斯，拉夫尔：《世界文明史》第 1 卷，商务印书馆 1995 年版。

94. [美] 塞缪尔·亨廷顿：《文明的冲突与世界秩序的重建》，新华出版社 1998 年版。

95. [德] 赫尔佐克：《古代的国家——起源和统治形式》，北京大学出版社 1998 年版。

96. [美] 莱斯特·瑟罗：《资本主义未来》，中国社会科学出版社 1998 年版。

97. [英] 约翰·洛克：《政府论》，商务印书馆 1993 年版。

98. [法] 卢梭：《社会契约论》，商务印书馆 1998 年版。

99. [法] 孟德斯鸠：《论法的精神》，商务印书馆 1982 年版。

100. [英] 密尔：《代议制政府》，商务印书馆 1982 年版。

101. [美] 博登海默：《法理学：法律哲学与法律方法》，中国政法大学出版社 2004 年版。

102. [澳] 欧文·E·休斯：《公共管理导论》，彭和平、周明德、金竹青译，中国人民大学出版社 2001 年版。

103. [美] 戴维·奥斯本等：《改革政府：企业家精神如何改革着公共部门》，上海译文出版社 1996 年版。

104. [英] E·费利耶等：《行动中的新公共管理》，牛津大学出版社 1997 年版。

105. [美] J·布坎南：《自由、市场与国家》，上海三联书店 1989 年版。

106. [英] 约翰·汤姆林森：《全球化与文化》，南开大学出版社 2002 年版。

107. [美] 杜拉克：《杜拉克管理思想全书》，九州出版社 2001 年版。

108. [美] 菲利普·哈里斯：《跨文化管理教程》，新华出版社 2002 年版。

109. [美] 史蒂文·科恩：《新有效公共管理者》，中国人民大学出版社 2001 年版。

110. [美] 塞缪尔·亨廷顿：《文明的冲突与世界秩序的重建》，新华出版社 2002 年版。

111. 彭和平等译：《国外公共行政理论精选》，中共中央党校出版社 1997 年版。

112. [美] 戴维·H·罗森布鲁姆：《公共行政学：管理、政治和法律的途径》，中国人民大学出版社 2002 年版。

113. [美] 戴维·奥斯本，彼得·普拉斯特里克：《摒弃官僚制：政府再造的五项战略》，中国人民大学出版社 2002 年版。

114. B·盖伊·彼得斯：《政府未来的治理模式》，中国人民出版社 2001 年版。

(三) 论　　文

115. 周志忍：《公共性与行政效率研究》，《中国行政管理》，2000 年第

2 期。

116. 李丽：《社会转型面临的困境及对策》，《中共沈阳市委党校学报》2002 年第 5 期。

117. 冯静：《经济全球化对政府管理创新的要求及对策》，《中国行政管理》2002 年第 12 期。

118. 李习彬：《政府管理创新是一个具有层次结构的体系》，《党政干部学刊》2003 年第 10 期。

119. 王乐夫，陈干全：《我国政府公共服务民营化存在问题分析——以公共性为研究视角》，《学术研究》2004 年第 3 期。

120. 胡象明，李芳：《行政文明建设的价值取向与制度创新》，《学习月刊》2004 年第 12 期。

121. 任晓林：《政府文明是政府发展的最高理想》，《中共福建省委党校学报》2004 年第 4 期。

122. 王惠岩：《公共管理基本问题初探》，《国家行政学院学报》，2002 年第 6 期。

123. 俞可平：《论政府创新的若干基本问题》，《文史哲》2005 年第 4 期。

124. 张康之：《论政府的非管理化———关于“新公共管理”的趋势预测》，《教学与研究》2000 年第 7 期。

125. 陈振明：《走向一种“新公共管理”的实践模式》，《厦门大学学报(哲学社会科学版)》2000 年第 2 期。

126. 张成福：《公共行政的管理主义——反思与批判》，《中国人民大学学报》2002 年 第 1 期。

127. 蔡立辉：《公共管理范式：反思与批判》，《政治学研究》2002 年第 3 期。

128. 钱颖一：《市场与法治》，《新华文摘》，2000 年第 9 期。

129. 杜钢建：《新世纪政府管理改革的新课题》，《北京行政学院学报》，2000 年第 1 期。

130. 张康之：《限制政府规模的理念》，《行政论坛》2000 年第 4 页。

131. 忻林：《布坎南的政府失败理论及其对我国政府改革的启示》，《政治学研究》2000 年第 2 期。

132. 赵丽江：《信息时代与政府运作方式的变革》，《光明日报》1999 年 1 月 15 日。

133. 邓弋青：《善治目标下的中国政府行政改革》，《云南行政学院学报》2003 年第 5 期。

134. 张旗：《高效政府的新内涵》，《文汇报》2004 年 3 月 22 日。

135. 黄范章：《建立公共服务型政府的关键与难点》，《中国经济时报》2005 年 03 月 11 日。

136. 桑助来：《建立科学的政府绩效评估体系》，《光明日报》2005 年 5 月 4 日。

137. 苏东水：《论东西方管理的融合与创新》，《学术研究》2002 第 5 期。

138. 秦国民：《论政府管理创新的价值取向》，《人民论坛》2005 年 第 1 期。

139. 潘昌华：《论政府的管理行为》，《江西社会科学》2002 年第 5 期。

140. 周学荣：《论政府管制》，《光明日报》2004 年 4 月 21 日。

141. 唐检云：《论中国行政文化创新》，《湘潭大学社会科学学报》2003 年第 1 期。

142. 李水平：《试论 21 世纪人事管理的基本趋势》，《湘潭师范学院学报》1999 年第 2 期

143. 乔东，吴倬：《试论当代管理理论中价值观的重构》，《清华大学学报(哲学社会科学版)》2003 年第 2 期。

144. 李洋，柴中达：《政府在国家创新体系中的职能定位》，《人民日报》2004 年 5 月 27 日。

145. 郑文谦，刘志阳：《马克思与西方经济学关于管理思想的比较研究》，《当代经济研究》2003 年第 5 期

146. 潘丽萍：《论政治管理现代化》，福建省委党校学报 2004 年第 2 期。

147. 彭向刚：《服务型政府：当代中国政府改革的目标模式》，《吉林大学社会科学学报》2004 年第 4 期。

148. 逯扬，徐浩豪：《社会主义和谐社会的治理结构》，《湖北社会科学》2006 年第 1 期。

149. 薄贵利：《政府文明建设的理性思考》，《新视野》2005 年第 3 期。

150. 侯玉兰：《新公共服务理论与建设服务型政府》，《国家行政学院学报》2005 年第 4 期。

151. 左兵团，沈承诚：《和谐社会框架下对新公共服务理论的价值考量》，《云南行政学院学报》2006 年第 4 期。

152. 熊水龙：《构建和谐社会目标下的政府核心能力》，《行政论坛》2006年第6期。

153. 彭未名，王乐夫：《新公共服务理论对构建和谐社会的启示》，《中国行政管理》2007年 第3期。

154. 祝小宁，赵蜀蓉、潘娜：《21世纪政府管理的改革与创新——“2006年公共管理国际会议”综述》，《中国行政管理》2007年第1期。

155. 邵鲁宁，尤建新：《政府管理创新的路径》，《领导科学》2007年第10期。

156. 孟祥君：《构建服务型政府的路径选择》，《学术交流》2007年第2期。